# 时评写作十三招

李思辉 著

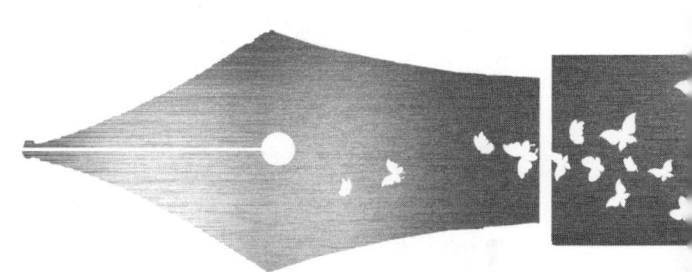

人民日报出版社
北京

图书在版编目（CIP）数据

时评写作十三招 / 李思辉著. —北京：人民日报出版社，2020.6
ISBN 978-7-5115-6421-4

Ⅰ.①时… Ⅱ.①李… Ⅲ.①时事评论 - 新闻写作 - 基本知识 Ⅳ.①G212.2

中国版本图书馆CIP数据核字（2020）第093546号

| | |
|---|---|
| 书　　名： | 时评写作十三招<br>Shiping Xiezuo Shisan Zhao |
| 著　　者： | 李思辉 |
| 责任编辑： | 万方正 |
| 封面设计： | 李尘工作室 |
| 出版发行： | 人民日报出版社 |
| 社　　址： | 北京金台西路2号 |
| 邮政编码： | 100733 |
| 发行热线： | （010）65369527　65369846　65369509　65369510 |
| 邮购热线： | （010）65369530　65363527 |
| 编辑热线： | （010）65369521 |
| 网　　址： | www.peopledailypress.com |
| 经　　销： | 新华书店 |
| 印　　刷： | 北京中科印刷有限公司 |
| 开　　本： | 710mm×1000mm　　1/16 |
| 字　　数： | 260千字 |
| 印　　张： | 15.25 |
| 版　　次： | 2020年8月第1版 |
| 印　　次： | 2025年9月第5次印刷 |
| 印　　数： | 12001—13000 |
| 书　　号： | ISBN 978-7-5115-6421-4 |
| 定　　价： | 35.00元 |

# 推荐语

正如邓拓所说："报纸必须有了社论才具有完全的政治价值。"时事评论和社论、评论员文章等一起构成了报纸的言论表达体系，是治国理政、安邦定国的重要舆论工具。《时评写作十三招》是李思辉在长期写作实践基础上，精心提炼总结的一套实用写作方法，一招一式尽显智慧和担当，值得媒体从业者、写作爱好者一读。

——湖北日报传媒集团副总编辑 胡汉昌

当今中国需要一批具备经济学养、法治思维的媒体人，作为公共写作者发挥引领作用。北京大学财经奖学金获得者、知名媒体人李思辉的这本著作体现了学者应有的独立之精神、自由之思想。书中激荡的法治思维、济世理想、人文情怀，必将给人以启发。

——北京大学法学院教授、博士生导师 邓峰

在这个信息丰裕、众声喧哗的年代，独到的见识弥足珍贵。如何做一个有见识的记者，创作出更多"人人心中有、个个笔下无"的观点新闻作品？《时评写作十三招》给出了参考答案。

——武汉大学新闻与传播学院院长，教授、博士生导师 强月新

一个积极的评论者应将民主意识、科学精神、独立品格和宽容胸怀统一在自己的意见表达中。中国新闻奖得主李思辉以"评论记者"的实践，"第一时间发布新闻，第一时间发表评论"，为媒体从业者做出了表率。本书所讲的时评写作"十三招"相信会对读者朋友有所帮助。

——华中科技大学新闻与信息传播学院教授、博士生导师 赵振宇

本书作者李思辉可能是国内深入基层采访最多的时评作家之一，其作品自带泥土气息，贴近生活本色，传递百姓声音。更难得的是，他还特别注重文章的形式美，借鉴杂文、散文笔法，表达真善美。本书中的作品大都迸射出理论与实践巧妙结合的光芒。

——湖北省宜昌市作家协会原主席 张泽勇

这是一本关于时评写作技巧的书，但它更展示了好的公共言论应有的样子：锐利又厚道，热烈却不失平静，有正义的冲动，又有抵达这种冲动的隐忍。

——光明日报全媒体总编室副主任、光明网首席评论员 刘文嘉

# 序

### 周洪宇

年中出国考察前，收到李思辉送来的《时评写作十三招》书稿，见缝插针读完，为作者的精心著述、精辟论述点赞，为这本书的即将出版感到高兴。近些年应邀陆续为一些年轻学者的著作写过一些赏析文字，我理解，这是年轻一代对我的信任。

思辉曾在我任教的华中师范大学求学，后来进入湖北日报社工作。因为学术上的关系，近年来我们多有交往。他为人开朗、思想深刻、文笔泼辣且勤奋敬业，屡获中国新闻奖、央媒"年度十大杰出评论员"等有分量的荣誉，近些年又有作品被中央领导批示，推动了相关社会问题的解决，取得了不俗的成绩。

我喜欢阅读这个年轻人的作品，他笔下的文字既有思想，又有灵性，每每引人深思，令人回味。我注意到，他的一些时评作品还被选入很多地方的中考语文试卷、高考模拟试卷，被当作中学生参照学习的现代文范本。我们都知道，写出合格的新闻评论不是一件轻松事，能够把严肃的新闻评论，写得深入浅出，视野宏阔、思想深刻，又文采斐然、具有审美价值，显然得有很深的功夫。怎么练就这样的功夫？《时评写作十三招》试图给出答案。

这本书是作者根据长期写作实践，梳理总结出的一套时评写作方法，集中展现了作者创作的智慧、思考的维度、谋篇的架构、运笔的逻辑。可以看出，本书的写作，是一个在大量写作实践中，反复思考、寻找共性、提纲挈领的过程。全书注重实操性，看起来学术色彩稍弱，却朴素真诚，都是实实在在的"干货"，把所思、所学、所积累的经验原原本本地呈现给读者，给媒体从业者、时评写作爱好者以借鉴，帮助新闻院校学生掌握看事情、想问题、写文章的方法，是一件很有意义的事。

读一读书中的案例和例文，特别是一些针砭时弊的文章，我们能感受到作者强烈的社会责任感。他的文章里，批评都是善意的、建设性的，却又是非常深刻和犀利的,一些批评性的文章,不仅说了真话,而且赢得了被批评对象的信服和尊敬,殊为不易。

近些年,思辉还在一些高校客座讲授新闻评论课程,注重培养学生的质疑能力、批判精神,受到学生们欢迎。这又让我想到陶行知先生当年的话:"第一流的教授具有两种要素:一、有真知灼见;二、肯说真话,最驳假话,不说诳话。我们必须拿着这两个尺度来衡量我们的先生。合于此者是吾师,立志求之,终身敬之。"就此而言,我们这些当老师的应该向他学习,自己说真话并且教会学生说真话。

《左传》有云:"太上有立德,其次有立功,其次有立言,虽久不废,此之谓不朽。""立言"是中国传统知识分子信奉的"三不朽"之一。思辉的一些文章在社会上引起较大反响,有的促进了社会积弊的解决,有的改变了个体和家庭的命运,这些在当时反响热烈的作品,时过境迁之后是否还有传播价值、社会意义?这是作者担心的问题。但作为读者,我们能够通过这些文章回忆起不同时期发生的一些社会热点事件,看到作者对它的评议、社会对它的反应,这又何尝不是一种时评作家视角下的"时代编年史"?

更何况,作者为时评作品注入语言美学的努力正越来越显现效果——不少经过精雕细琢的文章,具备了"作品"价值,受到教育界人士的重视,网络上、现实中,作者已有不少拥趸者。最新的消息是,其时评作品《乐见故宫变成小清新》作为"好文风的典范",被选作北京市海淀区2019年期末高三语文试卷试题;其作品《对语言文字保持敬畏》入选广西梧州市2019年中考语文试题。

思辉对我说,他写这本书的目的是拿所悟的一招半式与读者交流切磋。祝愿这种写作技法的切磋、思想认识的切磋、价值追求的切磋,能给更多人以启发和收获。

(周洪宇系十三届全国人大常委会委员、
湖北省人大常委会副主任、中国教育学会副会长)

# 目 录

### 第一招　"疑神疑鬼" ······················· 1

　　于时事评论写作者而言，最基本的一种精神，就是质疑的精神；最基本的一种能力，就是质疑的能力。

　　很多人都说"写评论难"，难在哪儿？根本之难，难在输出观点。破题之策，就是练就质疑的本领。没有质疑就不可能提出问题，不能提出问题就不可能有新思想、新观点，没有新的思想和观点，评论就成了无源之水、无本之木。

### 第二招　动之以情 ························ 15

　　时评写作的出发点是什么？公平、正义、良知、责任等，说到底是对真善美的追求，是一种基于爱的表达。

　　因为爱，所以对社会、对政府有更高的期许；因为爱，所以对一些不良现象，"哀其不幸，怒其不争"；因为爱，所以在铁锚必较中，时常袒露坚硬背后的温软。人有感情，文章也应当有感情。时评写作者，先感动自己再感动别人，这不是主张刻意煽情，把评论写成抒情散文，而是回归写作的本质。

### 第三招　"两面三刀" ······················· 28

　　任何事物都有它的两面性，同一个事物从不同角度看，也会得出不同的观点。时评写作者到底该选取哪一种观点呢？

　　可以运用"两面三刀"之法。首先，把林林总总的观点归纳成两个方面，接着，判断哪一个方面是主要的，并对主要方面进行由浅入深的刀刀掘进。就像海南果农挥刀切椰子，第一刀切去椰子的表层，第二刀切出椰子的果肉，第三刀，用刀角剔开一个小口子，把吸管插入内里，即可享受香醇的椰汁了。

## 第四招　一针见血 ········································· 48

批判性是时评的基本特性，一针见血、切中要害是时评表达好恶、申明主张的重要手段。

但时评写作不是贴大字报、不是纯粹的个人情绪宣泄、不是跟人干架，而是一种以大众为传播对象的创作，是一个思想或观点输出的过程，需要保持基本的文化素养、文明品质、文艺格调。时评的尖锐性本质上不在声色俱厉的措辞、兴师问罪式的腔调，而在思想认识的深刻、论述逻辑的严谨、论据选择的有力。

## 第五招　"没大没小" ···································· 66

时评写作者面对海量的新闻，往往不知从哪里下手，要么觉得选题太大，不好写；要么认为选题太小，上不了台面。其实只要有批判价值、有话可说，选题大小都不是问题。

"大"选题往往比较宏观，似乎没有抓手，很难说出个所以然来。这就要化大为小，把宏观的、抽象的事物掰碎了看，从中寻到微观的、具体的角度去评说，从而实现言之有物、论之成理。反之，对于一些微观的选题，则需要"小题大做"，从小事中看到大局大势，讲明普遍道理。

## 第六招　"土里土气" ···································· 86

深入生活，到生活中去发现新闻、采写新闻是媒体记者的日常工作。时评写作者也必须经常深入生活，从中发掘选题和观点。

越是和基层干部群众走得亲近，我越是深刻认识到：真正的智慧在民间，真正的好思想、好观点、好文章蕴藏在广阔的生活中。坐在办公室闭门造车，造出的评论往往缺乏生活味道，甚至是失真的。经常深入生活、深入基层，脚底板上多粘些泥土，才可能写出"土里土气"的，有价值、有温度、有深度的评论。

## 第七招　亦庄亦谐 ······································ 104

用讽刺手法写时评，最显著的妙处有二。其一，有效增强批判的力度，讽刺、幽默有时比声色俱厉的痛斥更有力、更能说服人。

其二，极大增强文章的生动性，讽刺比一般的批判方式更热闹、更生动，能够极大增强受众的愉悦感，让人爱看、爱读、爱听，提高文章的传播效率。以讽刺手法写作，文章往往表现得诙谐幽默，亦庄亦谐之间，每每让人在会心一笑中接受写作者的观点。

## 第八招　以古鉴今 ······119

时评写作的核心是输出观点，说服人、启发人，为了更好地抵达写作目的，给受众更多获得感，遇到合适的选题，不妨采取以古鉴今之法，以增强文章的历史厚度、文化深度。

如何以古鉴今？首先，要理清"今日事"的脉络，认清事物的本质，找到最值得立论和评说的观点。其次，找到"古人事"与"今日事"的内在联系，把准最佳对接口。再者，实现"古人事"与"今日事"的顺畅对接，以期浑然天成，不露痕迹。

## 第九招　洋为中用 ······138

时评具有较强的时效性，与生活、社会有着紧密的、近距离的关联，对"当下"有较强的干预性。因此它在对时事发表看法、进行批判之后，往往还需要提出改进的建议，促进具体问题的解决，推动社会的进步。

时评可以具有"建设性"，而且其"建设性"越科学、越可操作，整篇文章就越有见地、越有价值。怎样才能让文章更有见地、更有价值？不妨参照国外的做法，特别是欧美发达国家的发展历程、经验教训，对照当下时事，找到"师夷之长"的办法，为解决问题提供更广阔的思路，洋为中用。

## 第十招　掐头续尾 ······155

在时评写作过程中，我们往往会发现，除了预设的那一层认识，随着写作和思考的深入，还会有更深一层的认识出现。

这个时候，千万不要自我束缚，要继续掘进一层；如果发现这一层的下面，还有一层，不要止步，继续深挖；如果再发现一层呢？还要挖挖，一挖到底。一篇文章在观点的推进上，有两层意思就算合格，有三层意思就是好文章了，如果有四层以上的意思，就可能是难得的佳作。这时，你会发现我们的作品远远超过既定的篇幅。怎么办？把道理比较浅显的第一层、乃至第二层意思掐掉、删去。

## 第十一招　"借蛋孵鸡" ················································ 172

　　某一个时期、某一个阶段有代表性的电影、电视剧、综艺节目等，往往是艺术加工后的生活，是借助生活之"鸡"下的艺术之"蛋"。

　　时评写作与艺术创作不同，它需要切回到现实生活，从电影、电视剧、文化事件中找到现实的落点，进行评说。因此需要对艺术进行逆向还原，找到艺术与现实共通的"道理"。通俗地讲，就是要借艺术之"蛋"孵时评之"鸡"。

## 第十二招　杂而有专 ················································ 193

　　民间有俗语："路多了踩不死草。"强调的是要集中力量，成为专才。然而，在新闻学教育中，我们又常常听到这样的说法："记者是杂家，什么都要学""新闻人要做杂家"。

　　到底要专还是要杂呢？以我愚见，新闻记者也好，评论写作者也好，首先还是要杂。博学多闻、见多识广才能在千姿百态的社会生活中准确把握选题、做出好新闻。但是，"杂"只是初级阶段，在"杂"的基础上实现"专"是更高境界。要做到"杂而有专"，关键在于对社会生活的某一个方面保持长期地、持续地关注，进行长期地、持续地研究。

## 第十三招　且评且吟 ················································ 213

　　在时评写作实践中，我们会发现，带着文采去评说新近发生的新闻事实、新闻现象，更能引起读者关注和参与，更能彰显时评的价值。

　　因此我主张时评写作应该尽量做到易读、有文采。遣词造句、布局谋篇应尽量注重文学艺术上的美感，把文章写成精致的作品。这不是说要一味追求形式美，而是在承认内容和思想为王的前提下，尽量把文字写得更灵动一些，让它自然流畅，让人愿意品读，乃至可供吟诵，宛如"天上的流云，江河中的流水"。

## 后　记 ······························································ 230

# 第一招 "疑神疑鬼"

古人推崇质疑精神。北宋理学家张载有云:"在可疑而不疑者,不曾学;学则须疑。"

于时事评论写作者而言,最基本的一种精神,就是质疑的精神;最基本的一种能力,就是质疑的能力。

存在未必就是合理。随着事物的发展,过去合理的,现在可能已经不合理;现在合理的,未来有可能变得不合理。时事评论写作者的一个重要职责,就是以质疑的、批判的、善意的眼光,敏锐地发现"不合理",及时提出质疑,使人们意识到"不合理"的不合理,从而促使"不合理"向着合理的方向发展。

常听到有人说"写评论难"。不仅新闻学院的学生、写作爱好者,一些媒体工作者也觉得"写评论难"。难在哪儿?根本之难,难在输出观点。破题之策,就是练就质疑的能力。没有质疑就不可能提出问题,不能提出问题就不可能有新的思想、观点,没有新的思想、观点,评论就成了无源之水、无本之木。

## (一)在质疑中发现问题

我常常在质疑中发现一些问题。2011年5月23日下午,清华大学第四教学楼前,有四五名学生聚在一起,他们在给这栋教学楼的新名字照相——金色的刻有"真维斯楼"四字的铭牌钉在了楼门西侧的外墙上。四字之下,有一块金色的牌子,上面写着:"真维斯作为休闲服市场的领军企业……为国家教育事业贡献一分力量。"

清华大学第四教学楼被命名为"真维斯楼",此消息一出立即引发轩然大波。批评铺天盖地,意思大致相同——商业气息侵蚀了大学风骨、不符合清华大学自身的气质、是对清华精神和大学品格的污染,等等。清华大学回应称,为校园建筑物命名是筹资助学的通行做法。但是,舆论似乎并不买账。

各种批评充斥网络。有人调侃道:"清华'四教'改名叫'真维斯楼'了,以后是不是还要有'美特斯邦威楼''杜蕾斯楼'"。有网民甚至直指此举为"卖身"和"大学精神的堕落"。更有媒体报道:25日晚上,"几个义愤填膺的清华学生到街上买了一桶油漆,回来就泼了真维斯楼的牌子!"

在一浪接一浪的批评中,我总觉得有点不对劲——商业气息与大学精神真的非此即彼、水火不容吗?市场经济下,企业对高校进行捐助并且留名,难道真的一无是处吗?哈佛、剑桥等世界名校都接受捐助,也有各自的留名方式,但这并没有妨碍它们成为一流大学啊。结论是,批评者初衷是好的,但言重了。

我把类似想法告诉了《光明日报》一位资深编辑,他一拍大腿:"真是不谋而合",并且进一步提出:"在一栋大楼上挂个企业的牌子,大学精神就会垮塌吗?如果真那样,大学精神也未免太脆弱了吧。"

根据我俩的交流,我很快写成初稿。为了增加说服力,也为了赢得被批评者的信服,我又查阅书籍,找到了清华大学老校长梅贻琦的观点做支撑——"所谓大学者,非谓有大楼之谓也,有大师之谓也。"梅贻琦先生还说:"大学应有两种目的:一是研究学术,二是造就人才。"我们的大学若抓好了"研究学术"和"造就人才"这两条主线,就断然不会因为大楼的命名就轻易丧失精神风骨。

这篇题为《大楼命名伤害了大学精神?》的文章,刊出后被很多媒体转载,一些网站置顶推荐。文章质疑的是最流行的观点,但见报后几乎没有批评、攻击的声音,相反,冷静的思考多了起来。我理解,这主要是质疑的靶向是准确的,质疑的目的是善意的,质疑的方法、论述的方式是理性、平和、易于接受的。

清华大学第四教学楼到底有没有挂"真维斯楼"的牌子? 2018年秋天,我在北大学习期间,专门到隔壁的清华园去看过。"真维斯楼"的铭牌没看到,但大楼墙体上豁然镶嵌着"真维斯楼"四个烫金的大字,"真维斯楼"的称谓显然坐实了。清华的治校者们保持了决策定力,激愤者的质疑在讨论中逐渐纾解。这种质疑的过程,既是评论创作的过程,也是社会的认识不断向前发展的过程。

## (二)从弱者的角度考虑问题

2014年11月,网上突然流传出一位叫郑某媛的年轻女士的大量裸照,照片上有男有女,尺度非常大,有的不堪入目。据传,这个郑某媛是"济宁职业技术学院团委副书记"。11月26日,济宁职业技术学院针对这一事件回应称,郑某媛并非网传的"团委副书记",而是该校普通教师,"因感情纠纷,郑某媛前男友为打击报复,将照片传至网上",事发后,郑某媛已被开除团籍,并已离开学院。

针对郑某媛其人,网上一片骂声,一些网民指责其师德败坏,为人不齿;对学校的做法,网上一片点赞。有人说,大学不是藏污纳垢之地,这样的人早就该清除出教师队伍了。一些媒体借此反思大学的师德师风问题。

这种情况下,不宜急着人云亦云,哪怕是众口一词,也不妨怀疑怀疑。不雅照流出,足以证明郑某媛其人"罪大恶极"吗?私生活不检点当然有问题,但对社会有多大危害?学校解除聘用(或者劝退)、学校团组织开除其团籍,真的具有无可挑剔的正义性吗?未必。

综合各方面的信息,我有了一些思考:既然郑某媛是"因感情纠纷,被前男友打击报复,将照片传至网上",那么她不仅没有过错,反而还是这一具体事件的直接受害者。相应地,学校以及团组织理应给予她必要的保护和帮助,谴责和追究侵犯公民隐私、传播不雅照片者的责任,而不是反其道而行之,武断地开除员工了事。

进一步查阅相关规定,发现"开除团籍"是一种严厉的惩处手段,按照团章的规定,只有对那些"不执行团的决议、违反团章,坚持错误不改的团员"才适用于这一处分。"郑某媛不雅照"事件固然引起了较大的关注度,给相关单位造成了一定的舆论压力,但从本质上说这并不构成"严重违反团章"的事实。充其量只是一次女教师个人隐私的外泄,只涉及不雅照当事人本身,与学校及学校团委并无直接关联,因此校方贸然对郑某媛"开除团籍"是没有依据的,是违反团章规定的。同理,因为不雅照传出,就解聘员工,合法性也是存疑的。

这篇题为《不雅照受害者不该被"开除团籍"》的文章在《三峡晚报》刊发后,引起较大反响。《都市女报》等众多省内和外埠媒体转发,有的媒体把标题改为《是谁逼郑某媛离开学校?》《放了郑某媛,她是个受害者》,传播很广。

可以料想到,出了这样的事,当事人一般羞愧难当,被单位解聘、开除团籍,往往只能忍气吞声。单位则以此撇清责任,看似没有争议。但是,这并不意味着这样的处理方式、议事逻辑就是正当的。当事人本身只能隐忍,但媒体有责任公允发声,避免类似冷漠且违规的处置方式依然畅行。

批评、质疑,看似是在"挑事",实际上是在重申常识:其一,一切按照法律和规则办事,不能为了平息舆论而违法违规;其二,在判断模棱两可时,"把屁股坐在弱者一边",多从弱者权益的角度思考问题,避免舆论对弱者的冷酷碾压。

## (三)开拓"质疑的荒野"

再比如,中央八项施行后,在一些地方,中秋节、春节的福利也都不发了。有人觉得这是"上面的规定",不能随便质疑。可 2014 年 9 月人民日报客户端的一篇评论却炸开了锅:反腐不应反职工正常福利。借反腐之名拿掉老百姓应有的职工福利,绝不是中央反腐倡廉的本意。

人民日报客户端的质疑观点鲜明,我非常认同。正常的、合乎规定的福利体现的是人情味,而人情味本身也是一种凝聚力。人民日报客户端的评论讲出了这个观点,可这样笼统地一说,各地还是不知道怎么操作,我们能不能更深一层发表看法?

于是,我撰写了一篇文章《八项规定下,哪些福利不能被克扣?》,明确提出:在中秋、国庆、端午、重阳、元旦、春节,这些延续千年的传统节日里,民营企业、村镇企业、一些外资在华企业以及部分自负盈亏的事业单位、机关、国企都理当按惯例发放福利、慰问员工。这实际上是对中国传统节庆文化的一种尊重。在一定的总价限制下，月饼、粽子、咸鸭蛋等福利，不应该被克扣。这就使得观点更进了一步。

2019年1月3日，我又应约为《人民日报》撰写了一篇"人民时评"《保障正常福利也是担当》，阅读量很快突破100万次。把发不发福利与敢不敢担当结合起来，观点又更进了一步。

更进一步实际上是质疑的一个重要方法。除了自己开拓"质疑的荒野"，在其他人质疑的基础上更进一步、更深一层，也是得出新认识、新观点的一个重要方法。

## （四）质疑的边界和底线

当然，质疑本身也存在目的、方法和边界的问题。质疑的目的是为了让社会变得更好，而不是泄私愤；质疑的方法应该是有理有据，而不是不讲道理地胡乱猜疑；质疑应该恪守正直、公允、博爱、善良等基本的价值底线，不能为了质疑而质疑，或者质疑成病，走火入魔。

2015年上半年，微信、微博、贴吧、论坛上刮起一阵质疑英雄、抹黑烈士的歪风。有人质疑黄继光肉身如何能堵住枪眼，质疑邱少云怎么能抵得住烈火的炙烤，质疑雷锋怎么有那么多钱帮助人、又恰好被拍成了照片。有人调侃"雷锋做好事从不留名，他把一切都写在了日记里"。有时候，哪个地方有军人、警察和公务员因公牺牲，甚至还会有人跳出来说"死得好"。

这样口无遮拦、哗众取宠的"质疑"，违背了质疑"有理有据"的基本原则，背离了"实事求是"的基本精神。严格意义上讲，那不是质疑而是胡诌。胡诌看起来很高明，也很容易引起关注，但社会危害性很大。想当然地瞎说，混淆了视听，造成了人们对历史真实性的怀疑、对固有价值观的迷茫。

不是说历史上的英雄绝对不能质疑，只是质疑一定要有充分的根据。如果质疑者除了臆想之外，能够拿出有说服力的人物证词、历史证据、文献记载等，证明质疑是正确的，那质疑就是有价值的。相反，仅仅以质疑英雄为"时尚"，就是错误的、有害的。所以，2015年6月，我写了一篇《以质疑英雄为"时尚"是错误价值观》，以质疑质疑"质疑"。

当然，质疑也可能遭遇质疑。同一个新闻事件，同一个问题，不同的人会有不同的看法,得出不同的观点。多年前,我在《三峡晚报》主编"峡江评论"版的时候,经常选取对某个新闻事件观点角度不同的两篇文章,把不同看法摆在一起,供读者讨论,反响很好。在互动平台上,常常有不同意见的读者争论。

所以,在业界公开交流场合,我曾多次表达个人看法:评论家千万不能把自己看成掌握绝对真理的话语权威。为什么?同一个事件,从不同的角度可以得出不同的结论。只要所论合乎法律法规、符合基本的价值观,并且论据充分、论证逻辑完整,观点立得住,就是一篇合格的评论。换言之,观点有对错,但对的观点往往不止一个。

哪怕"一家之言"与"一家之言"之间有冲突也不要紧,交给读者去评判。文章观点对不对读者说了算。这就是我想说的另外一个问题:写文章不要老想着读者喜欢听什么,而要根据自己的主观感受,我手写我心。而且,文无定法亦无定论,在基本价值判断正确的前提下,本就没有什么对错。

不要迷信权威,不要觉得媒体上的专栏评论家、讲台上的老师就一定是对的,必须按照他们的逻辑去思考、去立论。似乎自己文章观点和他们不一样,自己就肯定错了。不是这样的。质疑,不光是对新闻事件本身,质疑无远弗届。

## (五)允许并尊重不同的意见

我也曾遭遇过一些质疑,并对其中两次印象很深。一次在华中科技大学新闻学院讲座,谈到对某个新闻事件的看法时,一名女研究生小声嘀咕,对我的观点提出了质疑。我立刻停下来,请她谈一谈看法,课堂上有了很好的交流。我不知道这个学生毕业后有没有从事媒体评论工作,但我想她至少具备了做评论员的潜质——有质疑的基因。

另一次是围绕"江歌案"的评论。2016年11月3日,留学日本的青岛女孩江歌,在其租住的公寓二楼走廊被一男子连刺数刀身亡。事发时,其室友刘某在公寓内。犯罪嫌疑人系刘某前男友。

根据这些信息,舆论的焦点矛头直指刘某,认为刘某恩将仇报、见死不救。有人把刘某与江歌母亲的对话发到网上,更有人倒腾出刘某的家庭信息和地址、网络曝光、人肉搜索、疯狂谩骂甚至各种威胁充斥网上。网络大V咪蒙推送了文章《刘某江歌案：法律可以制裁凶手，但谁来制裁人性？》，另有人写了一篇文章《江歌，你替刘某去死的100天，她买了新包包染了新头发》，掀起新一轮网络暴力高潮。据报道，刘某一家因此痛苦不堪，不敢出门。

　　道义的高地上群情激奋、一片喊打喊杀，这样做对吗？深入思考之后，我认为刘某肯定有问题，但不管怎么说，她依然享有一个公民最基本的隐私不受侵犯的权利。泄露她的个人信息、对她进行人肉搜索和恐吓威胁，尽管"很得民心"，但终归有违法之嫌。

　　我觉得，在这起事件中，人们应该更多关注对杀人凶手的惩治，对留学生安全问题频出的思考，而不是两眼通红地"鞭打"案件的关键证人。媒体和公众应本着客观冷静的态度，努力促成双方达成和解，而不是直接、粗暴地加入他们的争执中，选边站队，互相攻击，导致对立情绪高涨。

　　对于一些网络大V以激烈言辞讨伐、辱骂、攻击，在网上"喊打喊杀"，我持反对态度。一个法治社会决不允许舆论"杀人"的情况出现。舆论可以根据事实表达同情与反对，但绝不能代替法律来决定人的生死命运。

　　我把这篇题为《我不挺刘某，但我反对舆论杀人》的文章发到个人微信公号里，几乎与此同时，《新京报》《南方周末》也分别刊发了与之类似的文章：《江歌案：杀气腾腾的咪蒙制造了网络暴力的新高潮》《讨伐刘某：是网络暴力还是伸张正义？》。你以为"英雄所见略同"，结果是铺天盖地的批评。很多读者言辞激烈，一顿批评，然后取消关注。有人直接回应："这一次，我站在舆论暴力这一边。"

　　一位我非常敬重的领导和前辈，也就此表达了不同意见。他认为法有不逮，正是因为有时法律惩治不了道德上的坏人，所以需要舆论去谴责，形成赏善罚恶的道德环境。我就此与他进行了多轮讨论，甚至是辩论。我们谁也没有说服谁。他最终很民主地将其归结为"代沟"。

　　后来细想，他说的也非常有道理，但并不足以说服我，我也不可能说服他。为什么？横看成岭侧成峰，远近高低各不同。我们所持的论点并不是截然互相否定的，相反，很多时候它是事物的两个方面，可以而且应该并存。

　　苏格拉底说："问题是接生婆，它能帮助新思想的诞生。"我们所处的时代，是一个深刻变革的时代。每天都在发生着不同的新闻，很多问题需要去发现和质疑、去解剖和分析,这为新思想、新观点的诞生提供了很多可能。掌握质疑这个基本的方法,学会"疑神疑鬼",时评写作就会有源源不断的活水。

**实战例文**

### 大楼命名伤害了大学精神?

日前,清华大学第四教学楼被冠名"真维斯楼",不少人质疑此举"商业气氛太浓"。真维斯集团称此举并非炒作,不愿透露捐款数额。清华大学表示,为校园建筑物命名是筹资助学的通行做法。随后,各种关于"大学精神堕落"的批评充斥网络。

清华大学作为百年名校,被国人视为学术殿堂,对其寄予弘扬大学精神、坚守大学品格的厚望,公众的质疑显然包含了"爱之深、责之切"的意味,可以理解。但是,楼宇命名的最大作用是区位的识别,清华大学的"真维斯楼",与我们经常见到的"逸夫楼"一样,都不过是一栋建筑的代号罢了,其意义最多是对捐资义举的一种纪念而已。一些人把"真维斯楼"的命名拔高到"清华精神沦丧""大学风骨倒下""大学精神垮塌"的高度,如此批评,有些失之偏颇。

实际上,大学接受社会捐助并以捐助者命名为念,在国内外非常普遍。就在上周,位于广州的暨南大学教学楼更名为"富力教学大楼"。另外,在华中师范大学,有栋著名的"田家炳楼";在复旦大学,还有"中国移动通信教室""飞利浦照明教室"等。而在国外,大学获得社会捐赠越多,证明其获社会认可度越高。哈佛大学、耶鲁大学,捐赠收入有时竟占据其总收入的近四成。既然国内外均有成例,那么清华第四教学楼以"真维斯楼"命名又有何不可呢?

诚然,"真维斯"是商业品牌,但因此就将"真维斯楼"的命名视作变相广告、商业炒作,而无视社会力量捐资助学的积极意义,则有失公允。或者,仅仅因为"真维斯"是商业品牌,就将"真维斯楼"的命名强推到清华"厚德载物"精神的对立面,这也并无根据。邵逸夫是商人,但似乎很少有人说,"逸夫楼"是对大学的一种玷污。那么,将"真维斯楼"的命名打上"堕落"的符号,是不是有些言重了?商业品牌本身就是社会生活的组成元素,并不天生就具备对精神风骨的侵蚀性。商业品牌出现在大学的一栋楼上,决然不会导致一所大学精神的沦丧;反过来说,倘若因为一栋楼的命名,大学精神就轰然垮塌,那我们的大学精神也未免太过脆弱了吧?

大学精神承载着一所大学的文化渊源和思想厚度,其本质特征表现在创造精神、批判精神和人文精神等之上。"所谓大学者,非谓有大楼之谓也,有大师之谓也。"这是清华大学老校长、教育家梅贻琦的名言。他还说:"大学应有两种目的,一是研究学术,二是造就人才。"因而,我们的大学若抓好了"研究学术"和"造就人才"这两条主线,就断然不会因为大楼的命名就轻易丧失掉精神风骨。

在现代社会,商业气息对大学精神也许有不少负面影响,但这并不意味着商业品牌就一定会与大学精神对立起来。盲目地把两者对立起来,既不符合客观实际,也无益于保护和弘扬大学精神。

(刊载于2011年5月27日《光明日报》)

## 不雅照受害者不该被"开除团籍"

针对网络上流传的"济宁职业技术学院团委副书记郑某媛不雅照"事件,11月26日,济宁职业技术学院官方回应称,郑某媛并非网传的"团委副书记",而是该校普通教师。事发后,郑某媛已被开除团籍,并已经离开学院。(11月27日齐鲁网)

尽管就目前的信息而言,我们尚不能确凿地抵达"郑某媛不雅照"事件的真相,但仅就济宁职业技术学院的回应,我们至少能推定,郑某媛在不雅照事件中并无过错。若真如校方所说,"因感情纠纷,郑某媛前男友为打击报复,将照片传至网上",那么郑某媛不仅没有过错,反而还是这一事件的直接受害者。相应的,该校团组织理应给予她必要的保护和帮助,岂能反其道而行之,将其"开除团籍"?

我们知道,开除团籍是惩处强度比警告、严重警告、撤销团内职务、留团察看等处分都要重得多的一种极为严厉的惩处手段,按照团章的规定,只有对那些"不执行团的决议、违反团章,坚持错误不改的团员"才适用于这一处分。"郑某媛不雅照"事件固然引起了较大的关注度,给相关单位造成了一定的舆论压力,但这从本质上来说并不构成"严重违反团章"的事实。这充其量只是一次女教师个人隐私的外泄,只涉及不雅照当事人本身,与学校、与团委并无直接关联,因此校方贸然对郑某媛"开除团籍"是没有依据的,是违反团的章程的。

上述判断几乎是常识。济宁职业技术学院却如此肆无忌惮地违反常识、违反规则办事,实在是让人费解。从目前的情况来看,校方的"非常规"表现指向两种可能:其一,校方的回应属实,郑某媛遭到男友报复以致隐私外泄。这种情况下,校方是无论如何也不能贸然开除郑某媛团籍的,这不仅找不到依据而且有违法违章之嫌;其二,校方隐瞒了一些事实,以致公众掌握的信息不全面。这种情况下,校方的回应就显得缺乏诚意,并且存在前后矛盾的问题。

稍稍梳理一下此事的发展脉络,我们不难发现,这一事件除了给不雅照当事人造成伤害外,客观上也给济宁职业技术学院带来了一定的负面影响。该校一再强调"该事件纯属个人行为",极力要说明的就是"不雅照事件与学校与校团委无关"。问题是,撇清关系,澄清事实,更多的是要坦然面对问题、翔实回应公众疑问,而绝不能妄图以解除某个人的职务、开除某个人的团籍来平息舆论、换取清白。

(刊载于2012年11月29日《三峡晚报》)

## 保障正常福利也是担当

近日,中办、国办印发《关于做好2019年元旦春节期间有关工作的通知》,指出组织好正常的党团、工会活动,保障干部职工按规定享有的正常福利待遇。近年来,每逢元旦春节,两办都明确要求保障干部职工按规定享有的正常福利待遇,可谓说到了干部职工心坎上。

自古以来,春节、端午、中秋等传统节日,邻里亲朋间馈赠一点手信,是寄托一份真切祝福、传递一份浓浓情意。新中国成立初期,柴米油盐、文娱活动等过节福利贴补了人们物质精神生活。改革开放以来,干部职工福利制度历经改革，更好发挥着凝心聚力、团结前进的重要作用。可以说，正常节日福利在人们心中有着深厚的情感根基，机关、企事业单位在传统节日发放正常福利，赓续的是文化传统；职工婚丧嫁娶按规定聊表慰问，契合的是相互关心、亲密合作的"家文化"，具有凝聚人心的仪式感。

但是，一段时间里，在一些地方一些单位，原本礼轻意浓的过节福利出现了走样变味，节日福利在一些单位成了奢靡之风乃至贪污腐败的挡箭牌，群众意见很大。中央重拳反腐，"八项规定"剑锋所指，不正当的福利逐渐销声匿迹。但有的单位也出现曲解政策、无限缩紧职工福利待遇的倾向，一些领导干部错误地将"八项规定"与职工合法权益相对立，为了不惹麻烦干脆来个"一刀切"，正常福利一律停发。这种矫枉过正的做法，与关爱职工、鼓舞人心、激励干事创业的福利制度安排并不相符。

从这个意义上讲，两办连年发文，不断明确"保障干部职工按规定享有的正常福利待遇"，是对中央精神的贯彻，是对曲解规定的警示。今时不同往日，早已不是"盼着过节物资打牙祭"的时代，大多数人在意的其实不是过节福利本身，而是附着在正常福利上的归属感。推动正常福利回归，光明正大将"温暖"送到位，恰是担当作为的表现。

必须明确的是，保障按规定享有正常的福利待遇，绝不是给整治不良风气"踩刹车"，而是要划清正常福利和灰色"腐利"的界限。江苏规定节日慰问品不超1800元，上海要求发放节日慰问品需附本人签收清单，江西明确不可发放现金、购物卡等……全国各地工会明确正常福利标准，划定依规发放红线，让福利规范起来、透明起来。以社会公平角度观之，从任性福利到规范福利，从隐性福利到显性福利，是福利规范化、透明化的大势所趋。严格执行标准，才能保证该发的正常福利，一个都不能少；不该发的"腐利"，一个都不会发。

引导合理福利预期，规范正常福利发放，是打造健康政治生态的需要，也是培育成熟社会心态的需要。从把正常福利堂堂正正发到位等具体事项入手，让规则的每一寸边界都清晰明朗、深入人心，风清气正就会不断得到巩固和深化。

（载于2019年1月3日《人民日报》）

## 期待"偶遇书记"不再成新闻

12月30日郑州电视台《郑州新闻》一则新闻称,当天郑州市委书记吴天君开完会后,临时决定乘地铁返回市委,在自助售卖机前买票时,被正在采访的郑州电视台记者认出。

刚好与电视台记者"偶遇",也不是完全没有可能性。熟悉媒体行业的读者知道,地铁新闻历来是记者关注的焦点之一,年终岁末盘点城市公共交通建设,记者们的"长枪短炮"常常对准那里。目前郑州只开通了一条地铁,记者的确有"巧遇"市委书记的可能。另外,从以往有关吴天君的新闻中,不难发现这位市委书记向来喜欢"到处走走"。他曾站在污水里徒手打捞树叶,也曾骑着单车走街串巷。这些是"偶遇书记"新闻真实性的旁证。

从上述种种分析来看,"记者偶遇市委书记"这则新闻,相对而言可信度是比较高的。但是,人们往往对官员抱有不信任感。就像这一次,郑州官方的说明,现场记者的极力澄清,都没做到让所有人都相信。

这种无法取信于民的话语困境,甚至成了一种"公共信任危机",这才是"记者偶遇市委书记"的新闻点所在。人们一方面非常渴望官员能够亲民爱民,与民同甘共苦;一面又对官员的亲民言行不大信任。究其原因,还是一些官员自身的问题——在过去的一些年月里,一些官员脱离群众、高高在上,平日里高居府衙不恤民生疾苦,偶尔调研慰问也是前呼后拥、媒体跟拍,一副惺惺作态的样子。官僚主义的习气、临场作秀的积弊,给世人留下了恶劣印象。以至于今天,许多原本真实亲民的表达,往往依然无法得到公众的客观审视。

取信于民,重在利民。对老百姓的不理解、质疑甚至谩骂,为官者不仅要充分理解,而且要反躬自责:老百姓不信任,是因为自己做得不够好。消弭公众对官员"喜好作秀"的刻板印象,还是要从点滴小事做起,剥离公权力的神秘感,平和地生活在民众之间。市委书记也好、县长局长也罢,工作时,沉下去不摆架子,不作秀,干实事;下班后,到菜市场买买菜、到超市排队买单。长此以往,"偶遇书记"就不是什么新闻了,老百姓对官员的信任感也就建立起来了,政府在民众心目中也就更加有血有肉了。

(载于2014年1月2日《新华每日电讯》)

## 对公众人物的质疑应有边界

北大校长周其凤为母亲跪拜庆生,在网上引来不少非议。日前,周其凤向香港学者张信刚赠送了一张CD,称"这是我为妈妈新写的一首歌",这首歌由宋祖英演唱。有媒体记者欲采访此事,周其凤十分低调,明确表示不接受采访,他说"我现在是笑也不行,哭也不行"。

从高唱《化学之歌》到参加各类演说,周其凤在媒体面前从来都很"性情"。但是现在他不仅拒绝接受媒体采访,而且直言不讳地表达自己的不满,这与倪萍参加全国两会时说"我就是要当哑巴"一样,充满了"惹不起,躲得起"的无奈。因为"笑也不行,哭也不行",所以干脆不哭、不笑、不吱声。

事实上,不论是给90岁的老母亲下跪庆生,还是为她创作新歌,原本都是私事,无关公众痛痒。不错,周其凤是北大校长、知名学者,是公众人物,但他同样有父母亲人,有私人生活,有私事不受外界置喙的权利。当这种权利不仅被侵犯,而且被某些人站在"道德高地上"无端指责,他怎么能不感到无奈呢?

毫无疑问,我们对公众人物的质疑应该有个边界,这个边界就是"公共利益"。凡是涉及公共利益的问题,不管你是高级官员还是明星大腕,都必须接受媒体的监督、公众的质询,而不能以"国家秘密"等理由搪塞。反之,只要与公共利益无关,公众人物和普通公民就享有一样的隐私权。以此而论,周其凤回农村老家,给自己的母亲下跪拜寿,完全与他人无干,网友把相关照片上传到网上,一些人对此作各种诛心之论,实际上都逾越了质疑的边界,失去了道义上的正义性。

时下,我们对公众人物的关注和质疑,常常越过应有的边界,以至于后者的隐私频频遭到过度"消费"。这样的舆论偏差理应得到矫正,否则会有更多的公众人物遇事"三缄其口",而整个社会的舆论生态将变得更加暴戾,可能走到胡适所说的猜疑、冷酷与不容忍的地步。而我们能做的,是凡事保持必要的冷静和克制。另外,包括新兴媒体在内的各种社会媒介,在对公众人物进行评议时也要守住边界,不能动辄拿人家的私事炒作,不能过度地干预他人的生活。否则即便你的出发点是好的,同样容易给受众以"越界有理"的误导。

每个人都有主张隐私保护的权利,每个人都有保护他人隐私的义务。这不仅是法治社会契约精神的要求,更是道德社会相互尊重的需要。尽管在信息时代,很多人有微博,有麦克风,都可以自由表达,但是,我们在发言之前,还是应该问一问自己"这样做合法、合理、合情、合适吗"?假如答案是不确定的,那么最好谨慎处置,以免伤人误己。

(载于2012年7月24日《光明日报》)

# 第二招 动之以情

德国哲学家雅斯贝尔斯说:"教育是一棵树摇动另一棵树;一片云推动另一片云;一个心灵唤醒另一个心灵",这句话揭示了教育的本质是爱和责任。这同样适用于时事评论写作。时评写作的出发点是什么?公平、正义、良知、责任等,说到底是对真善美的追求,是一种基于爱的表达。

从梁启超"少年富则国富,少年强则国强,少年独立则国独立,少年自由则国自由"的疾呼,到鲁迅刺猬一样竖起头发"横眉冷对千夫指,俯首甘为孺子牛"的坚韧,再到当代众多评论家"嬉笑怒骂皆文章"的洒脱,写作的根本价值起点都可以归结为一个字——爱。

因为爱,所以对社会、对政府有更高的期许;因为爱,所以对一些不良现象,"哀其不幸,怒其不争";因为爱,所以在铢锱必较中,时常袒露坚硬背后的温软。

时评家、时评写作者的爱,往往隐藏在犀利、缜密、坚硬背后,但在一些特定的情况下,比如涉及老人权益保障、孩子生命安全、弱者权益保护等问题时,也不妨坦荡地表达情感。这种情感的诚实表达、自然流露,往往具有很强的感染力、说服力,我谓此法为"动之以情"。

## (一) 时评写作的根本起点是爱和责任

2015年6月9日深夜,贵州省毕节市七星关区田坎乡4名儿童在家中疑似农药中毒,经抢救无效死亡。根据媒体的报道,4名儿童为留守儿童,父母均在外打工。这起"6·9毕节儿童服毒死亡事件",震惊社会。

和很多人一样,面对这样一个新闻事件,我的第一反应就是痛心。"4名儿童为留守儿童,年龄最小的5岁,最大的13岁",4个如此幼小的兄弟姊妹集体服农药自杀,如此惨烈的死亡,原因到底何在?有人说是父母没尽到责任,生了就要管,生而不管是导致孩子自杀的根源。这样说不是没有道理,可这些道理在生活的逼仄面前,往往变得"没有道理"。

留守儿童不愿离开父母,绝大多数为人父母者又何尝愿意抛下孩子,在千里之外忍受骨肉分离之苦呢?这让我想到了我曾遇到的一个孩子。有一年冬天,我到一所乡村寄宿制小学采访,碰到一个五六岁的小男孩。他托着一只冒着热气的塑胶桶爬楼,一个趔趄差点栽倒。"当心——"我赶紧上前搭把手,生怕开水烫着他。和他并排坐在他小小的床铺上,我问他想家吗?他绞着衣角不说话。等我起身走时,他突然哭得颤抖起来:"我想妈妈!"

我由此想到,在那些"近乎被遗弃"的日子里,那4个毕节的孩子,会不会在夜里想爸爸、喊妈妈?他们经历了多少饥饿、寒冷和恐惧?他们也怕打雷闪电,也怕黑吗?我把这些情感写进了文章。此刻,我就是这么想的,就是这么动情,也就这么写成文字。

继续深入思考。我又想到,这些年,我曾和不下10位在外务工的老乡交流,劝他们把孩子接到城里来。这些父母大多选择了沉默,有的则给我算起成本账:城里的开销太大,上学成问题,孩子平时没人带。"不是不想而是不能",这是摆在中国上千万家庭面前的残酷现实。

毕节4名儿童之死实际上是中国"留守儿童"问题的一个惨烈案例。客观地讲,这只是一个极端个例,不是普遍现象。但是,它把留守儿童问题的严重性、紧迫性摆在我们面前——一项调查显示:中国2000多万留守儿童的生存现状堪忧。

于是,我又开始思考一个问题:为什么不能让农村父母留在农村、留在孩子身边呢?原因是:农村没有就业机会、挣不到钱。它的背后是城乡发展的严重不平衡。国家大力推进城镇化,到处都在造城,各种机会、资源、资金向城市集中,进城务工成了农村劳动力的主要流向。一些人只看到"多少天一层楼""多少天一座桥"的城市发展速度,却习惯性地忽略,那些路桥交通、摩天大厦的背后，有着多少背井离乡的无奈，多少骨肉分离的悲怆，多少孩子的希望、失望和绝望。

于是，我写成了《毕节留守儿童之死拷问社会良心》这篇文章。文章提出，城镇化是为了让人们过得更好，而不是要拆散家庭、留下隐忧、制造悲怆。毕节留守儿童之死拷问的不仅仅是当地政府的社会救济责任，更是我们这个国家城镇化的品质、我们这个社会的情感和良心。

这篇带着感情完成的文章在新浪专栏推出后，反响比较热烈。新浪新闻首页置顶推荐，有网友留言说："中国的城市一个比一个漂亮，比高楼，比高速，比地铁，比种花，为什么不问问农村的建设？同样是国家的钱为什么只是城市可以漂亮？""城市公共投入比农村多 N 倍，城市吸引农村的资源壮大自己。工业反哺农业远远不够，别问农民为什么要进城打工，为什么不能带孩子在身边，你落到那地步你才知道。"

最后，新浪跟帖达五六千条，70 多家网站转载，文章在很多论坛上引起热烈讨论。

2015 年质疑城镇化的速度过快，农村发展严重滞后，把留守儿童的死归咎于城乡发展的不均衡，归咎为政府和社会履行责任不够，似乎很冒险、很激进、很有些意气用事。可现在回头去看，这种基于爱、基于人性的情感表达并不为过。相反，它契合的是改革的方向——顶层设计本身也反对为了城镇化而忽视农村利益、漠视留守儿童安全的做法。

几年后的一个秋天，党的十九大报告提出："我国社会主要矛盾已经转化为人民日益增长的美好生活需要和不平衡不充分的发展之间的矛盾。"随后，中央又提出乡村振兴战略。在 2018 年全国两会上，习近平在参加广东代表团审议时讲道，我们现在推动城镇化建设，千方百计让进城务工人员能够在城市稳定地工作生活，孩子能进城的随着进城，解决留守问题。同时，也要让留在农村的老年人在乡村振兴战略中找到归宿。

当年，有一个读者私信给我说："李老师，你的文章让我哭了，因为我是一个两岁孩子的妈妈。"

评论的目的不是让人落泪，落泪与否也未必是评论作品好坏的根据，但是忠于内心的情感，打动自己继而打动受众，又何尝不是一种感染人、说服人的写作思路呢？写时评重在说理，客观严谨非常重要，但它也并不天然排斥寓情于理、以情动人。不论是冷峻的表达、尖锐的表达、理性的表达，还是饱含深情的表达，目的都是说服人，启迪人。写作的根本起点都是爱和责任。

## （二）于众声喧哗中笃定价值判断

2016年11月底，一篇名为《罗一笑，你给我站住》的文章，刷爆朋友圈。不幸罹患白血病的小女孩罗一笑的故事引起社会关注。数以万计的人通过各种方式进行捐赠，希望为这个悲伤的家庭送去温暖。

几天后，剧情彻底反转。有人爆料称：文章作者、罗一笑的父亲罗尔家底深厚，在广东有三套房子，此事背后是网络营销。2016年12月1日，罗尔就"罗一笑事件"发表声明：260余万捐款将全部捐出，后来又表示，将原路退回给捐助者。但是，各种关于"带血营销"的指责经久不息。

这起备受舆论关注的事件在网上被称作"罗一笑事件"，因为它是围绕一个叫罗一笑的小女孩展开的，当时那个可爱的小姑娘已经躺在重症监护室很多天了。但是，我坚持称之为"罗尔事件"，因为我认为这起事件从最初的微信求助、爱心爆棚、网友打赏260多万元，发展到"带血营销""利用爱心骗捐"等质疑，其实都是冲着那位作家父亲罗尔在网络求助中的一系列行为去的。"一切毁誉，都与这个不幸的孩子无关，她应该得到的是全力救助和深深祝福。"这个观点得到了我所供职媒体的认可。从这以后，很多媒体也开始改称此事为"罗尔事件"。

说到这里，你大概可以猜出我的主张了。我认为这起事件中，有三套房的罗尔的确有做得不妥的地方。他应该担负起父亲的责任，首先自己想办法解决医疗费用的问题。同时，他应意识到网络捐赠的敏感性，意识到在这一事件中，数百万文章打赏本质上是一种爱心捐赠，应主动向公众坦诚自己的经济情况。但是，我坚持认为，随着善款返还，这一事件造成的巨大争议，也应该在一个合理范围内适可而止。

有人说，"罗尔以女儿的病情骗捐性质恶劣，应该群起讨伐。"随着事件的反转，也的确有人开始对罗尔进行人肉搜索，气势汹汹。这实际上反映了一个问题，当下人与人之间的信任还比较脆弱，一旦出现风吹草动，爱心和善意就可能迅速调转为口诛笔伐。当初网上打赏捐助是一阵风，后来迅速反转为讨伐也是一阵风,为什么不能安安静静听一听罗尔本人的说法,耐心等一等有关部门的最终结论呢?说到底,相当一部分网民的网络社交心智还不成熟,容易跟风,爱与恨缺乏一种相对稳定性。所以,在有的事件中,舆论的风向是反转过来,反转过去,反复无常。

当舆论疯狂涌向对"罗尔骗捐"的讨伐时,很多人却忘却了这一切的初衷——为了拯救这个叫罗一笑的孩子。所以我提出了一个观点——既然钱已经退还了,讨伐也不妨在一个合理范围内适可而止,毕竟一个孩子还挣扎在生死线上是真的,一个家庭危机重重、大人心力交瘁也是真的。

可如何才能更好说服人们放下网络暴力的大锤呢?——"以情动人"。我们要让公众冷静下来想一想,正常情况下,哪个父亲会刻意利用女儿的重病去炒作和营销呢?人们正在以恶毒语言进行攻击的,最终并没有让谁有一分钱损失的所谓的"骗子",却正是那个躺在病床上命悬一线的孩子的全部希望。我想,对重度昏迷着的罗一笑来说,这个被人们指着鼻子骂的"骗子",一定是个守护天使的英雄,是让她"像个公主一样坚强活下去"的希望。

当文章《保持善的清醒 稳住爱的船舵》见报后,受到了读者的关注。随后,我又在此基础上改写成了一个更适应网络传播的版本《罗尔事件提示我们稳住爱的船舵》。"不论争论结果如何,祈愿这个孩子赢得生的机会。""罗一笑小朋友,加油!通过所有的考验,你就一定能成为公主。"很多网民自发转发文中这两句话。随着持类似观点文章的增多,偏离方向的舆论,终于在将心比心的情感牵引下,慢慢回到关心小天使罗一笑病情本身。

令人伤感的是,就在不肯善罢甘休的汹汹舆论还没有彻底平息的2016年12月24日早上6点,《罗一笑,你给我站住》中的那个小天使罗一笑因白血病去世,年仅6岁。她的父亲,就是那个"十恶不赦"的"骗子"罗尔,委托医生向深圳大学医学院红十字会捐献了女儿的遗体和器官。

我不知道作为父亲的罗尔在送走女儿遗体的那一刻,是一种怎样的心情。我更没法想象,如果弥留之际的罗一笑小朋友,知道2016年11月底发生在互联网上的这一起与她有关的"罗尔事件",她会怎么看、怎么想?

有人说,"罗尔事件"暴露出了网络慈善的不健全,我倒认为它最主要的是暴露出了一些人看似道德高尚实则冷血无情、得理不饶人的复杂面相。如何改变这种面相?我没有答案。但我想,对一个时评写作者而言,于众声喧哗中，以真挚的情感去阐明观点、说服人，是一个直观的办法，也是一种道义和责任。

## （三）民心民意有时蜷缩在天桥底下

每到春节临近，天气一般都比较冷。流浪者有没有得到妥善安置，会不会出现大雪天冻死人的事情，这是各级政府需要特别关心的问题，也是媒体应该关注的问题。

2014年春节前夕，李克强总理到陕西省安康市救助站看望老人和流浪儿童。他说，过年是中国最大的节日，中国人最重视家的概念。我们要编实、筑牢社会保障底线，不能让任何人无家可归。

总理短短几句话，三次提到"家"，情真意切、暖人心扉。我们能不能也写出一点冬日暖意来呢？结合《湖北日报》社评选题会上的思想碰撞，我写成一篇文章《让春节拓展"家"的内涵》，主要围绕有家可归的"家"字展开评论。

每到春节，数十亿人次的人口迁徙往来，为的不就是以回家过年的方式，停歇心灵、接通情感，享受回家团圆的幸福吗？可现实生活中，有些困难群众无家可归。比如，那些孤寡老人、流浪儿童、居无定所的拾荒者等。政府应该采取措施，保证他们也过上年，感受到"家"的温暖。

说实话，这样的观点并不新鲜，甚至可以说很老套了。时评写作者能做到的，就是以更好的言说方式说服人、感染人，督促有关部门采取切实行动。因此，在行文中，我采取了"以情动人"的写作方式。比如，我写道：

"吉祥的焰火、浓浓的年味、家庭的温暖、国家的福祉不能同他们绝缘。他们盼望有家可归，也应该有家可归。政府和社会有责任为他们创造一个温暖的家。这个家一定柔软温存又坚实有力，有暖暖的被窝、热气腾腾的饺子，能看上春晚。这个家可以很简单朴素，但一定没有恩赐和施舍的味道，它充满着温暖人心、休戚与共、积极进取的力量。""我们总说要保障民生、体恤百姓，让每一个个体感受到社会的温暖。春节恰恰就是这样一个检验承诺、体现担当的最显性时刻——越是在这个时候，困难群众对'家'的渴望就越深切，政府托底民生的责任就越紧迫。"

实际上，这是在提醒有关部门做好春节期间的流浪人口安置工作，送去家人一般的关怀，让他们切实感受到社会大家庭的温暖，分享到国家发展的利好，让他们的身体和心灵都有家可归，不在冬夜里孤独流浪。

这篇文章在《湖北日报》刊发后，引起了有关部门的重视。次日还被《人民日报》转载。《人民日报》更进一步，把标题改为《不让孤苦者在冬夜流浪》，更加突出人情味，更具说服力、感染力。

记得2017年冬天，也是临近春节。在华中科技大学新闻学院举办的一次评论高峰论坛上，该校赵振宇教授提出"民心民意有时候就在城市的大桥底下，就在那些露天而眠的流浪者心中"。我对此深以为然。媒体人，尤其是评论写作者需要用心打捞沉默的声音，多做为生民立命、为弱者发声的事。

人写文章，文章写人。人有感情，文章也应当有感情。时评写作者，先感动自己再感动别人，"以一棵树摇动另一棵树；一片云推动另一片云；一个心灵唤醒另一个心灵"，有何不可、有何不好呢？这不是主张刻意煽情，把评论写成抒情散文，而是回归写作的本质。时评写作说到底是对真善美的追求，是一种基于爱的表达。爱的表达，可以含蓄深沉，亦可直接了当，绝非一定要面孔僵硬、故作高深，不食人间烟火。

**实战例文**

### 毕节留守儿童之死拷问社会良心

又是一起人间悲剧！贵州毕节市发布消息，毕节七星关区田坎乡4名儿童在家中疑似农药中毒，经抢救无效死亡。4名儿童均为留守儿童，年龄最小的5岁，最大的13岁。

4名儿童到底是怎么死的，问题出在哪儿，还有待当地公安机关调查。不过从各方提供的信息来看，这与他们"留守儿童"的身份不无关系。4个孩子是一家的，父亲在外打工，母亲"被人拐跑"，爷爷奶奶已过世，外公外婆年纪大了无法照顾孩子，也就是说，这4个稚弱的孩子一度处于缺乏照料的状态。

岂止是缺乏照料，简直是自生自灭！知情者转述的情境是这样的：4个孩子因没有生活费辍学在家，家里唯一的食物是去年的玉米。平时，孩子们将玉米磨成玉米面，不用筛子筛干净，就凑合吃了，"因为太穷了"。你能想象到吗？孩子们生前那苍白的容颜、饥饿的表情以及无助的眼神。在那些"近乎被遗弃"的日子里，他们会不会在夜里想爸爸、喊妈妈？

这让我想到了我曾遇到的一个孩子。那年冬天，我到一所乡村寄宿制小学采访，碰到一个五六岁的小男孩。他托着一只在冒热气的塑胶桶爬楼，一个趔趄差点栽倒。"当心——"我赶紧上前搭把手，生怕开水烫着他。和他并排坐在他小小的单人床上，我问他想家吗？他绞着衣角不说话。等我起身走时，他突然哭得颤抖起来："我想妈妈！"

是啊，在孤独、无助甚至绝望的时候，孩子们能不想爸爸妈妈吗？这些年，我曾给不下 10 位在外务工的老乡讲起这个故事，劝他们把孩子接到城里来。这些父母大多选择了沉默，有的则给我算起成本账：城里的开销太大，上学成问题，孩子平时没人带。"不是不想而是不能"，这是摆在中国上千万家庭面前的残酷现实。

如果说，毕节 4 名留守儿童之死属于极端案例，不具备普遍性。可监护不力、缺乏抚慰、疏于照顾，或轻或重出现自卑、焦虑、暴躁等心理问题，却是留守儿童面临的普遍问题。不同机构的研究报告提出同一个严肃问题：2000 多万留守儿童的生存现状堪忧。

今天，整个中国社会开启了轰轰烈烈的城镇化运动，到处都在造城，各种机会、资源、资金都向城市集中，进城务工成了农村劳动力的主要流向。可我们不能忽略，这些路桥交通、摩天大厦的背后，有着多少背井离乡的无奈，多少骨肉分离的悲怆，多少孩子的希望、失望和绝望。

国家的发展有其阶段性。中国要走工业化、城镇化、现代化之路，符合发展需要，大多数人并不反对。问题是，发展必须忠诚于发展的目的，不论走多远也不能忘了为什么出发。城镇化是为了让人们过得更好，而不是要拆散家庭、留下隐忧、制造悲怆。GDP 靠冲刺可以拔高、城镇化率靠任务摊派能够加速、乡村学校撤点并校用政令可以迅速完成，问题是，你可曾想过，你跑得这么快，农民能跟得上吗？孩子们能追得上吗？

能量是守恒的，某种意义上说，社会的财富、资源也是一定的。如果非要在高歌猛进的城镇化和"孩子们生存品质的相对提升"之间作一抉择，大多数人可能会义无反顾地选择后者。

我常想，如果我们不能很好地提升进城务工家庭的生存品质、不能做到让大多数农民工子女随迁接受教育、不能保证让乡村儿童避免出现群体性的身心健康问题，我们"跨越式发展"的步子是不是就该放慢一些？如果我们的城市还不足以给进城务工家庭以足够的资源、不能让孩子们享受城市的温馨，我们对乡村的社会保障、政府救济、教育投入、基础建设就不能削减，城市对农村的鲸吞就应该放缓。

"任何时候，身体和灵魂都应同步抵达。"毕节留守儿童之死拷问的不仅仅是当地政府的社会救济责任，更是我们这个国家城镇化的品质、我们这个社会的情感和良心。

（刊于2015年6月11日新浪网"李思辉专栏"）

## "罗尔事件"提示我们稳住爱的船舵

"罗尔事件"有了新的进展，12月1日，因女儿患白血病而发文求助的罗尔发布声明，称因"罗一笑事件"传播远超预期，带来不好的社会影响"深表歉意"，并表示已募集的200多万元将全额捐出。罗尔一度痛哭：大家只关心我是不是骗子，没人关心我的女儿……

准确地说，这起备受关注的舆论事件应称作"罗一笑事件"，因为它是围绕这个叫罗一笑的小女孩展开的。这个呆萌可爱的小姑娘不幸患上白血病，已经躺在重症监护室很多天了，"情况很不好"。但笔者之所以称它为"罗尔事件"，是因为这起事件从最初的微信求助、爱心爆棚，网友打赏200多万元，发展到网民"带血营销""利用爱心"之类的质疑乃至攻击，最多也只能冲着这个叫罗尔的父亲去，一切毁誉都与昏睡中的孩子无关。

几天前，"罗尔事件"还是一起上十万网民合力救助"小天使"的感人事件，为什么陡然间就"反转"了呢？因为有人曝出"罗尔坐拥3套房产""罗尔的文章是营销公司策划的"，有关部门又表示"目前孩子的大部分治疗费用可医保报销"，于是出现了"骗钱"的指责，出现了劈头盖脸的谩骂和攻击。罗尔回应说，房子一套自住，另外两套还没有产权证不能交易，但网民对他的解释已然听不进去。

有关部门已介入调查，真相并不难查清。但有些东西是现在就可以确定的。第一，罗一笑确实罹患白血病，正在与死神抗争；第二，治疗白血病所需花费总量不小，即便是一个中产家庭，面对它也很难"淡定"；第三，即便以最大的恶意去揣测，一个家庭对亲人罹患白血病的无助感和绝望感也是应允同情的，作为父亲的罗尔拯救女儿的真挚情感也是能够感同身受的。也许他借助商业平台运营求助的方式不妥，但不足以说明他在骗捐。

　　为宽慰女儿，父亲编出"我们是来医院参加公主选拔赛的，剪掉头发，只是选拔赛的第一关，通过所有的考验，就能成为公主"的美丽故事，能武断地说这是商业营销吗？写信对女儿说："罗一笑，爷爷奶奶、叔叔阿姨、哥哥姐姐对你的恩情，很深很重，我一笔一笔给你记着，你不能耍赖，必须亲自感恩。罗一笑，要是你不乖乖回家，就算你是天使，就算你跑进天堂爸爸也不理你……"能轻率地说这是在拿女儿的病来骗钱吗？通常来说，没有哪个父亲会刻意利用女儿的重病去炒作和营销什么。一个社会再多元和敏感，也不应轻易动摇对人性的起码预判，这不也正是人们互济互助的基础吗？

　　"罗尔事件"的快速"反转"，一方面折射出我国民间募捐制度的不完备。尽管《慈善法》对个人募捐进行了更有力的规范，但对微信打赏等求助方式还没有明确界定，求助者也还没有形成主动寻求公益组织介入监督的习惯，这很容易让公众感到透明度和可信度不够。另一方面，这也说明当下人与人之间的信任感还比较脆弱，一旦出现风吹草动，慈善和爱心就可能迅速转向，任凭怀疑左右爱的方向，甚至陡然掉头撞向求助者，这种"反转"有时太过急躁。"罗尔事件"提示我们稳住爱的船舵，少一些匆忙"反转"、少一些无谓伤害，这既在于进一步依法规范民间募捐，也在于努力巩固人与人之间的信心和信任。

　　不论争论结果如何，祈愿这个孩子赢得生的机会。罗一笑小朋友，加油！通过所有的考验，你就一定能成为公主。

（刊于2016年12月3日红网，根据《湖北日报》社评改写）

## 不让孤苦者在冬夜流浪

春节前夕,李克强总理到安康市救助站看望老人和流浪儿童。他说,过年是中国最大的节日,中国人最重视家的概念。我们要编实、筑牢社会保障底线,不能让任何人无家可归。

"爆竹声中一岁除,春风送暖入屠苏",春节在国人心中具有极其重要的地位,它延续着四千年的节庆风俗传承,流淌着人们思乡归家的情感血脉。每到春节,数十亿人次的人口迁徙往来,为的就是以回家过年的方式,停歇心灵,接通情感,享受回家团圆的幸福。我们欢乐的时候,不能忘记那些困难人群。

全国还有一亿多人口生活在贫困线以下。这其中更有一些人居无定所。因此,即将到来的春节,既有"律转鸿钧佳气同,肩摩毂击乐融融"的美好图景,也客观存在着"病眼少眠非守岁,老心多感又临春"的孤寂惨淡。这个时候,把目光更多地投向那些无家可归的人,竭力让每一个人都有家可归,既是一种常情、常态,更是一种责任、担当。

那些孤寡老人、流浪儿童、居无定所的拾荒者等等,也是这个国家、这个社会的一员,不能被选择性遗忘。吉祥的焰火、浓浓的年味、家庭的温暖、国家的福祉不能同他们绝缘。他们盼望有家可归,也应该有家可归。政府和社会有责任为他们创造一个温暖的家。

这个"家"是一个相对宽泛的概念,它可以不以血缘、姻缘、族缘为基础,但一定柔软温存又坚实有力,有暖暖的被窝、热气腾腾的饺子,能看上春晚。这个家可以很简单朴素,但一定没有恩赐和施舍的味道,它充满着温暖人心、休戚与共、积极进取的力量。

我们总说要保障民生、体恤百姓,让每一个个体感受到社会的温暖。春节恰恰就是这样一个检验承诺、体现担当的最显性时刻——越是在这个时候,困难群众对"家"的渴望就越深切,政府托底民生的责任就越紧迫;越是在这个时候,民生疾苦就会更多地浮现,有关部门履职为民的诚意就能得到最真实的体现。

这个时候,我们应该而且必须往前多走几步,积极主动地摸查辖区群众的困难,深入基层访贫问苦,为农村五保户、城乡低保户、特殊困难户、重点优抚对象等城乡困难群众落实帮扶政策，做好春节期间的流浪人口安置工作，送去家的关怀与温暖，把为民宗旨体现在编实、筑牢社会保障底线的具体实践中。

同时，还需倍加重视对困难群众特别是流浪儿童的心理和精神抚慰，让他们的身体和心灵都有家可归，不在冬夜里孤独流浪。

（原文刊于1月28日《湖北日报》，原题为《让春节拓展"家"的内涵》；2014年1月29日《人民日报》转载）

## 对幼儿园虐童不能止于义愤

近日，河北深州大疃社区幼儿园"虐童视频"引起轩然大波。据媒体报道，目前涉事幼儿园已停业整顿，涉事的3名保育员被警方行政拘留。

三四岁的孩子，被人放到高高的窗框上面向后推，仰面"搭"在窗框上痛哭，看到这样的场景，谁能不心头一颤呢？当得知做出这些行为的竟是幼儿园教师时，谁能不义愤填膺呢？虐童之举一旦被公众发现，必将遭到道德的严厉谴责。但我们不能止于义愤，要预防乃至杜绝类似事件发生，还得从深层次找原因、想办法。

一些幼师为什么折磨孩子？除了少数人心理变态，缺乏方法和耐心是主要原因。与其他年龄段不同，幼儿园的孩子心理和认知还处于懵懂的发育期，无论是语言表达、逻辑思维，还是行为能力等，都不能和中小学生相比，需要教师投入更多的耐心和爱心。这对幼师素质提出了更高要求，不是会唱歌跳舞、能看住孩子就行，其在心理辅导、自我调节、保育技能等方面也应该成为"准专家"。

可是，把这样的要求放在我国巨大的幼师缺口上看，就显得非常苍白。"上幼儿园比上大学还难""入园难，进公办园更难"等，已经成为全国性的问题。目前，各地普遍存在幼儿园和幼师资源不足的问题。近期的一项调查显示，在资源相对集中的北京，幼儿园学位缺口也达24万，幼师缺口数以万计。据相关预测，随着全面两孩政策放开，到2021年，学前教育领域需要补充近199万名教师和137万名保育员。幼师缺口这么大，怎能挡得住一些地方"捡到篮子就是菜"？

对虐童的幼师，要依法严厉惩处。但从浙江温岭到吉林四平，再到河北深州，一次次的幼儿园虐童事件提醒我们，完善与"虐童"有关的法律、形成威慑只是解决问题的一个方面。从根本上讲，还是要加强学前教育投入，先彻底解决基本的配置问题，继而提高准入门槛，提升幼师整体素质和幼儿园整体水平。

时下，有些地方提出把高中纳入义务教育，笔者以为，若有这个实力，也应努力发展普惠式幼儿教育。三四岁的孩子正处于人生的起跑线上，更稚嫩，也更脆弱，"兜底"应该从最底部兜起。

（刊于2016年12月6日《光明日报》）

# 第三招 "两面三刀"

前文第一招里已经讲过："观点有对错,但对的观点往往不止一个。"

这是因为事物往往有它的两面性,甚至多维性。同一个事物从不同角度看,往往会得出不同的观点。时评写作者到底该选取哪一个观点呢?或者说,哪一个观点最优、最值得去立论成文,以说服人、影响人、启迪人呢?这就涉及一个观点甄选的问题。

毛泽东主席曾在《矛盾论》中讲到"主要矛盾和矛盾的主要方面",大意是无论什么矛盾、矛盾的诸方面,其发展是不平衡的。有时候似乎势均力敌,然而这只是暂时的和相对的情形,基本的形态则是不平衡。矛盾着的两方面中,必有一方面是主要的,其他方面是次要的。其主要的方面,即所谓矛盾起主导作用的方面。事物的性质,主要是由取得支配地位的矛盾的主要方面所规定的。

矛盾的认识论,也完全可以看成时评写作的方法论。什么方法?在各种观点的选择过程中,重要的是找出和抓住问题的"主要矛盾和矛盾的主要方面"。怎么找出和抓住那个"主要矛盾和矛盾的主要方面"?这就需要对观点进行"主要—次要—再次要"的排序。排序的主要依据是什么?批判的价值。

此前已有曹林等时评家提出"批判的价值次序"这一概念,他们认为"这个世界上什么都有顺序,权利有先后顺序,有些权利就是比另种权利更优先。在批判的问题上,也存在着价值次序,一个事件上可能有许多值得批判之处,远的近的、弱的强的、直接的间接的、明显的隐含的,这样的排序就是批判的价值次序"。这是一个非常有价值的论见。

　　针对同一个新闻事件，站在不同角度，可以得出A、B、C、D，甚至更多的观点。我们首先要以批判价值的大小、强弱，对这些观点进行价值上的排序，得出一个结论。比如A＞B＞C＞D，或者B＞A＞C＞D，或者C＞A＞B＞D，或者D＞A＞B＞C，或者其他。哪个观点更深刻、更接近本源、更根本，哪个观点就是最具批判价值的观点，就是应该优先选择立论的观点。

## （一）抓住"主要矛盾和矛盾的主要方面"

　　2016年冬天，湖北的媒体报道了一则让人有点小激动的新闻：正在公开征求意见的《湖北省实施〈中华人民共和国老年人权益保障法〉办法》（送审稿）明确规定，鼓励用人单位支持职工陪老人一起过重阳节；带父母旅行或故地重游，提倡有休假；照顾失能及住院老人，鼓励有不少于一个星期的带薪假。

　　在老龄化加剧的时代，鄂版"陪老假"触动了人们心头的温软处，引发广泛关注。这当然是一个很好的时事评论选题，也可以派生出很多观点。比如，放"陪老假"体现了社会温情；"陪老假"是应对"银发危机"的好办法；让"陪老假"叩开老人的心门；陪老假的美好需要落到实处；谁来监督"陪老假"用在"陪老"上；"陪老假"岂能不变成一纸空文；有心陪伴，不在有没有"陪老假"；谨防陪老假成了公职人员的独享福利；民营企业会买"陪老假"的账吗……不能不说，上述观点都有一定道理。只要论据充分、论证严谨，都可以写成合格的评论文章。

　　这个时候，怎么选择写作的观点呢？要"两面三刀"。首先，把林林总总的观点进行归类，大致归纳成两个方面，就像一枚硬币的正反两面。接着，判断哪一个方面是主要的，选取主要的方面。继而，对主要方面进行由浅到深的刀刀掘进。就像海南果农挥刀切椰子。"第一刀"切去椰子的表层，"第二刀"切出椰子的果瓤层，"第三刀"，用刀角剔开一个小口子，以便把吸管插入内里，享受椰汁的香醇。

　　前面提到的围绕鄂版"陪老假"派生的一系列观点，大致可分为两个方面。其一，点赞的一面：放"陪老假"体现了社会温情；"陪老假"是应对"银发危机"的好办法；让"陪老假"叩开老人的心门，等等。其二，泼冷水的一面：谁来监督"陪老假"用在"陪老"上；"陪老假"岂能不变成一纸空文；有心陪伴，不在有没有"陪老假"；谨防陪老假成了公职人员的独享福利；民营企业会买"陪老假"的账吗，等等。

客观分析，如果地方立法给人们放"陪老假"，让每个人每年都有一周时间探望父母，重阳节能够回家陪伴老人，父母住院能够带薪休假尽孝，大多数人是愿意还是不愿意呢？当然是愿意。会认为这是坏政策还是好政策呢？当然是好政策。这是主流，也是主要方面。

承认"陪老假"是一项得人心的好政策，这是椰子的最表层。仅仅为之点赞，阐释其社会意义，当然也可以，但立论就显得太浅；承认"陪老假"是一项得人心的好政策，期盼它尽快从纸上变成现实，惠及所有人，这是果瓤层；承认"陪老假"是一项得人心的好政策，并给出打消政府、公众及企业顾虑，确保"陪老假"尽快从纸上变成现实惠及所有人的办法、建议，这又进了一层，就是香醇的椰汁了。

综合湖北日报社社评选题会的意见，我撰成一篇社评：《让"陪老假"美好照进现实》。首先承认"陪老假"的积极意义——"鸦有反哺之恩，羊有跪乳之义"，何况人乎？只要条件允许，绝大多数为人子女者都愿意多尽一份孝心，带父母去看看外面的世界。可现实往往令人难以遂愿，在很多单位的制度设计里，"探亲假"只在纸上，美好的设想往往只能想一想，这种现实的无奈，本质上是制度善意遭遇的现实障碍。

接着，讲明人们的期盼与担忧——公众为什么对"陪老假"如此关注，对"常回家看看"的兑现心存疑虑，因为人们担心规定会变成一纸空文。

继而，抵达核心——打消这种疑虑，需要法律法规尽可能细化、更具操作性，让它至少先从局部开始兑现，并成为一种对现实的有力触动，既成全孝道，又不断化解老年社会的"空巢问题"、失能老人照料不足的问题等等。早年我国的休假制度不完善，现在每周双休、大小黄金周休假比过去多得多，可工作效率并没有因此下降，这说明对人这一最重要的生产要素不能过度"开发"。张弛有度、情理兼顾、提高幸福感，才能更大程度地激发干事创业的积极性。

最后，给政府和企业一个深切期许的眼神——每一个人都会老去，每一代老人都需要陪伴。期待"陪老假"指向的美好照进现实，为人子女者在做好本职工作的同时，都得以"常回家看看"。

这篇文章在报社采编发各环节都受到关注，见报后读者反响强烈，很多人热情转发。文章还获得了报社评议的当日、当月好新闻奖励。据主编转述，当晚值班总编一边看报样，一边慨叹："这篇文章写得真好哇，放'陪老假'对大家都有好处，它不是给企业增加负担，而是进一步激发生产力创造力。"

抓住问题的"主要矛盾和矛盾的主要方面"。对"主要方面"的观点进行价值大小、强弱的排序，抵达最核心（或者说相对最核心）的观点，这是一个观点选择的过程，也是一个深入思考的过程。

## （二）兼顾另外一方面合理性

不光是在观点的选择和确立上，可以采用"两面三刀"之法，在很多时评选题的写作过程中，也需要有"两面三刀"的意识。这里的"两面三刀"指的则是在突出主要方面、核心观点的同时，也兼顾到另外一方面的合理性。以观点架构上的稳定性，消除主观片面之感，最大程度争取支持。

比如"上蔡事件"。2012年春，河南省上蔡县蔡都镇景庄村发生开发商伙同村委会，在未经批准、未经村民同意的情况下毁坏麦田的事件，引起轩然大波。此事经媒体报道后，当地迅速下发通知，叫停违法征收，表示将杜绝此类事件再发生。

我的观点是，这样的事情前些年在多地都有发生，必须建立严肃的问责制度，以制度杜绝此类事件的发生，不能单靠媒体曝光包打一切。

但在写作过程中，我并没有否认媒体监督的重要作用，甚至也没有完全否认当地政府积极改正的态度。为什么？因为这本身也是事实，是问题的另一个方面。所以我写道："众多媒体围观之下，上蔡县毁坏麦田事件终于有了理想的结果——上级介入调查，出台文件，违法行为暂停，村民获得补偿。"

接着话锋一转——但是这种看似理想的结果，并不值得高兴。试想，假如没有各地网民的声援，没有《人民日报》、新华社等媒体的报道，上蔡县的问题能这么快就得到解决吗？答案恐怕是否定的。

继而，切入核心观点——最让人担忧的就是这样一种状态：利益驱使下，一些基层政府部门与利益相关者牵扯不清，百姓的合法利益得不到维护，民意无法通过正常的渠道上达，以致媒体从信息的传播者变成民众与政府之间的斡旋者。作为党和人民的喉舌，媒体固然应该担负舆论监督的使命，应该为社会的公平正义鼓与呼，但民意的表达过度依赖媒体，并非好势头。媒体不可能解决每一次"上蔡事件"，为政者当从中吸取教训。

这篇题为《媒体不能解决每一次"上蔡事件"》的文章在《光明日报》刊发后，《大众日报》、中央电视台、东方卫视、凤凰网等上百家媒体转发，产生了一定的舆论引导效果。为什么能达到较理想的传播效果？主要是文章从观点到论述都非常尖锐。为什么在尖锐批评的同时，又注意搭配一些兼顾"另一方面"的话呢？一是实事求是，避免偏激；二是适当缓冲尖锐，争取被批评者的信服。

## （三）大多数时候无须跳起脚骂娘

同样的道理，2011年1月19日，我在《光明日报》上刊文《为减排不供暖冷了人寒了心》，批评河南省林州市为了完成减排任务不顾百姓冷暖。尽管观点很鲜明、言辞也很尖锐，但当地一位官员后来辗转反馈说："批评虽辣，却比较客观，我们真诚接受并用心改进。"

为什么尖锐批评能取得较好的实效？除了被批评的一方具有宽容舆论、知错就改的度量外，也是因为我在写作过程中注意到了事物的两面性，适当兼顾到了不同方面，让人易于接受。

——一方面，我在文中痛批当地少数领导干部为完成减排任务而"停止供暖""拉闸限电"，不仅是政绩上的投机取巧，更是作风上的阳奉阴违。进而提出，对于这样的做法，相关部门应该厉行问责制，坚决遏制有些干部的不作为、乱作为，防止他们钻营政策的空子、克扣百姓的利益、炮制个人的政绩。

——另一方面，我也客观谈到，节能减排是贯彻落实科学发展观、构建社会主义和谐社会的重大举措。地方政府高度重视节能减排是好事，但办好事必须秉承务实的态度、遵从科学的方法。

批评的目的是什么？是促进问题的解决，推进社会改革和进步，不是以"语不惊人死不休"的激烈刷个人存在感，更不是要跟谁抢起袖子干架。在这个问题上，我要感谢我的一位领导，多年前他在修改我的文章时，把我请到身后，温和地提醒我："经济社会发展中出现的种种矛盾，根本上讲是内部矛盾，不是敌我矛盾。绝大多数时候，不需要跳起脚来骂娘。"此论深刻，值得咀嚼。

## （四）换位思考赢得被批评者信服

思想没有疆界，媒体却有属地。针对本地新闻事件，媒体职业评论员如何评论，是对好的现象一味点赞，对不好的选择性沉默，乃至极力粉饰，还是在遵守新闻纪律的前提下，实事求是、客观评说？理想的状态当然是后者。很庆幸，我所在的媒体一直秉持这样的价值追求。我个人也一直努力坚持赞扬而不谄媚、尖锐而不尖刻、善意指出问题的文风。

武汉东湖绿道，是武汉最大的市政工程之一，也是武汉的城市名片。东湖绿道一期建成后，成为市民享受低碳休闲、锻炼身体的最佳去处，数百万人受益。随后武汉又决定启动二期建设。2017年8月15日，东湖绿道二期业主单位组织召开了誓师大会，决心大战60天，10月15日前确保路基贯通60公里。12月28日全线建成开放。420余名建设者现场宣誓：建百里绿道，创世界典范。

对于这样一件得民心的大事好事，怎么评论？结合同事们的意见，我在写作过程中，一方面对东湖绿道一期的美好给予真诚点赞，对建设者的高昂斗志表示赞许。另一方面，也进行及时提醒——"建百里绿道，创世界典范"，需要热火朝天的斗志，也需要精益求精的匠心，下足"绣花"功夫，确保建设的精细化。

一方面肯定东湖绿道一期建成开通，湖中道、湖山道、磨山道、郊野道，引人入胜；漫步湖边，看湖光山色、听泉语松涛、看鱼鸥嬉戏、品渔舟唱晚，成为时尚。

另一方面也客观指出，经过大半年的运营，人们对东湖绿道一期给予了很高评价的同时，也发现了一些问题。比如出入口太少，中途想离开只能坐电瓶车折回；停车位不足，特别是假期停车难问题突出；照明设备不齐全，部分干线、桥梁晚上黑漆漆；高峰时段绿道比较拥挤，人车混杂，存在安全隐患等等，这些都是需要完善、可以做得更精细之处。

同时提出期许："相对于一期建设，东湖绿道二期既是延续期、拓展期，更应该是改进期、升华期。一期建设、运行中出现的问题，二期建设过程中需要充分考虑进去，科学安排，一并予以解决。"

为什么反复强调要精细呢？因为东湖之于湖北、之于武汉太特殊了，在规定的时间内抓紧完成施工不是最终目的，在建设过程中多些问题感，把绿道建设视作"千年大计"，以精益求精的匠人精神，追求至臻至善才是应有的态度。"百里绿道、世界典范""千年之作、传世经典"，这些大气的赞词应该是一种注重细节、摒弃浮躁、打造经典的更高要求、更高水准，它最终还要让民众、让时间去检验。

接着，我又提到福寿沟。武汉不是要把东湖绿道建成"传世之作""千年典范"吗？江西赣州的福寿沟，修建于北宋，虽历经近千年风雨依然在造福百姓。福寿沟为什么能千年不朽，根本原因就是摒弃浮躁、克服急切，设计、施工、建造都非常精巧、精细。

所以我在这篇题为《越是大手笔越要精细》的评论中写道："什么是大手笔？眼界绝不局限于短期，有接受时间检验、造福千秋万世的追求和境界，以及支撑这种追求和境界的匠心与良心。就像那位主持修建福寿沟的官员刘彝，正史虽几无记载，但当地百姓代代相传，记住了他的功绩。因为修好了一个匠心工程、良心工程，刘彝的铜像至今仍坐落在赣州城北的宋城公园，千年之后，人们还记得他的名字、他的精细。"文章刊出后，各方面给予了积极回应，没听到谁说这是"挑刺儿"，或者"不讲政治"。

注重事物的两面性，娓娓道来，善意提醒，这样讲道理、谈观点，往往更加易于接受，而且并不折损评论的说理力度。

"批判性"是时评的基本特性。但批判的目的不是过嘴瘾，而是让主张获得读者认可、政府采纳，最终让社会变得更好。对于一些积极的，乃至并非绝对错误的政策决策，不妨换位思考下，先理解，先承认，再转个弯来提出更进一步的改进意见。这个看似"两面三刀"的转弯的过程，对冲的是评论天然的"刺痛感"，抵达的是客观、理性、平和，是与被批评者真诚交流的议事机制。

## （五）以起码的人性审视道德问题

有学生问我：事物都有它的两面性，时评写作又可以"两面三刀"，那会不会造成时评家、时评写作者忽左忽右、忽东忽西，今天这样说，明天又那样讲，摇摆不定，自相矛盾呢？

这个问题问得很好。时下的时评写作者中，的确有一些人忽左忽右、忽东忽西，今天这样讲、明天又那样讲，观点常常自相矛盾、自相否定。这是非常值得警惕的。一个成熟的写作者，应该对世事有定见。对某个事物、现象，立论之前应该想通、想透、想明白，不能听风就是雨，随意颠倒观点。

看准了再写，想好了再说，保持定见，既是对读者负责，也是对自己的创作负责。历史上不乏这样的人，观点和意见见风倒，今天西风起，作诗称赞这个英明神武了不起；明天刮东风，又搜刮满肚子的恶言咒语，似乎自己从来没有过此前"英明神武了不起"的旧论。这样的人，即便才情百丈，也终究难逃历史的哂笑，今日的时评写作者，乃至各领域知识分子，都当引为镜鉴。

2011年上半年，不少地方出现老人摔倒没人敢扶的现象。《光明日报》编辑约我就此写一篇文章。我思来想去，认为"老人摔倒后扶不扶"不应该是一个问题。不错，此前的确发生过老人摔倒，上前搀扶者反被讹诈的情况，但那毕竟是少数，见义勇为、守望相助的案例更多。不能因为少数不淑者，就对社会失去信心、对世人失去信任。

在这篇题为《让良知扶起摔倒的道德》的时评里，我提道：处在转型期的中国社会，可能存在这样那样的问题，但这些社会弊病并不能代表社会全貌。就在各种关于"人性冷漠""道德滑坡"的提法甚嚣尘上之时，许许多多温暖的故事也在不断发生。在苏州木渎镇，一位少女在暴雨中为残疾乞丐撑起一把雨伞；在赣州南门文化广场，一位交警俯身背起一名跌倒在地的老人；"最美妈妈"吴菊萍勇救高空下坠的女童导致手臂骨折；"最美奶奶"柴小女奋力救起落水孩子不幸牺牲；"板凳妈妈"许月华37年带大138个孤儿……尽管一些地方出现了"讹诈"现象，但终究难以掩盖"救人受称颂"的光芒。

我还建议广大读者朋友，不妨做一些换位思考。如果站在老年人的角度审视一下"摔倒不扶"与"见死不救",不免会黯然神伤。青丝变白发是每个人都要经历的,今天因为"有人被讹"就放弃"尊老爱老""见义勇为"的良知坚守,我们能以什么资格要求下一辈"搀扶我们"?我的结论是:"基于道德层面的救赎,归根到底离不开对人性和良知的坚守,离不开道德的自觉。全社会都奉行尊老爱幼、扶危济困,正是我们要追求的道德理想。"

这篇文章刊发后,反响热烈。一位远在浙江攻读研究生的朋友兴奋地给我来电:"今天上午,我们导师在课堂上讲你的文章呢——让良知扶起摔倒的道德。""让良知扶起摔倒的道德"成了一些大学课堂的研究素材,有的学校还发文要求师生学习。一些考试机构把它列为公务员考试申论热点范文。更令我意外的是,一些佛学网站还把它推到醒目位置,用以劝诫僧俗信众。

## (六)立法从来拯救不了道德

在很多类似文章的共同推动下,扶不扶老人的讨论,越来越清晰,搀扶老人的话题有尘埃落定的趋势。不久后的一天,事情却陡然起了更大波澜——"小悦悦事件"发生了。2011年10月13日,两岁的小悦悦在佛山市南海黄岐广佛五金城相继被两车碾压,7分钟内,18名路人路过但都视而不见,漠然而去。最后,一名拾荒阿姨陈贤妹上前施以援手。此事引发热议。

令人痛心的是,2011年10月21日,小悦悦经医院全力抢救无效,于零时32分离世。一时间各种有关"道德滑坡""人心不古""世道冷漠"的痛斥滚滚而来,整个中国社会进入一场较此前更深刻的讨论中。一些海外华人也对此进行了极其沉痛的批评。

10月21日,中国的互联网世界因为小悦悦的离世一片慨叹和哗然。这可能是那几年中国社会引发公共讨论最热烈的事件之一。当然,也是最让人难过的事件之一。

小悦悦离世几个小时后,广东省委政法委、社工委等十多个部门,迅速组织开展了"谴责见死不救行为,倡导见义勇为精神"大讨论。这场大讨论的一个靶向是:我们的道德确实出现了问题,必须加以搀扶。争论的焦点是:是否该借鉴国外经验对道德问题进行立法。

我注意到,一些此前和我一样写过"人性基本面是好的"之类文章的写作者变了，开始撰文怒批"世道人心彻底坏了"；一些此前和我一样认为"搀扶老人需要靠道德教化，形成社会共识"的人，转而撰文认为"人性本恶，必须对见义不为的人进行法律制裁，'以恶制恶'"。

我在因"小悦悦事件"而痛心的同时，并没有改变此前的定见。坚持认为世道人心并没有大坏（至少没到不可救药的地步），冷漠有时的确令人震惊，但更多见义勇为案例的温软才是社会的底色。对此需要以善促善，而不是以恶制恶。道德需要靠宣传、教化，慢慢培养，形成行善的自觉，而不是靠立法来强按住头，让人就范。

所以我写了一篇题为《立法从来拯救不了道德》的文章，提出，到底要不要通过立法来规范"道德"本身就是一个悖论。社会规范向来离不开法律和道德的双重作用。社会的发展是不断变化的，社会活动也是复杂多元的。法律永远都有无法兼顾到的角落，这些角落离不开道德的填充。所以我们强调"依法治国与以德治国相结合"。指望靠冷冰冰的法律去保障公民的道德觉悟，多少有些一厢情愿的味道。比如说救死扶伤、见义勇为，这些传统道德的元素，硬要定格为法律规范，不仅短时间内无法普及，而且不具备可操作性。这个世界上什么都可以丈量，唯有觉悟不行。有些事情除了自己的良心，别人谁都界定和左右不了。

我的结论是：立法并不是解决道德滑坡问题的最佳途径，不妨借助社会舆论的力量，借此激发全民的道德自觉，继而重塑民众对传统道德的皈依。我们要做的，就是更大限度地弘扬拾荒老人这样自觉救人的义举，谴责见死不救者的冷漠，守卫道德。

这篇文章发表于广东省组织"立法拯救道德与否"大讨论的第二天，发表在法律界人士关注度很高的《法制日报》上。

## （七）坚持内心定见不动摇

事情还没有结束。"小悦悦事件"引发全社会的强烈批评，佛山人坐不住了。10月23日，佛山280名市民聚集在事发地点悼念"小悦悦"，宣誓"不做冷漠佛山人"。10月29日，小悦悦遗体在广州市殡仪馆火化，无以计数的陌生人自发前去参加追悼会和告别仪式。

我依然坚持认为"世道人心并没有大坏,冷漠有时的确令人震惊,但更多见义勇为案例的温软才是社会的底色。对此需要以善促善,而不是以恶制恶"。适逢北大一位副校长发微博称:"你是北大人,看到老人摔倒你就去扶。他要是讹你,北大法律系给你提供法律援助,要是败诉了,北大替你赔偿!"这一被网民誉为"撑腰体"的表态,不就是一种典型的以善促善吗?

北大的"撑腰体"一出,人大版、地大版、武大版等多个版本的"撑腰体"也迅速出现,并掀起一股网友造句风潮。合肥一些律师表示愿意组团为扶人者提供免费法律支持。一家网站发出倡议,希望更多的企业和单位加入"扶一把"的联盟中来。很多企业表示愿意加入这一联盟,"用自己的行动,让大家知道,这个社会并非那么冷漠"。于是我很快写成一篇文章《"为道德撑腰",期待成为时尚》。

我在文中表明观点:我们是要"扶起摔倒的道德",以抚平我们因小悦悦事件而产生的心灵战栗。可是我们该如何去搀扶呢?是借助国家立法还是公民觉悟,抑或是其他的什么办法?立法当然有其积极的意义,但是依靠量化的立法来规范不可量化的道德,还需慎重;依靠公民自觉来重塑全民对道德的崇尚,虽然可行,但过程比较慢。依靠社会力量"为道德撑腰"不失为第三条路径,而且影响和效果也很明显。在这样的路径下,道德有了社会力量这个靠山,个体没有了行善的后顾之忧,自然可以"路见不平一声吼,该出手时就出手"。

文章最后,还热切呼吁:我们不妨为"撑腰体"叫好,呼吁更多社会群体参与到类似活动中来,构筑一道强大的社会道德后盾,以保证人们"对道德与良知的坚守",没有"粮草不济"的后顾之忧。期待着这种"为道德撑腰"的做法成为一种时尚,期待搀扶弱者成为无须多虑的公民自觉。

这篇文章在《光明日报》刊发后,反响超乎想象。中央人民广播电台"新闻和报纸摘要"、《文摘报》、凤凰网等数百家媒体转发。众多网民在超过80家网络论坛上借此展开讨论。《决策探索》《新作文》等多家杂志转载并推荐阅读。华侨大学把它列入"2010—2011年度第一学期华侨大学文学院试卷"试题。它还被列入"安徽蚌埠2011—2012学年度第二学期期末学业水平监测高二试题""2012届四川省成都市高中阶段统一招生考试语文模拟试卷"。

社会反响何以如此热烈?并不是说这篇文章写得多么精彩绝伦,而是"小悦悦事件"引发的道德拷问成为全社会都在热切关注、迫切求解的问题。人们期盼专业人士给出观点、开出药方、答疑解惑。而在海量的文章中，我们的文章没有一味感情用事，没有左顾右盼，而是坚持内心的定见不动摇，牢牢把稳了社会价值的准心。

《让良知扶起摔倒的道德》《立法从来拯救不了道德》《"为道德撑腰"，期待成为时尚》，这是2011年秋冬之交，我陆续写成的三篇文章，我把它们归纳为"道德三篇"。事实上此后很多年，我写的所有有关社会道德的文章，都是在这"道德三篇"基础上的生发，无出其右。

我主张坚持定见，也并不是说一旦针对某个现象写了一篇文章，就非得永远保持这个观点不可，否则就是出尔反尔，就是对观点的背叛。随着客观事物的变化，或者主观认识的提高，时评写作者也可能改变此前的看法，得出不同的结论，这并非绝然不允许。但是，这种转变，一定要有充分的根据，最好能够对读者有所交代，让人们有迹可循、给予理解，而不是"朝论夕改"，纯粹跟风。

由此不难看出，我主张的"两面三刀"之法，亦有其两面性。

**实战例文**

## 媒体不能解决每一次"上蔡事件"

河南省上蔡县蔡都镇景庄村"毁坏麦田"事件，经新华社等媒体曝光后，引起广泛关注。河南省政府日前下发紧急通知称，毁坏麦田事件，损害了农民利益、损害了农业生产、损害了河南形象，绝不允许此类问题再次出现。

众多媒体围观之下，上蔡县"毁坏麦田"事件终于有了最理想的结果——上级介入调查，政府出台文件进行约束，违法行为暂停，村民获得补偿。但是这种看似理想的结果，实际上并不值得高兴。试想，假如没有各地网民的微博声援，没有《人民日报》、新华社等媒体的报道，上蔡县的问题能这么快就得到解决吗？答案恐怕是否定的。

可以看看当地有关部门的表现。明知道这一片土地没有土地证、规划证，上蔡县蔡都办事处等单位仍默许开发商向征地农民发放补偿款；景庄村村委会甚至胁迫村民签署同意书，并暗自同意开发商毁坏麦田。在事态发展的初期，当地村民几乎没有话语权，他们的合法诉求不仅得不到应有的回应，而且被视为"不稳定因素"。解决问题的常规渠道其实已向上蔡村民关闭。

事实上，未审先征、毁坏青苗等明显违法违规的事情，根本就不应该发生，即便发生了也理应得到及时地纠正和处理。可是从上蔡"毁坏麦田"事件的发展脉络来看，相对于媒体和网民，当地政府部门显得十分被动。在舆论压力下，当地才开始"高度重视"。假如不是中央媒体的接连曝光，不是"河南形象遭到严重损害"，上蔡"毁坏麦田"事件的结局又当如何？类似的违法征地现象能获得"高度重视"的待遇吗？

上蔡"毁坏麦田"事件，再一次展现了"事情发生—媒体曝光—领导批示—高度重视—得以解决"的非常规解决思路。事实上，这种非常规逻辑在当下十分"流行"，许多并不复杂的问题不经过媒体曝光就是解决不了，许多合情合理的诉求不通过网络热炒就是得不到回应。这样的社会生态，反映出一些地方对民众诉求的漠视、对百姓呼声的罔闻。

最让人担忧的就是这样一种状态：利益驱使下，一些基层政府部门与利益相关者牵扯不清，百姓的合法利益无人撑腰，民意无法通过正常的渠道上达，以致媒体从信息的传播者变成民众与政府之间的斡旋者。作为党和人民的喉舌，媒体固然应该担负舆论监督的使命，应该为社会的公平正义鼓与呼，但民意的表达过度依赖媒体，并非好势头。媒体不可能解决每一次"上蔡事件"，为政者当从中吸取教训。

（载于2012年4月5日《光明日报》）

## 为减排不供暖冷了人寒了心

眼下正值隆冬，河南省林州市最近的气温很低。媒体报道说，为了完成节能减排的"死任务"，当地政府有关部门却实施了停止供暖。此后，虽然有关部门表态说，停暖与节能减排无关，主要是新增热源没有按期供暖所致，但在媒体调查中，相关人士也表示，当地的一些政策措施实质上还是为了节能减排。

节能减排是贯彻落实科学发展观、构建社会主义和谐社会的重大举措。

地方政府高度重视节能减排是好事，但办好事必须秉承务实的态度、遵从科学的方法，否则就极可能背离政策的初衷，产生负面社会影响。

节能减排的目标是促使各级政府和企业加快经济结构调整、转变经济增长方式，从依靠要素投入推动发展的老路，转变到依靠技术和管理创新推动发展的新路上来。节能减排应该从加快产业结构调整、大力发展循环经济、强化技术创新等方面，提高资源的利用率，加快淘汰落后生产能力、工艺、技术和设备，而不能依赖于对公共资源特别是民生资源的克扣。林州市"为减排不供暖"的做法，不仅与国家节能减排的目标相悖，更与当地群众的生活需要相冲突，暴露了某些人狭隘的政绩观，实在是不可取。

节能减排关系到地方的经济转型和可持续发展，关系到环境治理和产业升级，是一项系统而复杂的工程，不可能一蹴而就。一些地方平时不下苦功夫、不花大力气，一到年底就琢磨着采用"拉闸限电""停止供暖"等方式来"完成任务"，这类看似化繁为简的"终南捷径"，实际上是一种自欺欺人的"懒政"。这种只求数字上好看、不求实际效果的做法，不仅凸显了有些地方急功近利的心态，而且会拉了节能减排的后腿。

实际上，隆冬腊月不供暖，不是退回取暖费用的简单问题，而是切切实实的民生问题。零下10℃的冬季里没有暖气，耄耋老人是否承受得了，医院的病人是否熬得住，校园里的孩子是否会冻到……这许多实在问题，我们的地方领导干部不能不细细掂量、多多上心。如果一味想着完成"死任务"，而不注意解决好民众的实际问题，那么这样的干部算是合格的吗？即使是为了完成任务，那样简单粗暴的方法不正好反衬了某些干部的无能吗？更为重要的是，大凡以忽视民生来粉饰政绩的做法，往往极易激起民怨，造成不稳定因素，社会危害极大。领导干部的一举一动，群众都看在眼里、记在心里。浮躁的作风、自私的态度和粗暴的手段，损害的不仅是领导干部的形象，更是党和政府的威信。

可以说，少数领导干部为完成减排任务而"停止供暖""拉闸限电"，不仅是政绩上的投机取巧，更是作风上的阳奉阴违。对于这样的做法，相关部门应该厉行问责，坚决遏制有些干部的不作为、乱作为，防止他们钻营政策的空子、克扣百姓的利益、炮制个人的政绩。

（载于2011年1月19日《光明日报》）

## 让良知扶起摔倒的道德

近日,江苏镇江一位75岁老人病发昏倒,一位女孩和三位保安果断看护、救援的报道,引发了人们的热议。在"彭宇案""李凯强案"逐渐产生"晕轮反应"的背景下,在"救人有风险,救前需思量"的流行语境下,一位不留名的好心女孩与三名保安,用自己的行动回应了人们关于"扶与不扶"的争论。这种正面的回应,剥离了个人利益的算计,纯粹而温暖,值得我们学习。

尽管曾经发生过个别"救人被告"的事件,尽管这些事件的主角以及他们的"悲情"让人心生寒意,但这不能成为"麻木不仁"和"见死不救"的借口。武汉一老人摔倒后因无人救助而死亡的事件,深深地刺痛了人们的心。不少人暗自思量:如果当时伸手去扶一把,老人也许就能得救。然而彼时路人却都"害怕惹麻烦",避之唯恐不及。而镇江的这位女孩遇到相似情况,却能够勇敢地上前救援。这里面除了对生命的尊重、对社会和他人起码的信任外,更多的是对人性和良知的坚守,而这恰恰是当今社会需要倡扬的精神元素。

当前,处在转型期的中国社会,可能存在这样那样的问题,但这些社会弊病并不能代表社会全貌。就在各种关于"人性冷漠""道德滑坡"的提法甚嚣尘上之时,许许多多温暖的故事也在不断发生。在苏州木渎镇,一位少女在暴雨中为残疾乞丐撑起一把雨伞;在赣州南门文化广场,一位交警俯身背起一名跌倒在地的老人;"最美妈妈"吴菊萍勇救高空下坠的女童导致手臂骨折;"最美奶奶"柴小女奋力救起落水孩子不幸牺牲;"板凳妈妈"许月华37年带大138个孤儿……听着这些柔软的故事,我们还能断定当今"人心不古、世风日下"吗?拿"搀扶老人"来说,尽管一些地方出现了"讹诈"现象,但终究难以掩盖"救人受称颂"的光芒。

我们还可以换个角度审视一下社会、人心。如果用心去品味社会生活中的真善美,就不会对少数人"因行善被讹诈"的个例太过敏感,就可能在该出手时勇敢地伸出手。此外,不妨做一些换位思考。如果站在老年人的角度审视一下"摔倒不扶"与"见死不救",不免会黯然神伤。青丝变白发是每个人都要经历的,今天因为"有人被讹"就放弃"尊老爱老""见义勇为"的良知坚守,我们能以什么资格要求下一辈"搀扶我们"?

基于道德层面的救赎，归根到底离不开对人性和良知的坚守，离不开道德的自觉，镇江女孩、保安不怕惹是非果断救人是个典型案例。对于他们的义举，我们理应去学习和践行，见贤思齐有助于形成全民的道德自觉。

培根说，"集体的习惯，其力量更大于个人的习惯"。全社会都奉行尊老爱幼、扶危济困，正是我们要追求的道德理想。

（载于2011年9月15日《光明日报》）

## 传达不过夜不如落实不打折

《中国纪检监察》杂志近日刊发文章称，有的领导干部时时把上级精神挂嘴上，表态比谁都早，会议传达不过夜、一开到半夜，但抓落实干劲韧劲不足。明明是担当精神差，慢作为、不作为，却还要装模作样、大搞花拳绣腿。

在百度上搜索关键词"传达不过夜"，有170多万条词条。不仅有传达中央精神不过夜、传达省市精神不过夜，还有传达某县政府精神不过夜、传达某校党委精神不过夜等等。各种"传达不过夜"，不外乎是为了表明对某个会议"高度重视"，对某项工作"高度负责"。及时传达有关精神很有必要，但如果光有风风火火的姿态，没有扎扎实实的行动，不见真真切切的效果，即便"传达会议不过夜，开会开到大半夜"，又有什么用呢？

时下，一些地方的确存在类似问题。有的领导干部对于贯彻党的路线方针政策、上级部门的工作部署安排，胸脯拍得砰砰响、调门也起得很高，但一到具体落实，就大打折扣。有的空有表态没有具体措施，有的工作进展缓慢，长期不见成效，有的只说不做，以会议落实会议、以文件落实文件、以态度落实态度，这些都是特别需要警惕的"四风"新表现。

开会传达，是保证上级精神上下贯通的重要手段，但绝非主要手段，更不是唯一手段。相反，以具体行动扎实贯彻精神、落实部署才是最根本的。中央领导同志一再强调"一分部署，九分落实"，我们都应该想一想，在时间上、精力上、力度上，是不是真正做到了呢？有没有把"一分"与"九分"弄得不协调，甚至本末倒置的情况呢？仅仅满足于"传达不过夜"也并不科学。在传达精神的同时，更有必要进行深入的调查研究，结合本地的实际情况，拿出科学、可操作的办法，让落实更进一步、更进一层，而不是简单的做个传声筒。

言行一致，做多少说多少，是党员干部坚持党性原则的重要体现。"华而不实，怨之所聚也。"十八大以来查处的不收敛、不收手的党员干部尤其是一把手，如黄兴国、周本顺、万庆良、王敏等，都是言行不一、光说不练的典型；甘肃省委原书记王三运经常把牢固树立"四个意识"挂在嘴边，也热衷于表态，然而实际工作中并没有真正抓好落实，以致祁连山生态环境遭到严重破坏。把喊喊口号、表表态、开开会当作"对党忠诚"，是一种自欺欺人。担当才见忠诚、落实才见忠诚、把蓝图变成现实才见忠诚，否则半点忠诚都没有。

栗战书同志曾在《秘书工作》上刊文提道："习近平总书记要求我们干工作要'案无积卷、事不过夜'。总书记自己也是这么做的。"都是"不过夜"，与其注重"开会传达不过夜"的形式，不如践行干实事"事不过夜"的扎实。把自己摆进实干的队伍中，做领飞云天的头雁，带出务实重行、言行合一的队伍，确保落实中央精神不打折。

（载于2018年9月25日《湖北日报》，获湖北新闻奖一等奖、中国新闻奖二等奖）

## 公园挖野菜折射的是城里人的乡愁

清明前后是踏青出游的好时节，北京各公园陆续迎来大批游客。媒体报道称，挖野菜"大军"到奥林匹克森林公园和东坝郊野公园"掐尖儿"，二月兰、蒲公英、苜蓿芽、荠菜等野菜都"难逃一劫"。有专家给出建议："市民想要品尝野菜，在生鲜超市里可以买到。"

市民到公园挖野菜，人一多，植被就可能遭到破坏。可若是把挖野菜简单地与攀枝折花、毁坏树木等行为等同起来，视作素质低下的表现，则并不妥帖。一来，自然生长的野菜是一种野草，与人工培植的花木有本质不同；二来，"三月三挖野菜，挖完野菜做春卷"曾是很多人的共同生活场景，积淀了浓浓的情感记忆。

把时光拉长，我们会看到，物资匮乏的年代，挖野菜是人们弥补物资短缺的一个好办法，马兰头、野蒜、荠菜、野芹都是难得的充饥美味。生活条件好了，野菜也是乡间包饺子、做春卷的佳品。对小孩子而言，挖野菜则是童年的美好印记。那时不仅有野菜可以挖,就是刚抽出嫩条还没打花苞的野蔷薇枝,把皮一剥,也能脆生生地吃起来。"挖野菜"承载着浓浓的乡土记忆。时下,在很多农村地区,春光里,依然可以看到老人、孩子挎着篮子,拎着小镢头,到田埂上、野地里挖野菜的身影。城里人则面临着难觅野菜的尴尬。

　　问题就在这里。城镇化让越来越多的人进城过上更光鲜的生活。同时,城市里高楼大厦林立,很难找到一片青草依依的原野。城市外延不断扩大,郊野的概念也逐渐模糊、远去,想找到一处能挖到野菜的地方并不轻松。对一些年纪稍长的人来说,公园草地里若是长出野菜,实在是一件"激动人心的事情"。问题是,公园与农村野外不同,公园里的野菜不能想挖就挖,于是就有了"偷偷挖野菜"的尴尬,有了到超市里买大棚种植野菜之类的劝导。今天,对很多人来说,挖野菜为的早已不是口腹之欲,它还意味着对春天的哑摸,对大地的抚摸,对自然的亲近,对习俗的继承。

　　"城中桃李愁风雨,春在村头荠菜花。"春天挖野菜的喜好早已成为融在骨血里的基因。即使因为各种原因离开了故土,很多人也不能割舍掉爱吃野菜、爱挖野菜的习惯。为城市付出辛劳、创造财富的人们,也应得以保存住乡土的浓郁情结,留下一片可以安放乡愁的所在。如果说,暂时没法给人们提供大片的原野、湿地,则不妨对到公园里有节制的挖野菜行为稍加宽容。"看得见山,望得见水,记得住乡愁",这是现代城市应有的追求,野菜里寄托的何尝不是最原始的乡愁呢?

　　(载于2019年4月2日光明网,次日《消费日报》全文转载)

## 干部拒绝提拔　　领导也应反思

　　云南绥江县财政局两名女干部因拒绝组织提拔被处理。绥江县纪委同时指出,干部拒不服从组织人事安排,暴露出县财政局党组在日常工作中履行主体责任不力。县财政局党组负责人也诚恳检讨:"正是因为我们未能及时准确地掌握干部职工的思想动态,才导致了如此严重的后果,损害了党组织的威信。"

　　被提拔意味着工作能力被肯定、干事平台更广阔,一般情况下当事人应该欣然领命才对。干部拒绝组织提拔,比较反常,因此也引发了热烈讨论。

不论如何，一个基本判断应该是明确的——坚决服从组织安排是党员干部的应尽之责，哪里需要就该到哪里去，不能挑挑拣拣。即便是确有家庭的、个人身体上的特殊情况、特殊困难，也应该在服从组织安排的前提下，再向组织表达自己的困难，请求组织理解、考虑。否则，难免有挑肥拣瘦、讨价还价、怕担责任之嫌。

干部提拔选用应该非常慎重，一个县级局拟提拔的两名副科级干部都出现拒绝提拔的情况，说明这个局的党组和相关负责人，此前并不清楚这两名干部的个人情况、现实状况，不掌握她们的思想动态。在这样的情况下，启动干部提拔程序，是造成个人意愿与组织意图发生正面冲突，损害组织威信的直接原因。

岂止是绥江县财政局？在一些地方、一些单位，或多或少存在着重业务、重效益，轻思想政治工作的情况。有的干部身患重病，单位领导却不知道；有的家庭出现困难，上级部门也不知情；有的干部思想上有疙瘩，所在党组织也不了解。云南绥江县财政局的两名女干部中，有一位去年刚生完二胎，如要调动岗位可能确实存在困难，而组织也没有事先了解她的真实想法。这些实际上都是思想政治工作不科学、不细致、不认真，没有把工作做在日常的表现。我们党的历史上，有上级领导和干部职工经常谈心谈话的传统，但现在是不是所有领导干部都比较了解同一个支部的同志？湖北某县外宣办主任的孩子身患重病，为了给孩子治病倾尽所有，还不得不顶着可能遭遇质疑的风险在网上募捐，对类似情况，组织上应该及时掌握，给予必要帮助。

《关于进一步激励广大干部新时代新担当新作为的意见》明确提出，要"满怀热情关心关爱干部"。关心关爱干部不能只是写在文件上，还应落实到行动上。要用真心、动真情，在政治上激励、工作上支持、待遇上保障、心理上关怀，让吃苦者不吃亏、流汗者不流泪、担当作为者没有后顾之忧；注重解疑释惑，经常性地与干部谈心谈话，及时帮助他们解开思想疙瘩，多为他们加油鼓劲；强化人文关怀，关注干部心理健康，关心干部家庭生活，营造让广大干部安身、安心、安业的浓厚氛围。

习近平总书记多次强调，面对复杂变化的国内外形势，思想政治工作只能加强不能削弱，只能前进不能停滞，只能积极作为不能被动应对。云南绥江县两名干部拒绝提拔虽只是一件很具体的事,却深刻揭示了"把思想政治工作做在日常、做到个人"的重要性——没抓好干部的思想政治工作,连提拔重用这样的"好事"都可能闹出波折,更何况是其他的分配、调动、交流,乃至交付急难险重任务呢?

(刊于 2019 年 7 月 22 日《湖北日报》)

# 第四招 一针见血

第三招里已经讲到，很多时评选题的写作需要注重观点架构的平衡，在重点论述某一方面的同时兼顾另一方面，是谓"两面三刀"之法。但这并不意味着时评写作应该变成不紧不慢的温暾水。相反，在很多文章写作过程中，不仅可以而且应该具有一针见血的尖锐性。

批判性是时评的基本特性，一针见血、切中要害是时评表达好恶、申明主张的重要手段。

如何"一针见血"，凸显时评的尖锐性？有人误以为跳得越高、说得越重、骂得越狠文章就越尖锐。有的写作者为了体现"尖锐性"，搜肠刮肚地把最狠的话一一摆出，声色俱厉。有的甚至在文章中不时出现"他妈的""什么东西""给老子听好"之类的粗言鄙语。恕我直言，这不是写文章而是骂街，而且绝非知识分子的骂街，因为骂得毫无水准。

遇到一些特别恶劣的人和事，时评写作者每每也会义愤填膺。但时评写作不是贴大字报、不是纯粹的个人情绪宣泄、不是跟人干架，而是一种以大众为传播对象的创作，是一个思想或观点输出的过程，需要保持基本的文化素养、文明品质、文艺格调。

时评的尖锐性本质上也不在声色俱厉的措辞、兴师问罪的腔调，而在思想认识的深刻、论述逻辑的严密、论据选择的有力。不论是北方的《人民日报》《中国青年报》《新京报》，还是南方的《南方周末》《南方都市报》《深圳晚报》，以及我曾主笔其评论版的《三峡晚报》，都曾刊发过非常尖锐的时评文章。细加梳理会发现，真正尖锐的文章，论述往往理性平和，尖锐的是观点本身，而不是写作者的脾气、火气。

怎样才能在克制脾气、火气的前提下，实现观点尖锐、论述有力、一针见血呢？多年前，我曾和一位如今已故的业界前辈探讨这个问题。他大手一挥总结出一句话："攻其一点不及其余。"我认为此论实在精辟。一篇时评文章，一般来说，长者不过一两千字，短者不过区区几百字，不能这也想说，那也想写，这也涉及一点，那也提及一下。相反，应该把火力集中于一点，进行充分聚焦、精准打击。

## （一）攻其一点不及其余

熟悉武汉的人知道，武汉水资源丰富，素有"百湖之市"的美称。但是，前些年，一些湖泊遭到过度开发。填湖盖别墅、私自动土施工等现象，屡禁不止，已成为一个严重威胁湖泊生态安全的问题。

2017年3月，《楚天都市报》记者明察暗访，发现在武汉塔子湖畔，数百栋别墅沿湖而建，有些业主打着维修之名，将别墅围起来进行违建。而早在2015年，《楚天都市报》就报道过该小区10多栋别墅违建的乱象，相关部门也曾下发过整改函，但小区违建乱象愈演愈烈。

湖畔别墅违建不只是一个小区的内部矛盾，而是一个公共问题。未经规划许可私自"楼上扩、楼下圈、地下挖"，肆意圈占公共空间，随意破坏承重墙，一旦下沉、坍塌，造成房屋损坏或人员伤亡怎么办？对沿湖生态造成破坏谁负责？都这么干《城乡规划法》等法律法规的严肃性何在？更值得警惕的是，在湖区进行违建的风气如果不彻底刹住，今后武汉的湖泊资源恐有被步步蚕食之忧。对这一乱象，媒体应有鲜明态度。

怎么立论呢？批评违建者不守规则，呼吁有关方面进行查处，号召市民参与监督举报，上述观点都很直截了当，但类似的话已经说过很多，似乎已不足以产生痛感。况且痼疾反复、屡禁难绝，一般的批评已显苍白。层层往下、深入思考，我找到了一个值得评说的新鲜观点——塔子湖畔的违建问题媒体报道过多次，但一次次曝光都没能解决问题，这种顽固性本身就非常不正常。

媒体曝光是一种非常严厉的监督手段，一般来说但凡被媒体曝光，形成舆论压力，问题都会得到比较及时的解决，甚至是"特事特办""急事急办"，加速解决。比如本书此前提到的河南上蔡毁麦事件，就是因为媒体曝光，推动了问题的迅速解决。

武汉塔子湖违建事件则不同，媒体曝光了多次，但问题依然如故，连媒体曝光都没用，个中有怎样的利益纠葛，执法部门的"牙齿"何在，违建者为何有这么大的"能量"，这些不正是值得诘问和深究之处吗？于是，我在《湖北日报》上刊发了一篇文章《曝光也没用是种拷问》。

我在文中写道：塔子湖畔的违建问题反映强烈，虽经媒体曝光，用上了"严厉的监督手段"，但问题依然严重，且愈演愈烈，这种现象令人担忧。路人皆知的违法违规，竟能年复一年地持续下去，这正常吗？过去，我们常讲"解决问题不能靠媒体曝光，媒体不可能关注到每一个具体问题"，现在连媒体关注到的问题都不能得到有力解决，恰恰说明此间问题的顽固性。

够尖锐了吧？还不够！接下来写道：不论别墅里住的是谁，"能量"有多大，都必须依法依规坚决查处，不能给公众一种监管的"无力感""无能感"；不论治理难度有多大，有关部门也须硬起腰杆，直面"媒体曝光也没用"的拷问，重拳治顽疾，交出一份有力量的答卷。

法律法规面前，不管是毫无背景的平头百姓，还是非富即贵的"有能耐者"，都没有任何法外特权，都必须受到媒体和公众的拷问。执法者必须正视"媒体曝光也没用"的拷问，确保执法的有力有效，否则就是失职渎职——攻其一点、一针见血、深入肯綮，带来的往往是平均用力所达不到的刺痛和触动。

## （二）尖锐批评目的是促成共识

汶川地震发生后，香港特区政府拨款，加上香港教育界募捐，共筹得200万元港币在四川绵阳重建了一所中学。但是2012年5月，香港发展局官员证实，这所学校已遭到当地有关部门拆毁，对方为的是腾出地方建造一个豪华商住综合工程。媒体报道，该官员对媒体表示，香港特区政府目前正考虑向当地追索有关拨款。

这笔爱心捐款是拿来援建学校，支持灾区教育的，不是拿来做商业开发之用的。不与捐助方商量，直接拆掉学校，改建豪华商业综合体，怎能不给人一种被欺骗感呢？大地震发生后，各种拨款、捐助涌入，体现的是"一方有难八方支援"的同胞之情，是外界的爱心，这些应该得到珍惜和尊重，否则难免会刺伤人们的心。

针对这一现象，我为《三峡晚报》撰写了一篇社评，观点和标题直截了当：《学校变豪宅，让爱心何处安放？》我在文章中写道：因为绵阳方面的"胡来"，让香港特区政府有了"向当地追索有关拨款"的打算，而这种打算背后，无疑是香港方面觉得被骗、被愚弄了。觉得被骗与被愚弄了的，又何尝只有当初拨款的香港特区政府？从地震安置工作中的帐篷被改变用途，到部分爱心捐款被挪用，从科级干部66平方米的豪华办公室，到中学变豪宅，曾经让我们心痛与心碎的地震灾区，再次让爱心受伤。网友"真后悔当初捐款"的感叹，虽有愤怒之下的气话性质，但其包含的失望与纠结，值得深思。

地震发生后，灾区干部群众众志成城、重建家园的精神令人感佩。但是，感佩是一回事，严格按照规定用好善款是另一回事。不论何种情况下，少数部门和个人，不按法律和规则办事是不对的。况且爱应该是双方的，不能这边传以爱心，那边报以滥用。否则，对这种现象就应该尖锐批评，以期杜绝。

在这篇文章的最后，我还引用了诸葛睡龙先生的四句诗："汶川国殇实难忘，抚亡救死众解囊。当年善款今何在？新衙幢幢旧坟旁。"文章发表后，引起了较大关注。香港凤凰卫视《有报天天读》节目次日还选读了这篇文章。内地多家媒体也转播、转发这篇文章。

我不知道绵阳方面是否注意到此文，假如注意到了，是否能够接受如此尖锐的批评。现在看来，这篇文章似乎过于尖锐了一些，稍稍缓和一些可能更好。毕竟，尖锐批评的目的不是要炙烤政府部门，而是要促成人们对问题达成一定共识，促使事物朝着合理的方向发展。尖锐，有时候也需要克制。

## （三）观点要既尖锐又不失客观

2017年正月初九，湖北襄阳市召开作风建设年动员大会，重点治理干部作风中懒、庸、推、慢、浮五大病症。会议开始没多久，好几位参会者竟靠在座位上睡着了。当地有关部门将睡觉者的睡姿拍下来，公之于众，引发社会关注。

襄阳是湖北的省域副中心城市，地位重要。开年干部大会，坐在台下的都是各部门、各县市区的头头脑脑，直接把开会睡觉者的照片公开，此举本身就非常尖锐，时评写作当然也应一针见血。结合社评选题会的讨论意见，我为《湖北日报》撰写了一篇社评《给"不在状态"来一记当头棒喝》。单看标题，是不是就比较提神？

前面已经讲过，时评写作的一个要诀是"攻其一点不及其余"。为什么这篇文章要把"攻其一点"的"点"放在"不在状态"上？这实际上是对此次开会睡觉现象进行深入分析的结果。

领导干部在开年大会上睡觉，的确不应该，曝光其丑态也很"解气"，民众有一些比较尖刻的批评也在情理之中。但是，开会睡觉本质上是一种不守纪律的表现，是没有从过节状态回归到工作状态，是一个需要提醒改正的纪律问题、状态问题，而非一个什么"十恶不赦"的问题。

此时，观点尖锐，论说却可以而且应该相对客观、平和。因此，我在文中客观地写道：曝光开会睡觉者，目的不是要让谁出丑，而是以当头棒喝的方式，警示提醒、敦促改正。党员干部开会睡大觉，一是学不到讲话精神，无法更好地开展工作；二是既损害了个人形象，更损害了党和政府形象；三是辜负了群众的信任，公职是党和人民赋予的，是要你为民办事的，不是叫你来睡大觉的。虽不能因为开会睡觉，就断言这些人工作完全不称职，但至少可以看出他们还不在状态，还游离在年节里。

针对一些网民"干部开会睡觉是因为会议无聊，应该少开会"的说法，我也进行了驳斥：不要把问题推给会议本身，会没开多久就呼呼大睡了，可见问题不在会议内容，而在干部自身作风不佳；不要沉浸在过年过节的散漫状态里，人到岗、心到位，铆足干劲投入工作是基本的要求，不容许扯什么"不出正月十五，不必为难干部"的歪理。不仅仅是开会睡觉，各种迟到、早退、串岗、脱岗现象都必须坚决纠正；一切与工作节奏不相符的慵懒散漫都必须彻底扭转。

这篇文章刊发后，包括澎湃新闻、凤凰网、《中国领导科学》杂志在内的很多媒体都进行了重点推荐和转发。省委机关报对本省干部作风的尖锐批评，关注度自然不低。襄阳纪检监察网等很多襄阳本地媒体都进行了转发。

给"不在状态"来一记当头棒喝，态度鲜明、观点尖锐，但又努力做到实事求是，不失客观。微博上，一名来自襄阳的匿名网友私信给我，称这篇文章"看似轻言细语,批评却很尖锐,让人服气"。尖锐而善意的批评,应该不会让人记恨。因为它对每一个被批评者而言,既有痛感,也有裨益。

## (四)选取一个适合的靶心

这事发生在 2016 年 10 月份。

一名王姓女士向媒体举报,安徽宿州灵璧县副县长李某锋通过微信向她发露骨信息,并称自己扶贫下乡和百姓握手后"洗手多次还担心脏"。10 月 31 日,宿州市委常委会决定,按有关法律规定免去李某锋灵璧县副县长职务,由市纪委进一步调查处理。

针对这一新闻,可以评论的角度很多。比如,查处问题官员不能依赖女网友举报,给女士发露骨信息的官员能够干出啥好事,因为不当言论就被免职合法吗,等等。然而,时评写作"攻其一点不及其余"的要诀提醒我,应该选取最具有评论价值的那一个点。认真思考后,我选择了该官员"扶贫下乡和百姓握手后'洗手多次还担心脏'"这个点,写成一文:《谁都没有资格嫌老百姓脏》。

"嫌老百姓脏"性质非常恶劣。我在文中一针见血地指出:土里刨食的农民,手上常沾满泥土污垢,看起来是不大干净。但正是这一双双干裂、粗糙的劳动人民之手,创造了中国革命的胜利,带来了中国经济的腾飞。今天,我们能拥有这么好的发展局面,我们的领导干部能够坐在敞亮的大楼里办公,靠的都是人民群众这一双双勤劳的手。如今极少数党员干部反倒嫌弃百姓的手脏了,这该是一件多么令人愤慨的事!

进而言之:中央领导同志反复告诫全党"党执政后的最大危险是脱离群众",什么是脱离群众?成天坐在办公室吹空调不去基层了解实际情况,很少与群众打交道是一种;看起来好像是下乡参与调研、扶贫了,但骨子里看不起群众,嫌群众脏是另一种。后一种更隐蔽,也更考验一些官员的演技。骨子里是嫌弃百姓的,在人前却不得不装出一副很亲民爱民的样子来。又要同百姓握手,回去了又觉得脏。如此人格分裂,能指望他们用心倾听百姓呼声,解决现实问题吗?能指望他们与群众打成一片,带领百姓脱贫致富吗?

尖锐诘问之后,还应有正面对比,紧紧围绕"谁都没有资格嫌老百姓脏"

这一观点推进。我写道：谁都没有资格嫌老百姓脏。想当年，毛主席吃着警卫战士从家乡带回的窝窝头，没嫌脏；周总理在河北邯郸与群众抢救地瓜苗，没嫌脏；刘少奇同志握着淘粪工人时传祥的手，没嫌脏……李某锋之流，有什么资格嫌百姓脏？不把此类说一套做一套的"官老爷"清理出去，不把"无形的墙"拆掉，群众路线的成果如何巩固？老百姓的获得感如何提升？

时评写作在尊重"事实的整体性"的情况下，需要选取一个适合的靶心，并且紧密围绕这个靶心，层层锐利切入。就像摄影艺术，面对异彩纷呈的生活场景，技艺高超的摄影师总能通过做减法，选择并定格最有价值的镜头。面对信息庞杂、层次繁复的新闻事件，时评写作者也需要做减法。

选取一个合适的靶子，减去与之无关的信息，继而紧密围绕靶心进行评说。层层深入，触及根本，这个"化掌为拳""磨铁为针"的过程，就是一个练就锐器、有力扎入的过程。

### （五）多些尖锐泼辣的人间滋味

一针见血、尖锐刺入之法，在时评写作中应用较广。比如2016年1月份，新华网报道说，江西萍乡市原常务副市长孙某群等人，面对上级纪委约谈，态度狂傲，斜眼冷对，一会儿以所谓的"心脏病"吓唬办案人员；一会儿下跪、叩头，甚至当众撒尿，干扰办案。

我在《湖北日报》上刊文，直截了当地指出：且不说孙某群等人的违纪违法情弊，单论他们匪夷所思的举动，就足以令人惊愕。身为党员干部、一地领导，如此斯文扫地、如此恬不知耻，实在是少见。这断不是所谓的"一时糊涂"或者"不拘小节"，而是一种低下的官德和修养水平的映射——突如其来的纪委约谈，让一些人原形毕露，把不堪的本质展露人前。

能说这些人不重脸面吗？他们平日里要面子得很哩。下乡调研坐什么车、什么人接送陪行都有要求，开会、出席活动，格外讲究座次排序。可一到台下，就干些蝇营狗苟之事，全然不顾名节。一旦东窗事发，被约谈，就更加不像话了。有的把违纪问题说成"不就这点小事吗"，有的对巡视组拍桌子瞪眼睛撂狠话，更有甚者干出匪夷所思的荒唐事，全然不要脸面。

这篇文章的标题也很直接——《总得有点羞耻心》。

2018年2月，针对一家名为"印象宿迁"的网站，雇佣网络水军虚假举报村干部，索要2万元"保护费"才肯删帖一事，我在《中国青年报》刊文《删帖先交保护费？治一治这类"网络黑社会"》。如此尖锐的文章，被该报放在了第2版的头条位置。

这篇文章刊发后，引起中央决策层的关注，中央领导同志还就此做了批示。中央有关部门还专门就这篇文章召开会商会，邀请作者、编者参加，积极推动问题的解决。

针对一些人穿二战日军制服，趁夜在抗日遗址——上海四行仓库拍照，亵渎烈士英灵一事，我应约为人民网撰写"人民网评"文章《捶醒穿日军制服、行纳粹礼的无知》，传播较广。

2013年，习近平总书记在全国组织工作会议上强调："要改进考核方法手段，干部考核再也不能简单以GDP论英雄。"就此，我为《湖北日报》撰文《不能简单以GDP论英雄》，提出"更加重视民众的知情权、参与权、评价权，让民心民意在干部政绩考核中占据更大权重"的主张。文章刊出后被《求是》杂志转载。可见只要所论有理有据有节，观点更鲜明点、更尖锐点，并无不可。

写时评不是著书、写论文，不是写工作报告，不需要也不能够追求甲乙丙丁卯，面面俱到。注重做减法，针对一点，一针见血地刺痛，比笼而统之的敲打更有力量。事实也证明，尖锐的文章更解渴，更受读者关注和欢迎。写时评不是怡情养性、自娱自乐，而是为读者提供有价值的观点、见识，是为了推动问题的解决，促进社会的进步。因此，要尽可能多些尖锐泼辣的人间滋味，力克不温不火"慢吞吞讲道理"的寡然无趣，让人看得下去、听得进去。

**实战例文**

## 曝光也没用是种拷问

武汉塔子湖畔，数百栋别墅沿湖而建，风景优美。然而，有些业主却打着维修之名，将别墅围起来进行违建。前年，《楚天都市报》就报道过该小区10多栋别墅违建，相关部门也曾下发过整改函，但小区违建乱象愈演愈烈。（见

2017年3月20日《楚天都市报》）

不单是塔子湖畔，违建问题在很多地方都存在。广受关注的深圳"海上皇宫"、苏州"空中园林"、北京"空中别墅"等等，各种"最牛违建"层出不穷。媒体曝光下，绝大多数违建问题都会得到解决。媒体曝光作为一种公共监督的严厉手段，发挥着推动问题解决的特殊功能。

塔子湖畔的违建问题反映强烈，虽经媒体曝光，用上了"严厉的监督手段"，但问题依然严重，且愈演愈烈，这种现象令人担忧。塔子湖畔的违建问题不仅小区的业主知道、物业知道，公众和相关部门也知道，路人皆知的违法违规，竟能年复一年地持续下去，这正常吗？

过去，我们常讲"解决问题不能靠媒体曝光，媒体不可能关注到每一个具体问题"，现在连媒体关注到的问题都不能得到有力解决，恰恰说明此间问题的顽固性。在一二线城市房价高企的情况下，圈起院子改建扩建有暴利的空间。有人算了一笔账，别墅业主违法加、改、扩建成本仅为每平方米2000元，但转手时往往能卖到每平方米几万乃至十几万，暴利之下铤而走险者众。这个时候，需要的不是"无力的叹息"，而是执法的坚强有力，需要的是违法必究的决绝态度。

不要以为别墅违建只是一种小区的内部矛盾，实际上它也是一个公共问题。未经规划许可私自"楼上扩、楼下圈、地下挖"，肆意圈占公共空间，随意破坏承重墙，一旦下沉、坍塌，造成房屋损坏或人员伤亡怎么办？《城乡规划法》等法律法规对违建明令禁止，少数人凭什么肆意逾越法律红线，肆意扩大建筑面积？有关部门若不灵敏反应，依法采取有力措施，无法体现公平正义、彰显法律权威。

城镇化不断推进，未来城市土地资源将更加稀缺，监管也须更加严格有力，否则违法者占便宜，守法者却吃亏，严重破坏的是社会秩序和公理良俗。不论别墅里住的是谁，"能量"有多大，都必须依法坚决查处，不能给公众一种监管的"无力感""无能感"；不论治理难度有多大，有关部门也须硬起腰杆，直面"媒体曝光也没用"拷问，重拳治顽疾，交出一份有力量的答卷。

（载于2017年3月21日《湖北日报》）

## 谁都没有资格嫌老百姓脏

日前,网友王女士向媒体举报,安徽宿州灵璧县副县长李某锋通过微信向她发露骨信息,并称自己扶贫下乡和百姓握手后"洗手多次还担心脏"。10月31日,宿州市委常委会决定,按有关法律规定免去李某锋灵璧县副县长职务,由市纪委进一步调查处理。(见2016年10月31日新华网)

土里刨食的农民,手上常沾满泥土污垢,看起来是不大干净。但请不要忘记,正是这一双双干裂、粗糙的劳动人民之手,创造了中国革命的胜利,带来了中国经济的腾飞。可以说,我们能拥有这么好的发展局面,我们的领导干部能够坐在敞亮的大楼里办公,靠的就是人民群众这一双双勤劳的手。如今极少数党员干部反倒嫌弃百姓的手脏了,这该是一件多么令人愤慨的事!

中央领导同志反复告诫全党"党执政后的最大危险是脱离群众",什么是脱离群众?成天坐在办公室吹空调不去基层了解实际情况,很少与群众打交道是一种;看起来好像是下乡参与调研、扶贫了,但骨子里看不起群众,嫌群众脏是另一种。后一种更隐蔽,也更考验一些官员的演技。骨子里是嫌弃百姓的,在人前却不得不装出一副很亲民爱民的样子来。又要同百姓握手,回去了又觉得脏。如此人格分裂,能指望他们用心倾听百姓呼声,解决现实问题吗?能指望他与群众打成一片,带领百姓脱贫致富吗?

时下,有党员干部抱怨:曾经一呼百应的老百姓,怎么就变成了"老不信""老反对"?其实,不是群众变了,而是有些党员干部变质了,与群众的距离越拉越远。有的党员干部眼里只有领导没有群众,"不怕群众意见大,就怕领导印象差";有的得了"富贵病",有了"洁癖",打心眼里看不起群众,甚至嫌他们脏……一个地方有几个这样的干部,老百姓心里就舒坦不起来。

谁都没有资格嫌老百姓脏。想当年,毛主席吃着警卫战士从家乡带回的窝窝头,没嫌脏;周总理在河北邯郸与群众抢救地瓜苗,没嫌脏;刘少奇同志握着淘粪工人时传祥的手,没嫌脏……李长锋之流,有什么资格嫌百姓脏?不把此类说一套做一套的"官老爷"清理出去,不把"无形的墙"拆掉,群众路线的成果如何巩固?老百姓的获得感如何提升?

"民心可贵,得之不易。"绝不能任凭少数人的胡作非为疏远我们同群众的血肉联系,绝不能坐视少数"两面派"混迹于公仆队伍。正如一位干部说的:

"千万不要嫌老乡家的凳子脏而做出擦拭的举动,我们脏的只是裤子,老百姓伤的可是心啊。"

(载于2016年11月2日《湖北日报》)

## 总得有点羞耻心

新华网12日报道,江西萍乡市原常务副市长孙某群等人,面对上级纪委约谈,态度狂傲,斜眼冷对,一会儿以所谓的"心脏病"吓唬办案人员;一会儿下跪、叩头,甚至当众撒尿,干扰办案。

且不说孙某群等人的违纪违法情弊,单论他们匪夷所思的举动,就足以令人惊愕。身为党员干部、一地领导,如此斯文扫地、如此恬不知耻,实在是少见。这断不是所谓的"一时糊涂"或者"不拘小节",而是一种低下的官德和修养水平的映射——突如其来的纪委约谈,让一些人原形毕露,把不堪的本质展露人前。

能说这些人不重脸面吗?他们平日里要面子得很哩。下乡调研坐什么车、什么人接送陪行都有要求,开会、出席活动,格外讲究座次排序。可一到台下,就干些蝇营狗苟之事,全然不顾名节。一旦东窗事发,被约谈,就更加不像话了。有的把违纪问题说成"不就这点小事吗",有的对巡视组拍桌子瞪眼睛撂狠话,更有甚者干出匪夷所思的荒唐事,全然不要脸面。

如果说违法乱纪情弊除了自身原因,还有约束机制不健全、缺乏有效的监督等外部原因,那么干出不要脸面的荒唐事,就完全是个人修养问题了。一个领导干部,首先必须是一个有修养的人。知羞耻、讲操守、重名节是最基本要求。不具备"名节重于泰山"的德行、不遵循"玉碎不改其白,竹焚不毁其节"的传统,如何能做先锋模范,引领世风?如何能克己奉公,造福百姓?

纵观历史,从贾谊的"国耳忘家、公耳忘私",到司马光的"专利国家而不为身谋",从范仲淹的"先天下之忧而忧,后天下之乐而乐",到林则徐的"苟利国家生死以,岂因祸福避趋之",无不闪耀着前贤重名节、轻利欲的传统。在古代,名节被士大夫们视为立身之本、为官之道,历代清廉有为的官吏无不重名节胜于身家性命。封建士大夫尚且如此,共产党的领导干部是社会行为的示范，更应做一个知羞耻、重名节的人，否则就不配忝列党员干部之列。

"严以修身"为"三严三实"之首，就是因为良好的道德修养，是领导干部担当责任、履职为民的前提。不具备这个前提，一切豪迈的表态都是奢谈。孙某群等人被约谈时的表现，其实已经说明问题：一个官员素质和修养不堪至此，不出问题才怪。

做官先做人，做人先修身，这是亘古不变的道理。讲党性、知廉耻、重名节，做个胸怀黎庶天地厚、脸如蝉翼吹弹薄的人，这是必须印刻在心的要求。

（载于2016年1月13日《湖北日报》）

## 删帖先交保护费？治一治这类"网络黑社会"

在一家名为"印象宿迁"的网站上，网络水军虚假举报村干部，网站索要2万元"保护费"才肯删帖。央视调查发现，这个网站还与当地多个乡镇签订"合作协议"，只要以"包年制"方式支付几万元，就保证不发布针对这些乡镇的"不利言论"。

网络监督是公民监督的一种重要形式，在一些地方却存在被异化、被逆向产业化的情况。这边是网络水军捏造虚假举报信息；那边是一些网站狮子大开口索要"保护费"删帖，否则就不断抹黑，逼人就范。更有甚者，如"印象宿迁"这般直接实行包年制，按期缴纳"保护费"才能被"罩着"，否则就叫你"鸡犬不宁"。单从形式上看，这与港片中的黑社会何其神似！

现实中的黑社会是有组织的犯罪集团，组织结构严密、犯罪手段带有暴力性，网上虚假举报、收钱删帖等行为的恶劣程度似乎不能与之相提并论。但二者有一些鲜明的共同特点：其一，都是对规则和秩序的严重破坏；其二，都以粗暴方式逼迫对方就范；其三，都具有较强的社会危害性。

一些网站、一些网络公关公司大量召集闲散网民，给出一帖三毛、五毛的酬劳，让他们在各大论坛发帖回帖，或捧或黑某人、某品牌，以达到牟取暴利之目的。正如研究者所说，这些网络水军无孔不入，从抹黑新东方、"封杀"王老吉到各式各样的"门"事件，把网络空间搞得乌烟瘴气。早前，央视经济半小时栏目曾报道的一名公关公司负责人竟称"5万元可影响法院判决"。强奸民意、棒杀品牌、试图干扰司法，这样的公司、这样的网站，与黑社会有何区别？

要删帖先交"保护费"的嚣张，仰仗和消费的是监督权，而监督权正是一项宝贵的公民权利。滥用监督权，不光干扰个人生活和单位正常运转，还不断消耗网络监督的可信度、肢解网络监督的效能，导致人们对监督举报信息产生钝感。监督如果出现了问题，被一些人利用，会导致人们陷入真假难辨、监督乏力的困境，严重的还会影响政治制度的良性运转，造成恶劣后果。

治理"要删帖先交'保护费'"之类的乱象，就要依法取缔各类不合法的网络公关公司，有力惩治那些以极尽构陷为能事的不法网站负责人，及其笼络的"打手"，从而保证网络监督的品质和效能，还网络舆论场以清朗。

（载于2018年2月8日《中国青年报》）

## 生命等价为何非要总理表态

8月16日，李克强抵达天津"8·12"爆炸事故现场。一名香港记者追问"编外消防员"问题。总理停下脚步说，对于牺牲的现役和非现役消防人员我们一视同仁，给他们同样的抚恤和荣誉、同样的英雄称号，"英雄没有'编外'！"

在此次爆炸事故中，天津港的企业消防人员离得最近，冲在最前面，伤亡也最惨烈。但是，他们中很多人都是编外人员，他们在荣誉和抚恤上能否与在编的消防队员同等，存在很多不确定性；他们的后事能否得到妥善处理，是家属很担心的问题。李克强总理一语定音："英雄没有'编外'，我们一视同仁！"掷地有声的表态，给家属吃了一颗定心丸，赢得各界称道。

在为总理点赞的同时，我们也应注意到，同工同酬、生命等价原本就是宪法和法律的规定。《劳动法》第四十六条规定：工资分配应当遵循按劳分配原则，实行"同工同酬"。也就是说，劳动熟练程度相同的劳动者在从事同种工作时，不分性别、年龄、民族、区域等差别，只要提供相同的劳动量，就获得相同的劳动报酬。《侵权责任法》规定：因交通事故、矿山事故等侵权行为造成死亡人数较多的，可以不考虑年龄、收入状况等因素，以同一数额确定死亡赔偿金。

原本就是法律规定的事，原本就是法治精神的基本导向，现在却非要总理表态才能明确和坐实，这难道不是一件咄咄怪事吗？事故和灾难是一面镜子，它既在惨痛地控诉一些地方、一些企业、一些官员对安全生产的漠视，对风险社会"火山随时可能喷发"的迟钝，对安全生产有关规定的置若罔闻，也在投射当今社会存在的很多痼疾。同工不同酬、同命不同价的焦虑就是一个典型的投射。

生命同价，没有"编内""编外"之别，这在法律和学理上根本就不应该是一个问题，但现实却总把它推到悲情的顶点，继而转化成一种对现实的愤懑。这样的问题不正视，不从根本上解决，如何安人心、定民怨，如何能体现一个国家、一个社会对生命的真正尊重？

中国的很多事情就是这样，明明有法律、有制度的事情偏偏不去执行，非要把人分出个三六九等来，非要等到领导推一把才转一下，领导的注意力没关注到，就继续"传统思维"，等到下一次哪个领导表态了，再"破例"一回，如此罔顾法律、无视制度、轻贱人命，何以从灾难的循环中走出？

事故和灾难并不可怕，可怕的是它不能改变人们荒谬的观念、久积的问题，不能把围绕事故和灾难讨论得出的共识固化下来，好了伤疤也不忘痛。比如英雄不分"编外"、安全不容忽视、逼捐不合法理、信息必须公开、灾难报道不能让抒情冲淡主题等等，这些屡次灾难的遗产，需要固化和铭记下来，痛定思痛，有所改变，实现转折。唯有如此，事故和灾难也好，悲情和愤懑也好，才能离我们远去。

（刊于2015年8月20日红网，获红网"全国时评研讨会"年度佳作奖）

## 再硬的"背景"也硬不过党纪国法

一个21年前的死刑犯，却能多次减刑，最终走出监狱，继续为非作歹，直至再次被捕……"离奇"的案情，引发诸多猜测："云南恶霸孙小果有什么背景？"5月28日，云南省扫黑除恶专项斗争领导小组办公室公布对孙小果案件的情况通报，就舆论高度关注的案件来源和办理进展、孙小果的主要家庭成员情况、孙小果获取减刑情况和孙小果1994年犯强奸罪未被收监执行情况进行了回应。

除了其生母、继父，情况通报还特意提到已经去世的孙小果生父、爷爷、奶奶、外公、外婆等。既然孙小果的父母及近亲并没有什么"了不得"的背景，又是什么力量让他忽而强奸作恶、横行春城，忽而变成"狱中发明家"，忽而又成了"明星企业家"；其背后的关系网和"保护伞"到底是什么，能让他轻松穿破法律构筑的层层坚壁，一次次逍遥法外？

要彻底消除公众疑虑，唯一可靠的途径就是调查不断深入，尽快抵达真相，满足公众知情权。孙小果案已经成为一个举国关注的公共案件，公众对此案的刨根问底、穷追不舍，不是"无事生非"，而是对公平正义和公众安全的高度责任感，更是为了增强对法治中国的信心。从中央扫黑除恶督导组将孙小果案"办成铁案"的要求，到云南省委"一查到底、绝不姑息"的表态，从对云南省监狱管理局原副巡视员等11人采取留置措施，对23名犯罪嫌疑人予以刑事拘留，到及时公开孙小果父母及直系亲属相关信息，有关方面既在按照办案的程序和逻辑一步步调查深入，也在积极回应舆论关切，努力纾解公众疑虑，体现了对社会情绪的看重，对公众知情权的尊重。

反过来，公众也应在密切关注案件进展的同时，相信并尊重司法调查的专业性。年代久远且被寄予厚重期待的重大案件，确实应该严谨调查，还原完整证据链。正如中央政法委"长安剑"微信公众号所说，公众高度关注孙小果案，让所有人都能清楚看到人民群众对黑恶势力及其"保护伞"的深恶痛绝，对公平正义的高度期盼。因此，孙小果及相关问题的调查审查，势必打造一个扫黑除恶的"样板"，成为各地专项斗争开展的对照和参考。

孙小果到底有什么背景？所有谜团都终将解开。我们应该确信的是，法律面前人人平等，谁也不可能一手遮天。白恩培、秦光荣这两个曾经的云南省委书记一个已被法办，一个主动投案，周永康这样的大老虎也落了马，党纪国法面前没有什么不受制约的特权人物，更没有什么讳莫如深的硬背景。有黑必扫、有恶必除、有乱必治、有"伞"必打——正如电影《大人物》中那两句经典对白：剧中警察孙大圣担心黑恶势力背后的"保护伞"阻挠办案，"我怀疑他们背后有人。"他的上司、公安局局长说了一句掷地有声的话："你背后有国家。"

（载于2019年5月30日《湖北日报》）

## 民生工程容不得捏着鼻子哄眼睛

在云南宣威市海岱镇旧屋村，当地政府2010年修建的饮水安全工程至今形同虚设，各家水表显示的用水量一直为零。这些年，村里男女老少都要四处找水和背水。中央电视台曝光后，当地有关部门表示，已经成立工作组进行调查。

明明是"八九年不见一滴水"的假把式，却被钉上了"农村饮水安全工程"的墙牌；明明从未运行过一天，当地有关部门的文件上，却赫然标明"工程完工""运行良好"，这不是自欺欺人是什么？深究此事会发现，一些人敢于愚弄老百姓，是因为他们的需要和百姓的需要不一致。

当地村民需要的是水，而某些部门、官员需要的却是政绩，是"完成任务"的形式、标志。于是，干涸、废弃的"饮水工程"，被钉上了"农村饮水安全工程"墙牌，相关文件上也有了"工程完工""运行良好"的交代。有了这些就可以交差，可以验收，可以拿到工程款，可以折算成政绩……在这条利益链上，几乎每个环节都心满意足，只是村民依然没有水喝。说到底，一些人不是"以人民为中心"，而是以炮制政绩、攫取利益为中心，他们眼中有上级领导、有项目资金、有转承包利益，就是没有人民。

也正因为如此扭曲的政绩观，一些地方放着百姓的危旧房屋不去修缮，却给路边山体刷绿漆；有的贫困县放着困难群众的疾苦不去抚恤，却动辄投资数千万建广场、搞喷泉；有的领导干部明明庸碌无为，汇报时却敢"充分发挥想象力"。类似现象近些年虽大为减少，但并未完全杜绝，必须旗帜鲜明地反对，发现一起依法依纪严肃查处一起，绝不姑息。

同时，也应思考，时代发展到今天，类似自欺欺人的事情怎么还能得逞？要不是媒体曝光，宣威市不见一滴水的"饮水工程"，名义上恐怕还在"正常运行"。"捏着鼻子哄眼睛，捂着耳朵偷铃铛"都是在"自欺欺人"。"自欺"操作上不难，任凭利欲熏心，缺德少良心罢了。"欺人"又是怎么做到的呢？一项民生工程，从立项、勘察、审批、建设到验收，一层层莫非都没有发现吗？

民生疾苦，民焉不知？在宣威市旧屋村里，240多户人家至今饱受吃水难的困扰。"上到78岁老人、下到8岁孩童，全家老小一起到村子外挑水吃"，就连8岁的小女孩也要"背十斤的水，一趟需要一个小时"……老百姓深受缺水之苦，岂能没有埋怨声、批评声。只是，他们的声音太微弱，或者领导根本听不到，或者听到了也置若罔闻。类似的问题千变万化，解决的途径终归为一条——给老百姓更充分的评价权，促使领导干部养成"看群众脸色办事的自觉"。

"党中央制定的政策好不好，要看乡亲们是哭还是笑。"检验地方得失、评价干部政绩，群众的脸色就是度量尺、就是晴雨表。唯有在制度设计上畅通百姓表达渠道，才能断了一些人瞒天过海的可能性。只有把真心为群众办事的人放到领导干部岗位上，才能避免百姓利益和政府形象受损。

（载于2019年7月25日《湖北日报》）

## 假如窗口外跪的是你的父母

近日，一张"老人在甘肃礼县第一人民医院缴费窗口前双膝跪地"的照片引发舆论热议。礼县卫生和计划生育局回应称，这名老人因气短腿疼，在签字报销时无法站立，所以跪在医保窗口前办理业务。这一现象是医院疏忽所致：医保报销窗口曾配备了一些凳子，但因监管不力，导致凳子丢失，没有及时增补。

把窗口设置得又矮又低，导致办事群众坐立不得，甚至出现老人双膝跪地办理业务的情况，难道仅仅是因为"疏忽"二字？"跪式窗口"的背后有没有深层次的问题？笔者以为，这些现象的背后，绝不是什么管理不善"丢了椅子"的问题，而是"四风"问题在个别基层单位的顽固体现。

如果说，少数官员口出雷语，代表的只是自己；接待群众的办事窗口代表的则是"公家"，展现的是一个单位、一个部门乃至一个地方的形象和风气。公立医院堂而皇之地设置"跪式窗口"，医院负责人何以批准建设，何以熟视无睹？类似现象持续日久，有关部门为何没能及时督促改正？是一家医院这样，还是其他窗口服务单位也有这样的情况？"俗化于下，风成于上"，办事窗口折腾百姓，除了处分窗口工作人员之外，更应追问官僚作风的源头在哪里。

电视剧《人民的名义》里，"孙连成式窗口"曾一度引发媒体热议。数年过去了，类似问题竟依然存在，而且有了"跪式窗口"这样刺眼的表现，叫人不得不心生诘问：某些基层单位整日把"为人民服务"贴在墙上、挂在嘴上，可当人民出现在面前，怎么反而不认识了？"人民"不是一个空洞的概念，而是一个个鲜活个体的集合，是工人、农民、学生，是窗口外的普通百姓。为人民服务，就是要为每一个前来办事的群众服务，真心诚意地为他们服务。

排队的人多，及时打开备用窗口，以免群众等待时间过长；窗口里面有冷气，窗口外面也应配置空调、风扇，让群众少受酷热煎熬；发现窗口设置不合理，就该及时改建，方便群众办事；遇到老弱病残孕，主动端上一杯水……这些能有多难？一扇小小的窗口，揭露的是作风建设的大问题。试想：在一些地方，摆在明面上的办事窗口作风尚且如此，机关里面会是个什么样子？老人面朝窗口跪着办业务，办事工作人员竟能坐得住？假如"跪式窗口"外是你的父母，你还能如此泰然安坐？

"天地之大，黎元为先。"解决"跪式窗口"问题不容虚与委蛇。一方面应持之不息整治"四风"，近年来"四风"问题有所好转，但也有顽固性，不可能毕其功于一役，治理不能松劲。尤其需要对窗口服务机构严格监管，杜绝各类傲慢之象。另一方面还需建立健全群众评价机制，把评价干部的权力交给办事群众，真正把群众高兴不高兴、满意不满意作为评价干部的重要标准，倒逼办事人员恤民敬民、高效办事、露出笑脸。

（载于2018年7月16日《光明日报》）

## 第五招 "没大没小"

第一招里已经讲过，我们所处的时代，是一个深刻变革的时代。每天都在发生着不同的新闻，很多问题需要去发现和质疑、去分析和解剖，这为时评写作提供了源源不断的活水。然而，很多人面对这些"活水"时，陷入无从下手的困惑，不知如何掬取。要么觉得这个选题太大，不好写；要么认为那个选题太小，拎不上筷子。东看看西看看，抓耳挠腮，最终放弃。其实，只要有批判价值、有话可说，选题大小都不是问题。

"大"选题往往比较宏观，似乎没有抓手，很难说出个所以然来。这就要化大为小，把宏观的、抽象的事物掰碎了看，从中找到微观的、具体的角度去评说，从而实现言之有物、论之成理，这就是"大题小做"之法。时评家张弓先生有一个形象的说法：一件事，特别是一件大事可以从很多个角度去看，如一个茶杯，有杯盖、杯身、杯把手、杯种类、杯功能、杯容量等等，评论不宜把方方面面全讲个遍，而应该选取最重要、最新鲜、最巧妙、最有现实意义的角度，或只论杯盖、或只说把手、或只评装饰等。

在我看来，大题小做、化虚为实，实在是媒体改文风、转作风的一个极其重要的方法。一段时期以来，为什么一些传统媒体受众面越来越窄呢？除了受新媒体的冲击，还有一个重要原因就是在林林总总的大事上，大题大做、以空对空的多；大题小做、以实对空的少。

一位媒体前辈在一次大型述评策划会上主张"文章尽量以生动的故事开篇，不要以高深莫测的理论开篇，否则会吓到人"。他还解释说：除了少数人士对理论很感兴趣，大多数平凡人更喜欢听故事。诚如斯言，做新闻宜讲故事，用故事讲道理；写时评也应多用具体的论据、尽量小的切口去讲道理，而不是用道理讲道理，更不能一味地用大道理讲大道理。

时下的时评写作有种倾向，就是评论、理论混淆，用写理论文章的方式写评论，这不值得提倡。尤其是遇到主题比较宏大的选题，一旦理论色彩太浓、论述过于空洞，就会给人味同嚼蜡、面目可憎之感。宏大的选题不妨大题小做。当然，对于一些微观的选题，则需要"小题大做"，从小事中看到大局大势，讲明普遍道理。

## （一）"两会"评论也可以写实

每年全国两会不仅是一个代表委员共商国是的平台，还是一个承接百姓对未来美好生活预期的所在，更是一个观察中国政治文化走向的窗口。

2014年3月，全国两会期间，大事要闻不少，各个方面宏大的改革议题也很多，但我注意到，当年的两会有一个非常直观的特点，那就是务实。而务实地解决问题，恰恰是老百姓所期盼的。朝令夕改、许诺不兑现，甚至新官不理旧账，这样的做法为群众深恶痛绝。所以我决定围绕"务实"写一篇时评，而且在写作手法上尽量务实。

因此文章一开篇，就举了三个例子。其一，2014年3月5日，李克强总理所做的政府工作报告，非常务实。媒体报道说，会前李克强总理要求报告起草组"做不到的不要写"，那些可有可无的话基本上都去掉。"做不到的不要写"，写了的就要做到；拿不定的不要轻易承诺，承诺了的就一定要兑现。我认为，这正是一种求真务实的品格，是各级政府履职为民的应有态度。

其二，针对养老金并轨问题，时任全国政协委员、人社部副部长胡晓义表示，"总理已给出了时间表，就在今年"。对一些公众和社会关心关注的热点、难点、焦点问题，即便不能一蹴而就，至少也要给出解决问题的"时间表"，而不是打哈哈，这不正是公众所盼的务实吗？

其三，时任中央政治局委员、国务院副总理汪洋在参加安徽团座谈时，有部分代表提出"希望在安徽设自贸区"，汪洋务实地表示，"很惭愧，一时半会儿做不到"，目前自贸区只批上海，以后考虑铺开。对民众的诉求，暂时办不到的，当及时做出"负责任"的回应，做好解释和说明工作，决不回避、搪塞，让人心里有数，这恰恰是一些领导干部没做到，需要改进提高的。

同一天，两会上的三个"桥段"，看似分散实则关联，把它们串起来看，我认为它们集中体现了一种"求真务实"的为政态度，展现了一套"诚信履职"的工作思路：承诺了的，就一定要做到，做不到的就不承诺；暂时做不到以后可以做到的，给出一个时间表；短期内无法做到的，直面问题、解释清楚。如果我们的各级政府，都严格按照上述三个层面的思路和方法去做，定能打通官方与民间舆论场的隔阂，消弭许多不必要的误解，与民众建立起更加稳固的信任维系。

所以我写道：古人言，轻诺必寡信。赢得最大多数公众的信任，才能汇聚起最为强大的改革动力。而有了真诚、务实、负责的改革态度，我们也必将在公众的普遍支持之下，扎实有效地推进改革进程。这篇题为《"不说漂亮话"是真正的改革态度》的文章在《光明日报》刊发后，传播较广。

时评写作需要把握大的事件节点，关注大局大势，但时评写作毕竟和政研文章、理论著述不同。第一，时评篇幅一般不长，大都是千字文，不适合把面铺得太开；第二，时评以大多数民众为受众对象，应注重通俗性、可读性，让受众易于接受、愿意亲近。

## （二）选取一个较小的角度立论

2015年全国两会上，国务院总理李克强所作的政府工作报告涉及很多方面，信息丰富，时评写作如何选题？我注意到，总理在报告中严肃又不失活泼地说了一句话："大道至简，有权不可任性。"

"大道至简"是先哲老子的主张，强调政府不要过度干预社会，尽量与民休息。这与家长制政府是截然不同的。李克强总理在政府工作报告中讲到这一层意思，尽管点到为止，没有全面展开，但足见中央政府的施政思路趋向于更加注重简化审批、方便百姓。于是，我决定只从"大道至简，有权不可任性"这一个比较小的角度立论，并且以老百姓的具体遭遇、迫切需求切入，力求"上接天线、下接地气"，避免凌空蹈虚。

于是，我在这篇题为《大道至简是服务型政府的品格》的文章开篇就写道：

近来,"奇葩证明"备受关注。继"证明你妈是你妈"之后,媒体又曝出,一对90多岁的老夫妇被要求证明"老两口是老两口",为此他们"差点跑断了腿"。

"奇葩证明"以及它所对应的"公章长征""办证难",是当今社会的一大痛处。一个人从出生到离世,不知道要办多少证,不晓得要盖多少章,不清楚要开多少证明。这些证明,有的相对合理,有的则完全不讲道理。出境旅游,要证明"你妈是你妈";单位录取新人,得到社区开具"人品证明";去银行换残币,需要提供"非故意烧毁钱币证明",否则就不给换……凡此种种,何其荒唐。更荒唐的是,类似的荒唐规矩往往"有据可依"。

接着抛出观点:荒唐的"奇葩证明",繁复的审批事项,本质上是权力以合法之名行非法之实,是对百姓的一种瞎折腾。再引出总理的工作报告——在今年的《政府工作报告》中,李克强总理特别强调"大道至简,有权不可任性"。诚如总理所言,中国历史上,但凡一个时代的政治比较"简",让老百姓休养生息,就会被后世称为"盛世"。"删繁就简"历来就是盛世改革的主线。

继而举例说明:譬如,汉文帝曾把租率减为三十税一,强调与民无争;唐朝在隋的基础上坚持轻徭薄赋,让百姓安居乐业;清代实行"摊丁入亩""地丁合一"的赋税制度,多方面减轻百姓负担。从"文景之治"到"开元盛世"再到"康乾盛世",中国历代盛世的共同特点就是政府爱惜民力,税收上轻徭薄赋,治理上删繁就简,让百姓休养生息,不瞎折腾。世界上一些幸福指数很高的发达国家,也是政府该管的管、不该管的不管,不去折腾百姓。

最后指出:明确权力的边界,简政放权,取消不必要的审批,各种"奇葩证明""公章长征"才能宣告终结,民众的幸福感、社会的活力才能从权力的关卡中解放出来。

全国两会上的新闻一般都具有重大性、时效性,时评写作过程中,切口小一点、论据更接地气一点,论说更实在一点,往往比较适宜。相反,大而空洞,言之无物,叫人不愿看,是大忌。

## (三)化大为小增加文章生动性

每年岁尾,媒体通常会对一年的情况进行梳理,写出盘点式的评论。这样的选题一般比较宏观，如果不注重大题小做，很容易写成空洞乏味的"文件腔"。因此在写作此类时评时，我特别注重化大为小，尽量增强文章的可读性、生动性。

譬如，2015年12月31日，踩着这一年的尾巴，我为《湖北日报》撰写了一篇盘点式的文章，标题为《温情回首，携爱启程》。一看标题就知道，我欲追求的是那种暖意融融的表达。

既是暖意融融，当然就要有阳光。所以我在文章的开篇就写道：推开窗户，清晨的第一缕阳光扑上身来。2015年的最后一天，来了。时光，固然不会自己给自己划分节点，我们却习惯于在一年将尽之际，驻足回首过往，与即将逝去的流年温情告别。

接着粗略盘点公元2015年，为什么是不平凡的一年。国家层面完成了哪些大事。然后把重点放在老百姓获得了些什么上。我写道：于百姓，2015年，人们见证了许多无法忘却的大事件。我们共同纪念抗战胜利70周年，一道应对股市起伏，共同见证两岸翻开新的一页，一起感受屠呦呦探索的艰辛，共同为反腐斗争的深入喝彩，也一道点燃心香，哀悼天津港事故、东方之星沉船事件中遇难的同胞……过去的365天，发生过海量的大事小情，几个省略号远远诉说不完、涵盖不尽。它们看起来宏大而遥远，却与我们每个人紧密相连。简化审批，让一些企业办事不再那么难；大众创业、万众创新带来机遇，一群年轻人在光谷当上了老板；久违的二孩时代，一些年轻妈妈们有了温馨打算……

从国家发展到年轻人创业、年轻妈妈的二孩计划，够"小"了吧？还不够。更进一步：大时代与小个体之间，有着同频共振的命运关联。每个人在总结这一年时，总能在那些看似宏大的时代脉络中，找到自己的影子。而每一个平凡人的喜怒哀乐，不也正是这个时代的切面吗？清晨武汉解放公园里的太极舞，傍晚襄阳汉江边的婴儿车，子夜三峡库区的值守身影……每一个个体的生活瞬间，都是2015的一个桥段。许许多多个桥段经过爱的黏合与拼接，就成了流畅的生活、多彩的时代。

够有人情味了吧？还不够。进一步写道：是的，是爱。2015年，是爱把每一个平凡的个体黏合在一起。阳光有爱，假若没有爱，它怎么能这么温存？水露有爱，假若没有爱，它怎么能这么滋润？生活有爱，假若没有爱，它怎么能这么五彩缤纷？社会有爱，假若没有爱，它怎么能如此有力地凝聚起13亿人的心，引领人们一起追逐中国梦所昭示的美好与绚烂？我们的国家充满了爱，假如没有爱和责任，全面深化改革的步履怎么会如此铿锵坚韧？

最后关照一下未来：站在2015年的尾巴上，回顾匆匆过去的一年，不是为了单纯地感叹怀旧，而是通过对自身生活经历的梳理，对国家和时代进步的盘点，笃定对我们所处时代的爱与责任。认真思考一下，来年，我们怎么把学习、工作和生活完成得更好，怎么体现自身在这个时代中的位置和价值。置身于大时代的洪流中，我们每个人也将迎来属于自己的时代。

将大选题往小处做，往往更加有血有肉，让人可亲可近。市民类媒体是这样，党报党刊党台其实也是这样。哪怕是政治性比较强的话题其实也可以找到人性化的解码方式。这个解码的过程，实际上就是使时评变得更加大众化、通俗化、生动化的过程。

## （四）以实对空、以具体对抽象

1978年3月18日至31日，是共和国历史上一个非常重大的时间节点。那13天里，全国科学大会在北京举行。大会开幕式上，邓小平同志指出，科学技术是生产力，知识分子是工人阶级自己的一部分。正是这些石破天惊的论断，唤醒了科学的春天。

40年后的2018年3月底，我们要纪念这样一个改变中国前途和命运的重大历史事件，时间跨度如此之长、主题如此之宏大，评论该怎么写？还是那句话：尽量写实、写生动、写具体。

所以我在文章的前半部分着重回顾了历史：在那次大会的闭幕式上，中国科学院院长郭沫若发表了《科学的春天》的讲话。本来，郭沫若的身体已不允许参会，但他坚持要参加。他说："科学大会一定要去。""一定要去的"，还有此前在厕所里扫地的科学家童第周、陈景润，还有在"牛棚"接受改造的一大批科学家。知识分子摆脱了"臭老九"的地位，科学技术得以在中国大地上重放光芒。以全国科学大会为重要突破口，中国始于20世纪70年代末的改革开放政策及其实施，以义无反顾的巨大改革勇气解冻冰封的大地，激发了国家发展大踏步"赶上时代"的巨大活力，使得古老的中华大地展现出勃勃生机。

接着更加具体地指出现今科学技术发展面临的障碍：经过40年的发展，一些观念上的、制度上的问题已沉积成坚硬的障碍，阻挡着科学技术发展。比如：我们的科研成果转化率还不高，有的机构甚至不到5%，很多发明创造在实验室里睡大觉；知识产权保护制度还不完善，存在科技成果被随意复制和使用的情况，创新积极性受到阻滞；简单"数论文"的科研评价形式，对科研人才造成了束缚；过分强调知识作为国有资产的"增值保值"，动辄得咎，"干事有风险"，造成一些科学家"不大敢干事"……发展起来后的问题，不比不发展时少。

最后收回来：深情回望当初的艰难突破，我们愈发深刻地认识到，唯有穿过"艰险的峡谷"，才能实现柳暗花明。以更大的改革勇气、改革韧劲，坚决突破制约发展的种种坚冰，中国这艘巨轮，定将驶向又一个更加美好的春天。

撰写类似主题宏大的文章，有时很难完全避免使用文件语言，但是在讲历史的时候尽量讲得有故事性一些；讲现实的时候，尽量把问题讲得具体些。以实对空、以具体对抽象，可以较好地纾解阅读的压抑感，让人愿意读下去。

## （五）感人小故事可以是时评好选题

大选题要"小"做，以避免空洞无物；小选题则宜"大"做，避免陷入就事论事的局限中。

2016年的1月，西安发生了这么一件事：一位收废品老人骑三轮车时，不小心划伤一辆私家车，找街坊借钱支付赔偿。90后女车主看着一大把零钱，被深深感动，不仅把钱退了回去，还给老人捐款1000元，老人泪花闪闪。此事在西安引发全城热议，成为网上焦点话题。

这个选题实在是很小，一些人恐怕会觉得它是"鸡零狗碎"。可就是这样一个琐碎的新闻事件却让千万网友为之感动，成为网络热点事件，可见它具有很高的评论价值。这个价值是什么？绝不是这一事件本身，应该是某种更具普遍意义的东西。这个东西是什么？这就需要思考、提炼和放大，找到时评写作的恰当落点。

有人说是道德、是善良，有人说是诚信、是社会主义核心价值观，说不说得上？似乎说得上，又似乎并不那么确切。静下心来认真分析、思考，我锁定一个词"感动"。骑车老人不小心把女孩的车刮了，女孩自然很郁闷。但是看到老人双手捧来的一大把零钱，得知老人是找街坊凑钱赔给自己的，女孩感动了，循着这种感动的指引，她把钱退了回去，还给老人送去1000元"小小心意"。1000元钱，对很多人不算什么，可对靠值守门房、收废品为生的七旬老人，却是雪中炭、冬夜棉。女孩被老人所感动，又反过来感动许许多多的人。这种感动的循环，荡起的涟漪，多么暖人心扉！而这种"感动"与"被感动"不正是人与人之间最美好的黏合剂吗？不正是时下最稀缺的吗？

查阅有关书籍，我注意到作家毕淑敏曾专门写过文章，论述"感动是一种能力"。我觉得这个事件能够很好地印证这个观点。因此，我否定了对这件小事大而无当的"拔高"，确定了《珍惜每一瞬的感动》这个标题和论点。

我在文中写道：一个看起来简单得有些琐碎的故事刷爆朋友圈，引发热烈讨论。人们为老人信守承诺、借钱赔偿的诚信点赞，更为女孩的与人为善、充满爱心喝彩。寒意渐浓的时节，这个收废品的老人与90后女孩的真诚互动，让人们感受到了一种少被提及却又非常宝贵的人类能力——感动的能力。

感动是一种能力。具备这种能力的人，总能在生活细微处，感受到社会的温暖、他人的不易，常常不经意间被感动，并循着这种感动，去理解他人、友善处事、收获幸福。缺少这种能力的人，内心迟钝、情感木然，往往对生活中的真善美视而不见，变得刻薄寡恩、令人厌恶。更有甚者，不仅不理解别人的感动和被感动，反而对此报以讥讽和嘲笑，一副自以为是的样子。

接着分析道：令人欣慰的是，那位90后女孩拥有着感动的情怀和能力。假如，女孩情感麻木，不为所动，或者硬起心肠，不愿忠于内心的指引，事情恐怕就会是另一个样子。女孩因爱车被刮伤，心中闷闷不乐；老人因借钱赔偿，感到生活的担子更重了，也许这个年都过不好。再假如，老人遇到的是一个对这个社会充满不信任感的车主，不仅要赔钱，只怕还要遭遇白眼、谩骂甚至拳脚，真是那样，这个冬天可就更冷了。所幸，这一切都没有发生。令人忧心的是，这种幸运成了"新闻"。

老人与女孩的相互感动成为"新闻"，恰恰说明类似的故事很稀缺。正如作家毕淑敏在散文《感动是一种能力》中说的那样，物欲之下，感动闪现的瞬间越来越短,感动扩散的涟漪越来越淡,"因为稀缺,感动变成了奢侈品,很多人无法享受感动,他们反过来讥讽感动、谄笑感动,把感动和理性对立起来,将感动打入盲目和幼稚的泥沼之中"。而这,恰恰是一种社会病。

最后引出结论:今天,我们处在一个五光十色的时代,物质生活不断丰富,但内心的防线却越筑越高,自私和不信任的味道越来越重,这最终只会让彼此相疏,甚至深受其害。我们要做的,就是打开心扉,解冻内心的冷漠与迟钝,用心发现和呼应每一瞬的感动,并且循着它的指引,去温暖我们所爱所遇的每一个人。大家彼此都带着善良出发,感动就会"骑着任何颜色的羽毛,在清晨或是深夜,不打招呼地进入心灵的客厅,在那里和我们的灵魂倾谈"。

文章见报后,有中学老师把它作为散文范文在课堂上朗诵。有基层干部对我说:"没想到党报社评还可以写得这么美。"为什么不能写美呢?没人规定党报社评就一定要硬邦邦啊!很意外的是,这篇"小文章"的影响胜过了同一天的其他重大主题报道,被专家们评为报社当日好稿。值班总编评报说:"希望今后多一些这类以小见大、关注普通人的评论。"

## (六)揭示生活中蕴藏的仪式感

小题要大做、以小见大,反对就事论事地在具体事件中打转,但也绝不是主张胡乱拔高,必须"大"得得当。我个人不主张凡事都往道路自信、理论自信、制度自信、文化自信等宏观层面拔高,否则所有评论岂不是都类型化了?事情本身就比较小,拓展到一个相对普遍的中观层面就行了。

2016年夏天,陕西师范大学教授用毛笔手写录取通知书一事,受到广泛关注。据媒体报道,该校有的老教授已参与书写录取通知书10年,一些毕业生表示,自己将数年前的手写通知书"一直珍藏在身边"。但也有网友质疑,为何在这个年代还用手写通知书这种原始的方式?

录取通知书用毛笔字书写,事情很小,要做评论,就不能仅仅停留在这一事件本身,需要小中见大。这个"大"是什么?"文化自信"?太突兀了。认真分析后,我认为把论说的重点集中到传承书法等传统文化上就可以了。同时,从老教授们认真书写的精气神上,看到一种对生活美学的追求。

所以我在文章中写道:相对于机器印刷,用毛笔手写通知书既不经济实用，也不迅速便捷，的确显得很"笨拙"。可蝇头小楷、一笔一画之间，饱含着先学对后进的深厚感情，体现着大学对每一个学生的真诚尊重，洋溢着浓浓的人文情怀，这不是效率所能度量的，也不是实用所能解释的。

接着切入现实问题：我们正处在一个快节奏的时代，一些人习惯于什么都讲究"多快好省""经济实用"，"快"的骤风似乎要把一切都裹挟其中。殊不知，快与慢相互依存，变与不变辩证统一。有快的发展鼓点，也应有慢的生活方式；有"变"的生活和节奏，就应有不变的情怀与坚持。毛笔手写通知书，看起来很慢，但慢的背后是传统、严谨和温情，这岂是千篇一律的印刷体所能企及的？

继而驳论：有人说，手写通知书是一种形式主义。殊不知，白发教授、耄耋长者十年坚持书写，自有一份仪式的庄严。在快餐化、碎片化的生活中，我们从来不缺形式，缺的是这种把形式变成仪式的耐心和韧性。大学"以人为本"，录取严格，重视每一个学生，手写通知书就是一种体现；高等学府，注重严谨学风，重视传统文化，老教授一丝不苟地书写，就是一种为人治学的言传身教、示范引领。

看到老教授们翰墨隽秀，一些年轻人萌生了学习中华传统书法艺术的想法；那些"捂"着一手歪歪扭扭的钢笔字无颜示人的人，因此有所启发；见到手写通知书的走红，一些人开始对过度依赖鼠标键盘造成的"提笔忘字"现象进行反思，有人提出大学应该加强书法、钢笔字、粉笔板书的训练……这些反思是不是很有现实针对性？一件事能够引出这么多有关文化、传统、教育等方面的思考与追问，断不能武断地说它没有价值。

最后做结："驿寄梅花、鱼传尺素"的时代早已过去，批量印刷提高效率也是时代进步。但无纸化、电子化的信息传递，造成书写的千篇一律，造成人们对汉字记忆的逐渐丧失，也不能忽视。很多时候，我们也应放慢节奏，提笔写写信，或者铺开一张宣纸，像老教授们那样，把厚重的人文情怀、严谨的治学姿态、丰富的人生思考，融进淡淡墨香里。这既是一种对传统文化的继承，也是一种对生活美学的追求。

这篇刊发在《光明日报》的文章《手写通知书是一种言传身教》，我个人也比较喜欢。为什么？因为它不仅以小见大、切中今人之弊，而且在表达上也比较有翰墨书香，文题相符，较有韵味。

## （七）细微小事也能引发民生思考

火车是人们长途出行的常用交通工具，很多人都有在火车上用餐的经历。有一段时间，人们发现火车上看不到廉价的盒饭了，取而代之的是动辄四五十元一盒的商务套餐。对此人们意见很大，要求铁路部门恢复价格亲民的盒饭。

2016年5月的一天，铁路方面宣布，5月15日起全国铁路开始实行新的列车运行图。本次调图是近10年来最大范围的列车运行图调整，也是铁路运输能力增量最大的一次调整。但是相对于运行图大调整，舆论关注度更高的却是盒饭——在大篇幅的调图信息之后，铁路部门顺带提了一下：调图后铁路方面还将推出"中国铁路餐饮"系列产品，15元以下盒饭将成为可能。

为什么舆论的关切重点会"舍大求小"？一盒盒饭而已，事情似乎不大，但它与民生息息相关。廉价盒饭再现这一细微变化，背后涉及利益的调整，折射出铁路部门呼应民众诉求、积极改进工作的诚意。所以说小事不小，值得做文章。

所以我分析道：随着一次次的列车运行图调整，我们的经济发展和老百姓的出行方式都发生了巨变。宏大叙事之外，类似于列车盒饭这样的"小事"，其实也一直是民众关注的焦点。在社交媒体上，针对"15元以下盒饭将成为可能"的讨论，甚至比本次调图的其他亮点还要热烈。这样的关注，恰恰是一种最直观、最原生态的看问题方式。

改革家看问题，是从宏观到具体，比如看铁路调图，遵循的是全国铁路网络布局的优化、局部交通网络的改善、运力运能的增加、列车时刻的变化、票价的变化，再到列车上盒饭的供应质量这样一个逻辑顺序。老百姓的视角恰恰相反，他们习惯于从价廉物美的列车盒饭供应是否充足、票价是否便宜惠民等反观改革的价值取向，并借此评价改革的力度和效果。

大多数民众与改革者看问题的逻辑顺序是不一样的。这就要求改革者更多地把民众最关心、最迫切的小事做好，由小及大。因此，我写道：这次调整中，铁路方面既统筹宏观，又兼顾具体，用心回应民众的关切，让人们从确保廉价列车盒饭供应等细微处，看到了改革的诚意。作为国民出行主要交通工具的铁路，还将长期面临季节性的供需矛盾。春运一票难求、区域间交通资源不均衡等问题的解决，都不可能一蹴而就，但稳定票价、确保列车廉价盒饭供应等却并不复杂，只要用心去做，就能做好。

最后提醒有关部门：做好宏观上统筹安排的同时，把小事、具体事用心做好，才能让人们真切感受到"惠民利民"，才能对长远改革的步步推进保持信心。看到改革的诚意，理解改革的艰难，民众才能逐渐具备"过程意识"，在可以看见的变化与进步中，感知改革的脉动。

盒饭虽小，牵涉面却很广，折射的道理很深刻。时评写作的一个重要功能，就是把这种小和大的辩证关系说明白、讲透彻，让人们尤其是决策者意识到小问题背后的大民生，培养用老百姓的逻辑思维看问题的习惯和能力。改革，从民众身边的事情做起。

这篇题为《细微处照见改革诚意》的文章在《湖北日报》刊发后，引起较高关注。次日还被《人民日报》转载，引起了各方面的关注，反响较大。

时评写作需要注重大题小做、以小见大，切口应尽量小些。不要贪大求全，不要怕它小，小才聚焦、才有力量。只要有批判价值，新闻中的一句话、一个词乃至一个字都可以作为时评立论和写作的切入口。

同样是有关铁路方面的新闻。2018年1月25日，离春运不远。随着除夕前后的火车票开售，春运抢票进入白热化阶段。据媒体报道，美团旅行、携程旅游、同程旅游等预订机构，纷纷推出春运抢票功能。屏幕上不断刷屏的"抢"与窗口苦苦排队的"抢"，共同勾勒出一票难求的现实。

分析这个现象，我印象最深的就是一个"抢"字。为什么"抢"？因为资源紧张，不抢就回不了家；因为内心焦虑，只有抢到票才能稍稍安心。因此我写了一篇文章《正视"抢"字对应的民生之急》。

立论和写作的切入点就是一个"抢"字。全篇都围绕这个"抢"字展开，不及其余。通过对"抢"字的层层分析，提醒有关部门：民生之艰难、急切，往往就在一个个"抢"字的焦虑里。看到一个个"抢"字的紧迫提醒，更要对此有痛感、有措施、有力度，扎实有效地冲着标本兼治发力。

## （八）大选题小写与小写题大写

2016年初夏，媒体报道了一则消息：上海玻璃博物馆内，一件精美的玻璃翅膀展品被两个孩子折断，而一旁的家长不仅没制止还在拍照，此事引起热议。后来，损坏的作品被改名为"折"，放在馆内永久展示。

相较于层出不穷的国际国内大事，这实在是一件很小的事，起初我也觉得它有些拎不上筷子。《光明日报》一位资深编辑约我为此写一篇文章，我才开始进一步思考这件小事背后的普遍问题。

首先想到的是"熊孩子"的任性。生活条件好了，很多家长对孩子迁就过甚，以致"熊孩子"遍地。而"熊孩子"的表现与国民素质高低又密切相关。孩子折断博物馆展品，对应的是当下中国的家庭教育做得不好的现实，引出的是文明教养的问题。以小见大，落脚点在文明教养上。

所以我在开篇写道：博物馆不仅是一个开放的公共休闲场所，更是一个与历史、艺术对话，提升修养的公民课堂。家长带孩子去博物馆，或多或少都有陶冶情操、提升修养的目的。放纵孩子闹腾，破坏博物馆静谧、幽雅的氛围，甚至任凭孩子损坏展品而不加劝阻，这种纵容岂不是与教育孩子的初衷背道而驰吗？

由点到面，举例分析：在国家动物博物馆，"熊孩子"走后垃圾遍地、一片狼藉；在武汉东湖等景区，"熊孩子"不听劝阻下水上树……生活中，"熊孩子"在博物馆、餐厅、景区等公共场所随意打闹、影响他人的现象并不鲜见。而这些行为与家长的宽纵不无关系，一些家长总觉得孩子还小，别人应该谅解，殊不知文明需要从小养成。孩子不懂事，家长却应明理。

接着把板子打到家长身上：公共场合遵守公共秩序、保持文明素养是起码的要求。一旦孩子的行为有损文明，对他人造成影响，家长就须及时进行教育和引导，这本身就是一个塑造孩子健全人格的过程。孩子就像树，要长成栋梁，必须及时剪枝。作为监护人，家长需要承担起这样的责任，及时对孩子进行文明养成教育，使之成为讲文明、有修养的人，这是对孩子负责，也是对社会负责。

讲明了道理，最后给出建议：当你发现自己的孩子"淘气""不乖"的时候，就应及时蹲下来,告诉孩子哪些事情不能做。一味骄纵,不加约束,"熊孩子"就可能变成坏孩子,"淘气"就可能变成"没教养"。博物馆里,更该教会孩子何为"文明"。请不要把这堂课上"反"了。

《博物馆里更该教会孩子"文明"》,这篇事件小、主题小、道理也比较浅显的"小文章"见报后,阅读量、转载量居然很高。一些机构把它列为高考必背文章;辽宁阜新市教育部门还把它选作阅读理解范文,列入辽宁阜新市中考语文试卷中;两年之后,它又被选入湖南省益阳市2017年中考语文复习题(北师大版)……

宏大的文章读者未必看得下去,小巧的文章也可能有较大的影响。因此,我主张时评选题和写作"没大没小"。"没大没小"有两层含义:其一,时评选题的选择应大小不拘,一切以有无评说价值为根本;其二,时评写作过程中,不要以为大选题就一定要写得宏大抽象,也不要以为小选题就一定写不出大道理来。相反,大选题可以小写,小选题可以大写,中观的选题既可以大写也可以小写,大写小写全在立论之价值、表达之需要、论者之见地。

这种选题、立论和评说的灵活性,给了时评写作者更广阔的创作空间,也使时评的选题和观点得以更加丰富地展现在公众眼前,百家争鸣、精彩纷呈。

**实战例文**

## 大道至简是服务型政府的品格

近来,"奇葩证明"备受关注。继"证明你妈是你妈"之后,媒体又曝出,一对90多岁的老夫妇被要求证明"老两口是老两口",为此他们"差点跑断了腿"。

奇葩证明以及它所对应的"公章长征""办证难",是当今社会的一大痛处。一个人从出生到离世,不知道要办多少证,不晓得要盖多少章,不清楚要开多少证明。这些证明,有的相对合理,有的则完全不讲道理。出境旅游,要证明"你妈是你妈";单位录取新人,得到社区开具"人品证明";去银行换残币,需要提供"非故意烧毁钱币证明",否则就不给换……凡此种种,何其荒唐。

更荒唐的是，类似的荒唐规矩往往"有据可依"。你提出质疑，经办人员抽出一纸文件叫你无话可说——规定如此，能奈他何？说到底，林林总总的奇葩证明背后，是叠床架屋式的行政审批。有些审批事项是计划经济时代的产物，早已不合时宜；有些审批事项则是一些部门、一些地方主观设置的关卡。时代在进步，制度要更新，过时的证明无须再开；简政放权，没有法律授权的审批事项应该彻底清除。

荒唐的奇葩证明，繁复的审批事项，本质上是权力以合法之名行非法之实，是对百姓的一种瞎折腾。在今年的《政府工作报告》中，李克强总理特别强调"大道至简，有权不可任性"。诚如总理所言，中国历史上，但凡一个时代的政治比较"简"，让老百姓休养生息，就会被后世称为"盛世"。"删繁就简"历来就是盛世改革的主线。

譬如，汉文帝曾把租率减为三十税一，强调与民无争；唐朝在隋的基础上坚持轻徭薄赋，让百姓安居乐业；清代实行"摊丁入亩""地丁合一"的赋税制度，多方面减轻百姓负担。从"文景之治"到"开元盛世"再到"康乾盛世"，中国历代盛世的共同特点就是政府爱惜民力，税收上轻徭薄赋，治理上删繁就简，让百姓休养生息，不瞎折腾。世界上一些幸福指数很高的发达国家，也是政府该管的管、不该管的不管，不去折腾百姓。

今时今日，中国已经成为世界第二大经济体，取消农业税，实行免费义务教育，建立全面覆盖的社会保障体系，比历史上任何一个时期都更接近中华民族伟大复兴的中国梦。越是在这个时候，越是要正视百姓痛感强烈的现实问题。明确权力的边界，简政放权，取消不必要的审批，各种"奇葩证明""公章长征"才能宣告终结，民众的幸福感、社会的活力才能从权力的关卡中解放出来。

（载于2015年5月14日《光明日报》）

## 珍惜每一瞬的感动

古城西安，一位收废品老人，不小心划伤私家车，找街坊借钱支付赔偿。90后女车主看着一大把零钱，被深深感动，不仅把钱退了回去，还给老人捐

款1000元,老人泪花闪闪。此事在西安引发全城热议,成为网上焦点话题。(见1月11日新华网)

　　一个看起来简单得有些琐碎的故事刷爆朋友圈,引发热烈讨论。人们为老人信守承诺、借钱赔偿的诚信点赞,更为女孩的与人为善、充满爱心喝彩。寒意渐浓的时节,这个收废品的老人与90后女孩的真诚互动,让人们感受到了一种少被提及却又非常宝贵的人类能力——感动的能力。

　　感动是一种能力。具备这种能力的人,总能在生活细微处,感受到社会的温暖、他人的不易,常常不经意间被感动,并循着这种感动,去理解他人、友善处事、收获幸福。缺少这种能力的人,内心迟钝、情感木然,往往对生活中的真善美视而不见,变得刻薄寡恩、令人厌恶。更有甚者,不仅不理解别人的感动和被感动,反而对此报以讥讽和嘲笑,一副自以为是的样子。

　　令人欣慰的是,那位90后女孩拥有感动的情怀和能力——看到老人双手捧来的一大把零钱,打听到老人是找街坊凑钱赔给自己的,女孩感动了,循着这种感动的指引,她把钱退了回去,还给老人送去1000元"小小心意"。1000元钱,对很多人不算什么,可对靠值守门房、收废品为生的七旬老人,却是雪中炭、冬夜棉。女孩被老人所感动,又反过来感动许许多多的人。这种感动的循环,荡起的涟漪,多么暖人心扉!

　　假如,女孩情感麻木,不为所动,或者硬起心肠,不愿忠于内心的指引,事情恐怕就会是另一个样子。女孩因爱车被刮伤,心中闷闷不乐、自叹倒霉;老人因借钱赔偿,感到生活的担子更重了,也许这个年都过不好。再假如,老人遇到的是一个对这个社会充满不信任感的车主,不仅要赔钱,只怕还要遭遇白眼、谩骂甚至拳脚,真是那样,这个冬天可就真冷了。所幸的是,这一切都没有发生。令人忧心的是,这种幸运成了"新闻"。

　　老人与女孩的相互感动成为"新闻",恰恰说明类似的故事很稀缺。正如作家毕淑敏在散文《感动是一种能力》中说的那样,物欲之下,感动闪现的瞬间越来越短,感动扩散的涟漪越来越淡,"因为稀缺,感动变成了奢侈品,很多人无法享受感动,他们反过来讥讽感动、诌笑感动,把感动和理性对立起来,将感动打入盲目和幼稚的泥沼之中。"而这,恰恰是一种社会病。

　　今天,我们处在一个五光十色的时代,物质生活不断丰富,但内心的防线却越筑越高,自私和不信任的味道越来越重,这最终只会让彼此相疏,甚至深受其害。我们要做的，就是打开心扉，解冻内心的冷漠与迟钝，用心发现和呼应每一瞬的感动，并且循着它的指引，去温暖我们所爱所遇的每一个人。大家彼此都带着善良出发，感动就会"骑着任何颜色的羽毛，在清晨或是深夜，不打招呼地进入心灵的客厅，在那里和我们的灵魂倾谈"。

（载于2016年1月12日《湖北日报》）

## 博物馆里更该教会孩子"文明"

上海玻璃博物馆内，一件精美的玻璃翅膀展品被两个孩子用力摇晃折断，而一旁的家长不仅没制止还在拍照，此事引起热议。媒体报道，被破坏的作品已改名"折"，放在馆内永久展示。

博物馆不仅是一个开放的公共休闲场所，更是一个与历史、艺术对话，提升修养的公民课堂。家长带孩子去博物馆，或多或少都有陶冶情操、提升修养的目的。放纵孩子闹腾，破坏博物馆静谧、幽雅的氛围，甚至任凭孩子损坏展品而不加劝阻，这种纵容岂不是与教育孩子的初衷背道而驰吗？

在国家动物博物馆，"熊孩子"走后垃圾遍地、一片狼藉；在武汉东湖等景区，"熊孩子"不听劝阻下水上树……生活中，"熊孩子"在博物馆、餐厅、景区等公共场所随意打闹、影响他人的现象并不鲜见。而这些行为与家长的宽纵不无关系，一些家长总觉得孩子还小，别人应该谅解，殊不知文明需要从小养成。孩子不懂事，家长却应明理。

公共场合遵守公共秩序、保持文明素养是起码的要求。一旦孩子的行为有损文明，对他人造成影响，家长就须及时进行教育和引导，这本身就是一个塑造孩子健全人格的过程。孩子就像树，要成长成栋梁，必须及时剪枝。作为监护人，家长需要承担起这样的责任，及时对孩子进行文明养成教育，使之成为讲文明、有修养的人，这是对孩子负责，也是对社会负责。

每个个体的素质都关乎国家形象。过去，一些人出门不讲文明，随意插队、大声喧哗、多吃多占等，严重损害了中国人在海外的形象，让人慨叹"国民素质低"。提升国民素质，须从今天的青少年开始。如果说，成年人中有些人素质不高有一定的历史原因，一些人养成的旧习难改。可现今物质条件好了，对孩子进行文明教养应该没有什么"硬件"障碍。

"养不教，父之过。"孩子折断博物馆展品，舆论的板子打在家长身上，展现的是对当下家庭教育的担忧，引出的是文明教养的问题。在孩子成长过程中，家长有责任以身作则，为孩子树立文明的榜样，培养孩子的文明素养、道义担当、爱心、善心和良心。当你发现自己的孩子"淘气""不乖"的时候，就应及时蹲下身来，告诉孩子哪些事情不能做。一味骄纵，不加约束，"熊孩子"就可能变成坏孩子，"淘气"就可能变成"没教养"。

博物馆里，更该教会孩子何为"文明"。请不要把这堂课上"反"了。

（载于2016年5月26日《光明日报》）

## 和"煎饼姐"一起走下去

"煎饼姐"汪天姣的丈夫病情出现反复，感染加剧，需尽快进行骨髓移植。为节约费用，13岁的女儿李静怡完成配型，准备捐髓救父。她说："妈妈为这个家付出了很多，这一次，我要用自己的力量救爸爸。"

一个13岁的小姑娘要"用自己的力量救爸爸"，看到这样的新闻，谁能不心头一颤、为之动容呢？"煎饼姐"的家庭很特殊，丈夫患白血病、儿子患脑瘫，丈夫病情的加剧，更是让他们处境艰难。他们有足够的理由向社会求助，而且已经成为"名人"的"煎饼姐"，只要向媒体、公众或有关部门求援就可能继续获得善款，但他们没有。

从妻子摆摊救夫的坚强支撑，到女儿捐髓救父的勇敢懂事，从此前主动告知大家"治疗费已经够了"叫停捐款，到现在面临更严峻的困难毅然默默扛起，而不是一有困难就向社会伸手，这个家庭展现出来的是一种贫困面前的高贵、苦难面前的坚韧、不向命运屈服的刚强。生活中往往有这样那样的艰难困苦，但是只要永不言弃、勇敢坚强，再微小的个体也能展现不凡的力量。

新闻每天都在更新、热点一浪盖过一浪，但是大半年过去了，还有市民绕路去"煎饼姐"的摊前买饼，还有记者在凌晨四点的街头探访他们的最新情况，街头巷尾还有关于"煎饼姐怎么样了"的讨论，"人们依然关心着这个家庭的命运"。这是因为"煎饼姐"的故事已经成为这个城市的一部分，它关涉个体的自强、家庭的坚韧、社会的爱心、城市的温存。城市与人的互动、爱与爱的联通，展现的是社会的"友善""诚信"，折射的是城市的温暖和文明。

"煎饼姐"一家尽量不给社会增添麻烦，社会则应尽量给他们增添力量。在为"煎饼姐"母女的刚强点赞的同时，我们的社会、我们的城市也应根据实际需要，主动对接上去，与他们一起坚守、一起往前走。

汪天姣曾承诺："等丈夫康复后，请所有的好心人免费吃饼"。让我们为"煎饼姐"加油助力，帮她兑现"请客"的诺言。

（载于2017年7月28日《湖北日报》）

## 撒泼"绊火车"跟不上高铁文明

据媒体报道，近日，3名乘客在明知所乘高铁已停止检票的情况下，强行冲闸闯入站台。其中一女性乘客拍打列车玻璃，吼叫工作人员开门，不顾阻拦，强行将腿伸入列车和站台之间的空隙阻止列车开动，造成列车晚点7分钟。而她的理由是要赶回去上班。广州铁路警方依法对其处以行政拘留9日的处罚。

很多人都有赶火车的经历，火急火燎的心情可以理解。然而，高铁已停止检票，就只能改乘其他车次，不能硬闯，这是常识。不顾工作人员阻拦，强行闯闸，拍打列车，甚至伸腿"绊火车"，导致列车晚点，是对公共秩序的破坏，也可能对公共安全造成危害，这样的行为毫无道理可言，与撒泼耍赖无异。对类似行为就该依法严肃处罚，决不纵容。

有人讽刺涉事女子为"史上'绊火车'第一人"。"绊火车"撒泼此前的确是闻所未闻，但与之相仿的撒泼行为却并不鲜见。此前，就有"高铁霸座男"占着别人靠窗的座位，趾高气扬、态度猖狂。前几天又有留美博士因坐错高铁，竟在列车已启动的情况下，强行按下了紧急制动按钮，影响整个铁路系统正常运行。如今又发生女乘客把脚伸进高铁与站台之间阻止列车发车的闹剧。高铁像一面镜子，把一些人的自私自利、撒泼耍赖、不讲道理展现在公众面前。试问：类似做法还有没有一点公德心，还有没有一点法治意识？

今天的中国社会，利益诉求多样，价值追求多元，很多人都很有个性。但这诉求那诉求，首先必须以不妨碍他人为基本要求；这利益那利益，首先必须以不损害他人利益为前提；这个性那个性，首先必须以不违背公共规则为共性；这理由那理由，都不是影响公共交通运行秩序的理由。分析一下高铁上的不文明行为实施者，虽然年龄、身份各异，但都有一个共同点：损人利己、欠缺公德。

梁启超先生当年曾批评说，很多中国人注重私德，欠缺公德。而公德，既是社会文明程度的反映，也是社会有序运转的保障。城镇化打破了熟人社会的道德评价体系，身处"流动的陌生人社会"，有的人每每把公德抛到九霄云外。他们在各自的家族、单位、熟人圈子里未必是这个样子，到高铁这样的公共场合就全然不同了，有的丑态百出而不以为耻，有的任性妄为而不觉理亏，有的撒泼耍赖还洋洋自得，这反映了个人道德与社会变化之间的脱节，也深刻提醒我们，必须以舆论的、道德的、法律的灵敏反应，进一步增强公共文明意识，提升公德水平。

从哐当哐当的陈旧绿皮火车，到风驰电掣的现代高铁，中国的高铁改变了地区间的时空距离，带来相当舒适的出行体验。较之以往，高铁的速度、环境、服务实现了巨大提升。与此同时，人的文明素养、公德品质也应得到相应提升，否则就很可能跟不上节奏、赶不上趟。

（载于2019年7月8日《光明日报》）

## 第六招 "土里土气"

穆青说,在生活中,并不缺少新闻,缺少的只是发现。安岗说,脚底板下出新闻。范敬宜说,陌生地方新闻多。几位新闻界前辈大家的话看似简短,实则非常深刻,是毕生经验的高度凝练,也是写好新闻报道的至理名言。

深入生活,到生活中去发现新闻、采写新闻是媒体记者的日常工作。不去采访,坐在家里憋不出新闻来。在一些人看来,写评论则不同,评论主要是讲道理,坐在家里坐而论道就可以完成。因此,我听到不止一位记者朋友感慨:"还是做评论员好,不用风里来雨里去,坐在办公室里就能写好。"这实在是一种误解。

不可否认,时评的选题,很多时候是从现成的媒体报道中来;时评的观点很多时候是从政策、文件、书本中来;评论员相对于记者而言,在办公室里待的时间会多一些,但这并不意味着时评写作可以脱离生活、凭空创作。相反,时评写作也必须深刻、系统地深入生活,从中发掘选题和观点。

时评深入生活的途径大致有二,一是间接深入,二是直接深入。间接深入是指密切关注国内外媒体报道,从现成的新闻报道中观察生活、观察社会。这个时候每一个负责任的记者,都是时评写作者观察生活的触角,每一篇负责任的新闻报道都为时评写作者打开了一扇如临其境的视窗。同时,研究各种政策、文件,也能帮助评论写作者掌握社会生活的基本面。然而,这是远远不够的。仅仅满足于当二传手,写出的文章不可能有泥土的芬芳、生活的烟火味。长期枯坐在办公室,很容易在固有认识里打转,陷入不断的自我重复中。

解决的办法只有一个：直接地、主动地深入生活，在生活的汪洋中捕捉活鱼，在民生百态里感知冷暖，在民众的指点下思考写作。正是基于这一点，我时常利用任务与任务的间隙，以及周末、节假日到基层采访、调研。大雪天在大别山区调研扶贫政策的落实情况，顶着大雨在江汉平原采访抗洪抢险，在黑熊和野猪出没的深山里采访林业工人，在闭塞的鄂西山村夜宿农家……

越是和基层干部群众走得亲近，我越是深刻认识到：真正的智慧在民间，真正的好思想、好观点、好文章蕴藏在广阔的生活中。坐在办公室闭门造车，造出的评论往往缺乏生活味道，甚至是失真的。经常深入生活、深入基层，脚底板上多粘些泥土，才可能写出"土里土气"的，有价值、有温度、有深度的评论。

## （一）在抗洪大堤上写评论

2016年入夏以后，我国南方出现极端暴雨天气，长江中游汛情超过1998年。包括簰洲湾在内的长江中游岸线一旦决堤，后果不堪设想。汛情紧急，习近平总书记高度重视，指示人民解放军和武警部队大力支持地方做好防汛抗灾工作。国务院总理李克强亲赴一线指挥，国家防总、长江防总启动防汛三级应急响应。

为了保障人民生命财产安全，自6月底到汛期结束，几十万干部、群众、官兵奋战在狭长的长江中游一线。我供职的报社也迅速派出多个采访组，分赴长江中游各堤段采访报道。

起初，前线报道组成员里并没有安排评论员。但是，看到不少地方已成一片泽国，不少江河湖库超过警戒水位，汛情万急，我意识到应该到防汛现场去。7月4日上午，我向组织请缨：当此之时，如坐针毡，请派我到前线去。幸运的是，报社批准了这一请求。拎了几件衣服，我就匆匆赶到了抗洪一线，随报道组密切关注咸安、赤壁、嘉鱼一线的汛情，发回防汛抗洪报道。

此后的十余天时间里，我和报道组的同事们一起写出了《斧头湖抢险记》等多篇新闻报道，也在大堤上、窝棚里发回《做好应对灾情突如其来的准备》《亮出党员的身份》《不慌不乱折射社会进步》等一系列短篇。这些评论取材于大堤上的所见所闻，述、评结合，现场感很强，写起来也一气呵成。呈现出的效果，比坐在办公室空讲道理要好。

7月底，防汛进入后期，汛情趋缓，我也回到了武汉。此时，网上出现一篇爆款网文：《一个抗洪干部的哀叹：我们水中干，百姓看翻船》。作者自称是湖北应城的抗洪干部，严词批评灾区百姓冷漠旁观，还说一些村民宁可坐等水淹也不肯为保卫家乡出力。这引发很多人对世道民风的批判。这个时候，我又感到有话要说，而且是如鲠在喉不说不行。于是倒豆子一样，我很快写成一篇评论《洪灾当前，不要轻言百姓"冷漠"》。

针对"灾区百姓冷漠旁观"的说法，我写道：不知道作者写的那些村民袖手旁观的故事，是确实在防汛抗洪现场所见，还是道听途说，即使文章所讲的案例是真实的，应该也不是普遍现象。我此前在湖北防汛抢险一线待过一段时间，看到的情况并非像网上传的那样。今年长江中游汛情严峻，湖北很多江河湖库都已超过警戒水位，百姓生命财产安全悬于一线。在转移疏散群众、保卫百姓家园财产方面，广大党员干部和防洪官兵确实发挥了非常积极的作用，值得我们点赞。不过，我在咸安、赤壁、嘉鱼等地采访时看到，当地百姓在防汛抢险时并没有闲着，在大堤上巡视、堵缺口、加固子堤的，绝大多数都是当地农民。

接着我举了三个亲眼所见的例子：7月初，湖北斧头湖告急，在嘉鱼县和武汉江夏区交界的湖段，很多群众正在紧张地参与抢险工作。我在大堤上采访时遇到了一个叫金大庆的年轻人，他原本在深圳打工，但接到80多岁母亲的电话后，星夜赶回老家参加抗洪。他对我说："村里的男人都上了堤，我能不回来出把力吗？"

在嘉鱼县西凉湖围堤附近，我看到三畈村支书刘小毛带领几十名党员群众，在水中抢险加固。40多个木桩打下去，1000多个沙包垒上去，险情基本得到控制。我问这些村民参加抢险有没有工钱，他们说，保护自家田地还要什么工钱？村支书刘小毛告诉我，每个村都领了任务，守堤的百姓都没有工钱，也没人计较。

7月7日凌晨，斧头湖咸安区泉湖村湖堤，突然出现塌方险情，几十名泉湖村村民火速赶到现场，附近张公庙村的村民也赶来帮忙。湖水浑浊，险情不断，村民鄢苍松憋了一口气扎进水里，握着木桩插进湖底淤泥中，用以固定堤岸。他在水中一泡就是几个小时，直到险情基本被控制住。我蹲在水边问水里的鄢苍松："你顶得住吗？"他抹了一把脸上的泥水说："水都快淹到家里来了，必须顶住！"

检索新华社关于防汛抢险的报道，也有很多百姓与抗洪官兵一起熬夜抢险、一起吃苦的故事。

由此我写道：当洪水淹到自家门口，生命和财产安全悬于一线，这个时候谁能无动于衷？谁还会跟抗洪官兵说"不给钱就不让砍树"？网络上的一些传闻虽然让人印象深刻，但无论从逻辑还是从人性的角度来判断，恐怕都很难说得通，即使有个别极端情况，也不是一种普遍现象。如果是根据一些传闻，就以偏概全地批评灾区百姓冷漠，实在不应该。

同时也客观指出：据我在防汛一线的观察，如今抗洪抢险队伍中的群众力量确实比过去薄弱了很多。在大堤上参与防汛工作的，主要是50岁、60岁甚至年龄更大的村民，其中还有不少中老年妇女。比如，在斧头湖黄沙湾段，我就遇到71岁的杜楚兵老人在铲土装袋、垒筑子堤、打木桩子；在斧头湖咸安区泉湖村湖堤，村民党员余学敏带着一家6口上堤，他50多岁的妻子也扛着木桩在泥泞的大堤往返。

最后，表明态度：在各地的抢险工作中，很多领导干部都枕戈待旦，承受着巨大的压力。对此，百姓都看在眼里，记在心上。即使有个别村民行为失当、言语不妥，领导干部也要多包容，毕竟那不是主流。看问题要看主流，这样才能对全局有客观、理性的判断。我在防汛抗洪一线看到了很多感人至深的故事，也看到了一些有待改进的地方。但总体来看，灾区百姓是淳朴善良的，他们在防汛抗洪工作中积极贡献了自己的力量，对领导干部、抗洪官兵的付出心怀感激。如今，洪灾的压力依然不小，仍需要灾区群众与领导干部、抗洪官兵一起众志成城、攻坚克难，希望彼此多一些理解，也希望舆论场少一些杂音。

这篇文章在湖北日报网刊发后，我又把它转发到了个人公号"电影长老会"上，新华社一位资深编辑注意到这篇文章，精心修改后刊发在了7月29日出版的新华每日电讯上。次日，新华社又以新媒体电稿的形式向海内外播发。这篇评论以抗洪现场的见闻为依据，有力驳斥了网上流传甚广的"干部水中干，百姓看翻船"一说，为参与抗洪的广大人民群众说了公道话，反响比较热烈。有关部门重点推介这篇文章，全国100多家媒体转发。一定程度上起到了"澄清谬误、明辨是非"的作用，推动了舆论风向的扭转。

为什么这样的文章能够让人接受和信服？我理解，关键是脚上沾着泥巴，"眼见为实"，说理有翔实根据，真实可信。如果不到现场去，脚板上不沾泥，不掌握情况，没有直观感受，文章是写不出来的。即便硬要去写，也只能泛泛地讲道理，不可能写得那么实打实、有底气。

## （二）练好脚力写出 1000 万⁺ 的爆文

减除贫困是全世界的共同企盼，中国的"精准扶贫"是对世界减贫事业的重大贡献。自2015年至2018年，我曾多次就"精准扶贫"这个选题到基层采访和调研，真切地感受到扶贫的成效，也注意到一些问题，比如过度填表。

在扶贫过程中，一些地方要求扶贫干部填的表格数量很多，且重叠度很高，比较杂乱。有位驻村第一书记感慨，全村130户贫困户，仅一式四份的信息统计表一项，他就要逐一签字多遍，而且类似的表格今天填了明天又填。这样的现象在一些地方还比较普遍，一些干部是"敢怨不敢言"。

我一直在关注这个现象，研究这个问题。2017年夏天，湖北一位省领导到贫困地区调研，看到各类登记表、记录表甚多，各种展板、作战图满墙挂，脸一沉："不把时间用在办实事上，搞这么多花里胡哨的东西干什么？"这进一步触动了我的思考。

填表并不完全是坏事。细化工作目标、做好流程管理，往往是必要的，但如果一味追求宣传展示，就容易陷入形式主义的窠臼，挤占大量时间与精力，以致忙而无功。把时间都花在了开会、填表、写材料上，那些本该出现在田间地头的扶贫干部，自然消失在了群众的视野中。

接着进一步思考：现在一到基层大家都喊忙，忙什么？很多时候都在填表、写材料、开会。有时，上级的政策初衷是好的，可一到基层就变了味儿。尤其是每逢检查考核，很容易出现偏重形式、简单粗放等问题，以致基层干部疲于应付，忙得"脚都没时间沾泥"。在有的地方，一边是公务员抱怨工作"白加黑、五加二"，另一边民众却认为他们"一张报纸一杯茶，悠悠闲闲等下班"。为什么感受如此不一致？因为一些干部看重的是程式上的完成、材料上的工整好看、上级验收的满意,而老百姓看重的是实实在在的变化。

继而进行分析:一些基层干部主观上认为材料写好了、上面验收了,工作就算做好了;一些地方上级部门的少数领导,则以为只要程序性的东西到位了,老百姓就会有获得感。类似以方案、材料替代进程、结果的情况,不仅不利于在工作上取得实效,反而会形成掣肘。历史上,纸上谈兵的赵括自认为抱着几卷兵书就能运筹帷幄、决胜千里,可现实与理论并不是一回事。事实证明,即便政策设计良好、制度措施周全,如果不留足挽起袖子干事的时间,就无异于"把时间用在了刀柄上"。对基层干部来说,强化宗旨意识、明确结果导向,立足基层施展才干、求取实效,至为关键。

再正面论证:焦裕禄在兰考仅仅工作了475天,不过一年多的时间,但475天却成为"永远"。因为他这475天光阴无虚度,他找准"治理风沙"这个工作的着力点,把几乎所有时间都用在带领干部群众锁风沙、战旱涝、兴水利、谋民福上,"为官一任,造福一方,遂了平生意"。对于一些"看起来很忙"的人而言,一年一年一晃而过,如微风吹起波澜转瞬即逝,什么也没能留下。可对那些把时间用在刀刃上的干部来说,聚集有限的时间资源,把精力用在推动改革发展、为百姓解决实际问题上,事业有进展、百姓有获得感,分分秒秒时间都有质量,自己的生命也才具有品质、深刻隽永。

最后得出结论:时光如水,堪称最可宝贵的稀缺资源。把过多的时间用在填表、赶材料中,是一种令人痛心的浪费,是对百姓、对事业的耽误,也是对自己生命的虚度。多打量打量自己的"忙",把时间用在刀刃上,脚踏实地干实事,切实增强群众的获得感,提升自身生命的质量,才能更深刻地感知时间的意义。

这篇题为《省思"脚都没时间沾泥"》的文章经编辑精心修改后,刊发在了2017年8月30日的《人民日报》上。人民日报客户端把标题改为《基层干部把过多时间用在填表中,是令人痛心的浪费》,一周内阅读量竟达到1000万人次。1000万$^+$,一个令无数心灵鸡汤、内涵段子都望尘莫及的点击量。

随后,团中央等多个部门的官方微信也对这篇文章进行了推送,累计阅读量也有上百万。光是人民日报客户端的跟帖留言就有好几千条。一些熟悉的、不熟悉的基层干部,相继发来私信,和我进一步探讨这个问题。

时评也可以成为超级爆款文章,可以引起上千万人的关注,形成话题效应，关键是要切中现实问题，说出人们的心里话，挠到痛处、痒处。要做到这一点，抬起脚板走出去，文章多带点"土里土气"，是一个重要方法。

### （三）让观点从脚底板下蹦出来

2016年10月，我下乡调研，遇到一个自主创业的90后小伙，看他一脸愁容，细问才知道他们申领的国家补贴又没跑下来。政策有了，款也到了县里，但要想拿到钱，一道又一道的审批程序堵在那里，半年都拿不到手。他很纳闷：现在各地都在喊优化服务、简化行政审批，为什么办事还这么难？我决定去县里帮他打听打听。

到了县里，人家很热情。一听说要了解简化审批的情况，当地领导一口气说出一大串精简的程序和数据来，滔滔不绝。看他们提供的规章制度、给出的材料，的确是做了大量工作，纸面上确实成绩斐然。可是，这种自信满满却与办事群众的愁容不展形成鲜明对比。我开始思考，问题出在哪儿？是当地在数字和材料上做了假，还是创业的小伙自身有问题？其实都不是。问题出在"最后一公里"的阻梗上。政策再好，没有真正落实到具体的办事过程中，群众没有感受到实实在在的变化，怎么会有好脸色。

于是我为新华每日电讯撰写了一篇题为《涵养"看群众脸色办事"的自觉》的文章。我在文章中写道：令人忧心的是，在一些地方，一些政策的制定者、督办者没有看群众脸色的习惯和自觉，甚至根本没有这方面的意识。他们在意的是上级领导的脸色，看重的是报送上来的光鲜数据，即便偶尔去调研，也习惯于"提前安排"。如此能看到实情吗？脚上不沾泥，离群众远远的，或者完全不在乎群众的感受，你说你的、我做我的，能不造成感受的割裂吗？数字是死的，群众的切身感受是活的，没有群众的获得感作支撑，再好看的数字又有什么意义呢？

接着写道：不是说数字不重要，科学统计的报表和数字有助于反映全局，但数字的理性必须与群众感受的感性相匹配，否则必定是哪里出了问题。我们需要通过看群众的脸色来发现问题，弥补存在的疏漏，甚至借此调整我们的政策。为什么有的领导干部感觉自己很努力、在某些方面干得不错，可群众偏偏不买账？要么是工作方法不对，做了无用功；要么是没有把政策给老百姓讲清楚，没能争取理解和支持；要么是没有站在老百姓的角度看问题，想当然。总之，是没有学会看群众的脸色办事。

俗话说："人识脸色草随风。"一般情况下，群众脸色不好看，都是源自内心的抑郁不平，或者是忧愁疾苦，或者是心中有委屈，自己没办法解决，又没有人帮助解决，就必然从脸上表露出来。对领导干部来说，只有不断深入群众，获取真实的情况反馈，才能掌握矫正工作中的问题和不足的主动。习近平总书记2015年在贵州调研时说得精辟："党中央的政策好不好，要看乡亲们是笑还是哭。"衡量政策好坏，检验干部得失，群众的脸色就是晴雨表，就是度量尺。

继而分析：有人说，群众脸色飘忽不定，以它为尺子靠不住。但是，"知屋漏者在宇下，知政失者在草野"，政策是否正确、方略是否对头、措施是否对路，老百姓看得最清楚。千万不要以为"我聪民愚"。群众是最聪明的，他们才是历史的创造者，他们对施政得失感受最直接也最实在，群众的脸上写着真理。还有人抱怨老百姓众口难调，不好招呼，实际上只要你真正站在群众立场看问题，解决群众的难点、痛点，使之有切实获得感，人们必然会支持你。

最后指出：改革的目的是让群众有更多获得感、幸福感，改革实践的效果也应以群众的获得感、幸福感多寡来检验，以老百姓的脸色来丈量。当年，万里同志在安徽农村"看到农民没裤子穿，孩子都藏在地锅里取暖，临近年关，却为没有一两白面，吃不上饺子而满脸愁容……"他不仅马上命令农业部门开仓放粮，给每户农民5斤面过年，而且成为最早把老百姓脸上的菜色和愁容转变成政治政策的领导之一。这就是以群众脸色为尺，丈量政策得失、推动国家改革的典范。改革开放初期，我们需要有看群众脸色办事的政治胆识；深化改革的历史当口，我们也离不开以群众脸色为尺的政治自觉。

在一些高校讲座时，经常听到学生说不知道该写些什么，其实，多动动脚底板，到生活中去看、去问、去听、去思考，可写的东西自然就有了，想说的自己就会蹦出来。

## （四）好评论是走出来的

"脚底板下出评论"，绝非虚言。2014年4月，我到鄂东一个村庄调研，适逢村里播放露天电影，这是文化"三下乡"的一个项目。我注意到，看电影的人很少，稀稀拉拉不到10个人，电影放到一半，就散得差不多了。村里的干部反映："三下乡"有时的确没有摸准百姓需求，但又不能不完成任务。

我就此采访了其他一些地方的干部，他们都说有这种情况，有的地方还表现得比较严重。于是我决定写一篇评论。

文章直接以在鄂东调研的见闻切入，分析指出：电影下乡是"三下乡"的重要组成部分，对于满足群众的精神文化需求意义重大。各地理当让政策的善意与百姓的期盼找到最佳对接点，否则就会费力不讨好。露天电影如何把人们从电视机前、麻将桌上吸引过来，以"百姓的需求为起点"是基本的思路。比如说，年纪稍长的传统农民，很怀念过去的地方戏剧；有头脑的新型农民，对有地缘接近性的农业创富、致富故事感兴趣。抓住这些需求，才能有的放矢。

继而进一步分析道：事实上，送电影下乡也好，送卫生、送科技下乡也罢，所有惠农政策在操作上，都必须遵循"以百姓的需求为起点"这一基本思路。唯有如此，我们才能确保"三下乡"的实效，让老百姓喜闻乐见、切实受惠，才能防止"好的形式主义""有组织的形式主义"不断露头，侵蚀制度的善意。

这篇题为《"三下乡"应下到农民心里》的短评写成后，领导很认可，认为是一个值得关注的问题，建议转给更高层级的媒体。几天后，此文刊发在了4月24日的《人民日报》评论版上。

2018年2月，我到鄂西某市采访，当地干部接待我吃工作餐。席间，有干部抱怨"头上的婆婆太多了"，开会都要借人。我立马放下筷子，请他好好讲讲。

他说，市里强力推进简政放权，咱们区的农林水局只有6名工作人员，却承接了数十项业务，对接市里9个委办局。不久前，赶上8个上级部门同一天开会，不得不向区政府办求援，借两个人去参加会议。

借人开会，实在太荒唐了，但它就是现实地存在着，这背后既有市级层面机构臃肿的问题，也有简政放权甩包袱的问题。所以我写成一篇文章：《放权岂是甩包袱》。

文章从调研中发现的这件荒唐事切入，继而谈道：一些地方为了放权而放权，并美其名曰：自我革命方便群众。实则是把一些日常事务一股脑儿地推给基层。事情下放了，但人员编制不下放、相关经费不下放，如此甩包袱式放权，导致基层政府部门责任越来越多，压力越来越大，原本紧张的执法资源更加捉襟见肘。难怪有些干部感到委屈：我们是芝麻大的官、绿豆大的权、西瓜大的责任。

接着提出观点：简政放权必须充分考虑到基层的承担能力，统筹安排、循序渐进，不能一放了之，当甩手掌柜。让人、财、物跟着事走，让"放""管""服"的车轮同步运转起来，改革才能蹄疾步稳不走偏。

这篇文章刊发在2月8日的《人民日报》头版。文章见报后，被当地干部转给了他们的区委书记以及市里的领导，对推动工作有一定帮助。河海大学一名博士私信给我，说他的研究课题就是简政放权，希望到我文中所说的那个"鄂西某市"去做进一步的调查研究。

岂止这些，我刊发在《湖北日报》的《谨防"再等等"凉了民众的心》、刊发在《宁波日报》的《官员为啥在电视问政时才冒汗》、刊发在《光明日报》的《乡镇"白条"是在透支政府公信力》、刊发在《青年时报》的《"延迟退休论"实在是书斋之见》等许多时评文章，严格意义上讲，都不是写出来的，而是走出来的。它们从田间地头来、从村寨厂矿来、从深山老林来，从日常的观察积累中来，虽"土里土气"，不够高大上，但接地气、有针对性，受众往往比较喜欢。

诗人歌德的诗剧《浮士德》中有一句名言："理论是灰色的，生活之树长青。"生活是思想的根本来源，是新闻的根本来源，也是时评的根本来源。时评写作，重在以理服人，这与新闻报道不同。但是，时评写作者决不能老是坐在书斋里，苦思冥想，凭空高蹈。走出去、走进去，深入生活、深入群众，这和写新闻报道的要求是基本一致的。

"土里土气"是一个极其重要的时评写作方法，"评论不是写出来的而是走出来的"，道理并不晦涩。可惜，相当多的从业者、写作者还没有认识到这一点。尽管华中科技大学赵振宇教授一直呼吁建立"评论记者"机制，《嘉兴日报》等也曾在这方面做过试点，但人们至今仍对此缺乏统一认识。很多人还是认为评论就应该坐在办公室里"写写写"。

不时有一些人在我的微信朋友圈里留下诸如"哇，你们报社的评论员还要去采访啊"之类的感叹。由此可见，观点之变，不在朝夕。

## 实战例文

### 洪灾当前,不要轻言百姓"冷漠"

最近,一篇题为《一个抗洪干部的哀叹:我们水中干,百姓看翻船》的文章在网上热传,据称作者是湖北省应城市民政局一位参加了防汛工作的干部。文章称,当党员干部和抗洪官兵日夜巡堤看水、背土筑坝,忍受日晒水蒸、蚊叮虫咬的时候,一些村民却忙着去电鱼抓鱼,或是宁可坐等水淹也不肯为保卫家乡出力。

这篇文章被很多微信公号转载后都获得了10万+的阅读量,也在网上引发了热烈讨论。不知道作者写的那些村民袖手旁观的故事,是确实在防汛抗洪现场所见,还是道听途说,即使文章所讲的案例是真实的,应该也不是普遍现象。我此前在湖北防汛抢险一线待过一段时间,看到的情况并非像网上传的那样。

今年长江中游汛情严峻,湖北很多江河湖库都已超过警戒水位,百姓生命财产安全悬于一线。在转移疏散群众、保卫百姓家园财产方面,广大党员干部和防洪官兵确实发挥了非常积极的作用,值得我们点赞。不过,我在咸安、赤壁、嘉鱼等地采访时看到,当地百姓在防汛抢险时并没有闲着,在大堤上巡视、堵缺口、加固子堤的,绝大多数都是当地农民。

说几件我亲历的小事吧:7月初,湖北斧头湖告急,在嘉鱼县和武汉江夏区交界的湖段,很多群众正在紧张地参与抢险工作。我在大堤上采访时遇到了一个叫金大庆的年轻人,他原本在深圳打工,但接到80多岁母亲的电话后,星夜赶回老家参加抗洪。他对我说:"村里的男人都上了堤,我能不回来出把力吗?"

在嘉鱼县西凉湖围堤附近,我看到三畈村支书刘小毛带领几十名党员群众,在水中抢险加固。40多个木桩打下去,1000多个沙包垒上去,险情基本得到控制。我问这些村民参加抢险有没有工钱,他们说,保护自家田地还要什么工钱。村支书刘小毛告诉我,每个村都领了任务,守堤的百姓都没有工钱,也没人计较。

## 第六招 | "土里土气"

7月7日凌晨,斧头湖咸安区泉湖村湖堤,突然出现塌方险情,几十名泉湖村村民火速赶到现场,附近张公庙村的村民也赶来帮忙。湖水浑浊,险情不断,村民鄢苍松憋了一口气扎进水里,握着木桩插进湖底淤泥中,用以固定堤岸。他在水中一泡就是几个小时,直到险情基本被控制住。我蹲在水边问水里的鄢苍松:"你顶得住吗?"他抹了一把脸上的泥水说:"水都快淹到家里来了,必须顶住!"

检索新华社关于防汛抢险的报道,也有很多百姓与抗洪官兵一起熬夜抢险、一起吃苦的故事。当洪水淹到自家门口,生命和财产安全悬于一线,这个时候谁能无动于衷?谁还会跟抗洪官兵说"不给钱就不让砍树"?网络上的一些传闻虽然让人印象深刻,无论从逻辑还是从人性的角度来判断,恐怕都很难说得通,即使有个别极端情况,应该也不是一种普遍现象。如果是根据一些传闻,就以偏概全地批评灾区百姓冷漠,实在不应该。

不过另一个现象倒值得关注。据我在防汛一线的观察,如今抗洪抢险队伍中的群众力量确实比过去薄弱了很多。在大堤上参与防汛工作的,主要是50岁、60岁甚至年龄更大的村民,其中还有不少中老年妇女。比如,在斧头湖黄沙湾段,我就遇到71岁的杜楚兵老人在铲土装袋、垒筑子堤、打木桩子;在斧头湖咸安区泉湖村湖堤,村民党员余学敏带着一家6口上堤,他50多岁的妻子也扛着木桩在泥泞的大堤往返。

此前,习近平总书记在谈及抗洪抢险工作时强调,各级党组织要充分发挥坚强领导作用,各级干部要充分发挥模范带头作用,广大共产党员要充分发挥先锋模范作用,在同重大自然灾害的斗争中经受住考验。在各地的抢险工作中,很多领导干部都枕戈待旦,承受着巨大的压力。对此,百姓都看在眼里,记在心上。即使有个别村民行为失当、言语不妥,领导干部也要多包容,毕竟那不是主流。

看问题要看主流,这样才能对全局有客观、理性的判断。我在防汛抗洪一线看到了很多感人至深的故事,也看到了一些有待改进的地方。但总体来看,灾区百姓是淳朴善良的,他们在防汛抗洪工作中积极贡献了自己的力量,对领导干部、抗洪官兵的付出心怀感激。如今,洪灾的压力依然不小,仍需要灾区群众与领导干部、抗洪官兵一起众志成城、攻坚克难,希望彼此多一些理解，也希望舆论场少一些杂音。

（载于2016年7月29日《新华每日电讯》，编辑易艳刚对本文亦有很大贡献。）

## 省思"脚都没时间沾泥"

有位中部某省领导到贫困地区调研，看到各类登记表、记录表甚多，各种展板、作战图满墙挂，脸一沉：不把时间用在办实事上，搞这么多花里胡哨的东西干什么？类似这种不重实绩、摆花架子的现象，在基层一些地方还较多地存在着。

细化工作目标、做好流程管理，往往是必要的，但如果一味追求宣传展示，就容易陷入形式主义的窠臼，挤占大量时间与精力，以致忙而无功。有位驻村第一书记感慨，全村130户贫困户，仅一式四份的信息统计表一项，他就要逐一签字多遍，而且类似的表格今天填了明天又填。当时间都花在了开会、填表、写材料等方面，那些本该出现在田间地头的扶贫干部，自然消失在了群众的视野中。

不只是扶贫，现在一到基层大家都喊忙。忙什么？很多时候都在填表、写材料、开会。有时，上级的政策初衷是好的，可一到基层就变了味。尤其是每逢检查考核，很容易出现偏重形式、简单粗放等问题，以致基层干部疲于应付，忙得"脚都没时间沾泥"。在有的地方，一边是公务员抱怨工作"白加黑，五加二"，另一边民众却认为他们"一张报纸一杯茶，悠悠闲闲等下班"。为什么感受如此不一致？因为一些干部看重的是程式上的完成、材料上的工整好看、上级验收的满意，而老百姓看重的是实实在在的变化。

一些基层干部主观上认为材料写好了、上面验收了，工作就算做好了；一些地方上级部门的少数领导，则以为只要程序性的东西到位了，老百姓就会有获得感。类似以方案、材料替代进程、结果的情况，不仅不利于在工作上取得实效，反而会形成掣肘。历史上，纸上谈兵的赵括自认为抱着几卷兵书就能运筹帷幄、决胜千里，可现实与理论并不是一回事。事实证明，即便政策设计良好、制度措施周全，如果不留足挽起袖子干事的时间，就无异于"把时间用在了刀柄上"。对基层干部来说，强化宗旨意识、明确结果导向，立足基层施展才干、求取实效,至为关键。

焦裕禄在兰考仅仅工作了475天,不过一年多的时间,但475天却成为"永远"。因为他这475天光阴无虚度,他找准"治理风沙"这个工作的着力点,把几乎所有时间都用在带领干部群众锁风沙、战旱涝、兴水利、谋民福上,"为官一任,造福一方,遂了平生意"。对于一些"看起来很忙"的人而言,一年一年一晃而过,如微风吹起波澜转瞬即逝,什么也没能留下。可对那些把时间用在刀刃上的干部来说,集聚有限的时间资源,把精力用在推动改革发展、为百姓解决实际问题上,事业有进展、百姓有获得感,分分秒秒时间都富有质量,自己的生命也才具有品质、深刻隽永。

哲人说,时间是世界上一切成就的土壤,它给空想者痛苦,给创造者幸福。时光如水,堪称最可宝贵的稀缺资源。把过多的时间用在填表、赶材料中,是一种令人痛心的浪费,是对百姓、对事业的耽误,也是对自己生命的虚度。多打量打量自己的"忙",把时间用在刀刃上,脚踏实地干实事,切实增强群众的获得感,提升自身生命的质量,才能更深刻地感知时间的意义。

(载于2017年8月30日《人民日报》)

## 涵养"看群众脸色办事"的自觉

下乡调研,遇到一个自主创业的90后小伙。看他一脸愁容,细问才知道他们申领的国家补贴又没跑下来。政策有了,款也到了县里,但要想拿到钱,一道又一道的审批程序堵在那里,半年都拿不到手。他很纳闷:现在各地都在喊优化服务、简化行政审批,为什么办事还这么难?

到了县里,一听说要了解简化审批的情况,当地领导一口气说出一大串精简的程序和数据来,滔滔不绝。看他们提供的规章制度、给出的材料,的确是做了大量工作,纸面上确实成绩斐然。可是,这种自信满满却与办事群众的愁容不展形成鲜明对比。问题出在哪儿?是当地在数字和材料上做了假,还是创业的小伙自身有问题?其实都不是。问题出在"最后一公里"的阻梗上。

政策再好,没有真正落实到具体的办事过程中,群众没有感受到实实在在的变化,怎么会有好脸色。更令人忧心的是,在一些地方,一些政策的制定者、督办者没有看群众脸色的习惯和自觉,甚至根本没有这方面的意识。

他们在意的是上级领导的脸色，看重的是报送上来的光鲜数据，即便偶尔去调研，也习惯于"提前安排"。如此能看到实情吗？脚上不沾泥，离群众远远的，或者完全不在乎群众的感受，你说你的，我做我的，能不造成感受的割裂吗？

说到行政审批，在10月8日召开的国务院常务会议上，李克强总理一语中的，"现在群众确实能感觉到，很多原本要跑腿的事项被取消或下放了，但这个感觉和新闻发布的数字还是有差异。""衡量改革成效，不仅要看取消或下放的数字，更要看群众实实在在的切身感受！"数字是死的，群众的切身感受是活的，没有群众的获得感作支撑，再好看的数字又有什么意义呢？

不是说数字不重要，科学统计的报表和数字有助于反映全局，但数字的理性必须与群众感受的感性相匹配，否则必定是哪里出了问题。我们需要通过看群众的脸色来发现问题，弥补存在的疏漏，甚至借此调整我们的政策。为什么有的领导干部感觉自己很努力、在某些方面干得不错，可群众偏偏不买账？要么是工作方法不对，做了无用功；要么是没有把政策给老百姓讲清楚，没能争取理解和支持；要么是没有站在老百姓的角度看问题，想当然。总之，是没有学会看群众的脸色办事。

俗话说："人识脸色草随风。"一般情况下，群众脸色不好看，都是源自内心的抑郁不平，或者是忧愁疾苦，或者是心中有委屈，自己没办法解决，又没有人帮助解决，就必然从脸上表露出来。对领导干部来说，只有不断深入群众，获取真实的情况反馈，才能掌握矫正工作中的问题和不足的主动。习近平总书记2015年在贵州调研时说得精辟："党中央的政策好不好，要看乡亲们是笑还是哭。"衡量政策好坏，检验干部得失，群众的脸色就是晴雨表，就是度量尺。

有人说，群众脸色飘忽不定，以它为尺子靠不住。但是，"知屋漏者在宇下，知政失者在草野"，政策是否正确、方略是否对头、措施是否对路，老百姓看得最清楚。千万不要以为"我聪民愚"。群众是最聪明的，他们才是历史的创造者，他们对施政得失感受最直接也最实在，群众的脸上写着真理。还有人抱怨老百姓众口难调，不好招呼，实际上只要你真正站在群众立场看问题，解决群众的难点、痛点，使之有切实获得感，人们必然会支持你。

改革的目的是让群众有更多获得感、幸福感，改革实践的效果也应以群众的获得感、幸福感多寡来检验，以老百姓的脸色来丈量。当年，万里同志在安徽农村"看到农民没裤子穿,孩子都藏在地锅里取暖,临近年关,却为没有一两白面,吃不上饺子而满脸愁容……"他不仅马上命令农业部门开仓放粮,给每户农民5斤面过年,而且成为最早把老百姓脸上的菜色和愁容转变成政治政策的领导之一。这就是以群众脸色为尺,丈量政策得失、推动国家改革的典范。改革开放初期,我们需要有看群众脸色办事的政治胆识;深化改革的历史当口,我们也离不开以群众脸色为尺的政治自觉。

(载于2016年10月12日《新华每日电讯》)

## 谨防"再等等"凉了民众的心

水库一坏就是四年,因无水灌溉,周边田地抛了荒。大冶水务局却要老百姓"再等等",预计"9月份再修"。

古人云"不恤农时,非所以疆国富人也"。田地里需要水的时候无水可用,一年的收成可能就没了指望,老人的口粮、孩子的学费可能就没了着落,难道还不是当务之急吗?水库坏了四年,问题拖了四年,到底是解决不了还是没有把群众利益、民生冷暖放在心上?前年拖去年,去年拖今年,一年拖一年,"再等等"一等荒了田,二等凉了心,等来等去,耗尽的是百姓的信任。

时下,"再等等"的现象还不少。到职能部门办个手续、盖个章却总找不到人,被告知"再等等";海南某地一户困难群众住在随时可能坍塌的危房里,多次求助却被一再要求"再等等";生活困难、罹患癌症的老兵企望租到一间廉租房,武汉某区有关部门却让人家"等等""再等等",直到老人去世了还没着手去办……

基层工作千头万绪,越是繁复越要有"轻重缓急"之分,对待解的事项做出合理安排,着重保民生、保安全,优先解决燃眉之急。"再等等"的背后,不排除有忙不过来的情况。对不具备迫切性,一时解决不了,或者解决的条件还不成熟的事项,也应做好及时答复,说明原因,告知下一步解决的预期时间,让群众心中有数,不能拿万能的"再等等"搪塞。

更值得注意的是,有的"再等等"分明就是一种"拖"。嘴上说着"马上向领导报告""会尽快办理",实际上没有"马上办"的意愿,甚至根本就没打算办。不断往后拖,把事拖黄了,也就省事了,这是典型的为官不为、懒政怠政乃至失职渎职。将群众的事一次又一次往后推，实际上是懒政误事、怠政伤民。该办的事不及时办，即便满脸堆笑，态度良好，老百姓也不会满意。

积极推行"马上办"制度，以明确的受理流程、办结时限倒逼办事机构、办事人员不敢懈怠拖延是根本。扎实推进作风督查，以"不为如贪"的坚决态度，严查懒政怠政、为官不为，确保高效办事、群众好评者上，荒疏拖延、敷衍民众者下，是保证。健全考评机制，让群众的监督和评价更具"杀伤力"，是治疗"拖延症"的良药。

落实"十三五"规划、深化供给侧结构性改革、直面脱贫攻坚"硬仗中的硬仗"，繁重的改革发展任务，需要的是等不起、慢不得的紧迫感，说干就干、舍我其谁的精气神。务须扭转"再等等"这种"人民着急，公仆淡定"的错乱倒置，以免"再等等"的软钉子，变成戳伤民心的"硬锥子"，消耗了群众信任，影响了改革干劲。

（载于2017年7月26日《湖北日报》）

## 谨防春节城市不堵农村堵

春节将至，记者在鄂东农村调研发现，节前乡村公路上车流明显增多，一些集镇乃至村组出现不同程度的堵车现象。据群众反映，最近两三年，一到过年，农村堵车现象普遍，部分路段堵车时间可达数小时。据《人民日报》报道，类似现象近年来在全国很多地方都开始显现。

以往，小汽车在农村是稀罕物件。近些年农村群众的生活水平显著提升，买车对一些农民家庭而言，不再高不可攀；加之春节期间很多在外地工作的人选择开车返乡，本就不宽的乡村公路难免超负荷运转。农村出现堵车现象，确实是消费不断升级的一种反映，是时代进步的印证。但也要看到，堵车现象往乡村转移，需要当成问题去看待、去解决。

堵车不仅仅是一种"城市病"。如果重视不够，应对不够科学、治理不够有效，它也很可能"传染"到农村，不仅影响社会运行效率，还会埋下很大安全隐患。过年期间，相当一部分城市车流在一两周内陡然涌入农村，涌入窄窄的集镇道路，涌入仅两三米宽的乡村公路，一旦再出现交通事故，就会堵成一锅粥。越是看到农村道路、桥梁、停车场地等基础设施投入的先天不足，越是看到农村面临的堵车风险,越要及早谋划、科学应对,拿出切实可行的应对办法,制定科学有效的谋远之策,以免久拖成病。

治理农村堵车需要多方配合。基层政府理应适应新情况、新变化,担负守土之责,提前谋划和安排。交通管理部门则应适应春节期间"城市车流减少、农村车流增多"的变化,警力配置跟着治理对象下沉,在集镇、农村的一些重点路段、关键部位进行指挥疏导,避免大面积的交通瘫痪。

除此之外,农村群众尤其是驾驶人自身的文明素养也非常关键。在城市,交通法规对驾驶人有非常具体的要求,也有很灵敏的惩罚措施。集镇和农村红绿灯装置、斑马线、减速标志、违章拍照等设备不全,有的甚至就没有。这样的情况下,如果做不到文明停车、互相避让、路口减速、雪天慢行、礼让行人等等,就可能增加堵车风险,增加交通事故发生率。因此,在农村也需要涵养汽车文明,每个驾驶人都自觉遵守规则、文明行车,才能最大程度缓解农村堵车问题,避免重特大交通事故的发生,守住安全这条底线。

"千门万户曈曈日,总把新桃换旧符。"北宋诗人王安石的诗句道出了过年的喜悦,也道出了时代不断变化的必然。随着国家的发展,随着乡村振兴等战略、政策的推进,辛勤奋斗的农村群众生活会越来越好,城乡间的消费水平区隔会越来越小。今后,农村交通管理中存在的一些问题可能还会加剧,未必只出现在过年期间。有关部门应该早做谋划,尤其在基础设施建设上,不妨多些"与城市对标"的规划与远见。

(载于2019年2月1日《湖北日报》,2月12日《文摘报》头版摘发)

# 第七招 亦庄亦谐

在文学创作中,讽刺是一种非常受欢迎的写作手法。中外著名作家如吴敬梓、鲁迅、契诃夫、莫泊桑、马克·吐温等,无不是运用讽刺手法的高手。

所谓"讽刺"就是作者在真实的基础上,以嘲讽的手法,或用比喻,或用夸张,揭露腐朽落后的现象,批判愚昧反动的行为,使人在会心的笑声中予以否定。简单讲,就是在嬉笑怒骂中进行犀利批判的写作手法。

这种手法既适用于文学作品,也适用于时事评论写作。尤其是一些是非比较明晰,性质比较恶劣的新闻事件、新闻现象,道理并不深奥、观点也很难有太多新意,那么不妨在表达上动脑筋,争取写得"别开生面"。

用讽刺手法写时评,最显著的妙处有二。其一,有效增强批判的力度,讽刺、幽默有时比声色俱厉的痛斥更有力、更能说服人;其二,极大增强文章的生动性,讽刺比一般的批判方式更热闹、更生动,能够极大增强受众的愉悦感,让人爱看、爱读、爱听,提高文章的传播效率。以讽刺手法写作,文章往往表现得诙谐幽默,每每让人在会心一笑中接受写作者的观点,因此,我谓此法为"亦庄亦谐"。

## (一)文章好不好,读者说了算

2013年8月5日中午12时许,大热天。河南省济源市街头发生了一起车祸。一辆车牌为"豫UD001警"的司法车撞到了人。当地媒体报道称,后排座位上两名领导居然因"怕热"拒不下车救人，被数十名群众围堵。双方僵持半个小时，最终两名领导被围观者"请"出警车，其中一人下车后竟夺路而逃。

这则新闻中，事实比较清楚，是非也非常明晰。领导干部坐着公车不小心撞了人，不下车赶紧送医，已经有错，下车后竟然还置伤者于不顾"夺路而逃"，更是错上加错，必须依纪依法受到惩处。若是按照常规写作手法，话说到这里似乎就说完了，似乎没有更多道理可讲了。但是，以亦庄亦谐之法去写则不同，你会感觉话匣子才刚刚打开。

为了更有力地表达批评的态度，我试着替这两名领导找"理由"：按理说，凡遇车辆撞人，车上一干人等首先想到的是该下车查看被撞者伤情。但是，济源市的这两位领导却做不到，为什么呢？或许他们也有自己的"理由"。

理由之一：天气实在太热。中午12时许，路面温度颇高，两领导身娇体贵，焉能轻易移步下车？出了这事，领导能"围着路边转转，隔着车窗看看"已属不易了，哪能苛责领导嘛——此处表达的是对一些人高高在上、漠视群众的辛辣讽刺。

理由之二：责任在司机。公车撞到女子，驾车的是司机，汝等怎能怪到领导头上呢？大家一定要保持"理性"，不要遇官则疑，制造官民矛盾，破坏"安定团结"嘛——此处表达的是对一些人官僚习气、官僚作风的尖锐批评。

理由之三：坐镇指挥需要。事发后，车内领导高度重视，当即成立车内指挥小组，指导事故处置。济源市司法局回应得好啊，领导第一时间委派司机下车查看伤者，及时报警送医，局里承担各项医疗费用，并派专人护理……瞧瞧，领导稳坐车内，运筹帷幄，不是很好吗？何必非要他们下车呢——看到这里，很多读者就忍俊不禁了，笑一笑，笑的背后是对批判的认同。

……

省略号表示还有很多"理由"可以编，但列举三个差不多了。幽默得差不多了，接下来就该严肃表达观点了：对不起，这些理由我实在编不下去了，但当地一定不乏能人，可编造出几十条来，且句句在理。可是，谁都不应该忘却，一个干部首先是一个人，而且应该是一个在道德行为上经得起考验的人。

既是人，就要有人的情怀、人的良知、人的血性，有珍视生命的价值遵循。不论在何种情况下，都应牢记自己的责任，始终把百姓的生命、安全摆在第一位，就像江西那位偶遇车祸，主动下车救人的公安厅女厅长；就像深圳市那位在交通事故现场用手刨土，紧急救人的交管局局长……而不是像济源的两位"百姓呼来不下车"的领导。

最后点题："天地不仁，以万物为刍狗。"天地可以无情，为官不可无良。为官先为人，隔着车窗坐观百姓生死，这类非人的淡定，实在要不得。

这篇题为《领导不下车的N个"理由"》的文章在《湖北日报》刊发后，转载较广，传播效果较好。但也有不同的声音，个别人提出："省委机关报不该这样调侃干部，不够严肃。"但很多读者却在点赞。与一些基层干部交流时，他们中的不少人对这篇文章津津乐道，表示"真心喜欢"。文章好不好，读者说了算。况且，文无定法，不是写所有文章都得保持一个面孔，否则媒体会显得僵化呆滞，缺乏应有的生气。

### （二）幽默的文章让人更愿意亲近

《周久耕要当监狱作协主席？》这是我早期写的一篇作品。那是2009年10月，南京"天价烟"局长、江宁区原房产局局长周久耕，因受贿罪被南京中院一审判处11年有期徒刑。媒体报道，周久耕的辩护律师金辉称，周久耕向他表示对判决满意，不打算上诉，他正在狱中写小说。

因为开会时，桌上放着的一盒天价香烟被人拍下来传到网上，引起关注。相关部门一调查，果然查出问题，判了刑。周久耕职级虽不高，但知名度很高，是一个"影响中国"的人物——从他之后，大江南北的会议室里，尤其是会议桌上基本上再也看不到香烟，尤其是高价香烟了。

让我感到诧异的是，周久耕入狱后居然在写小说，居然和很多贪官一样，是个潜在的"作家"。问题是，此前，身在官场、春风得意时从没有什么作品问世的他，一朝入狱就文思泉涌，成了作家，这让我觉得非常不可思议，也很可笑。

所以我在文中写道：周久耕注定是个"传奇人物"！从执掌一方房权的房产局局长，到因一盒高价香烟被网友"狂轰滥炸"；从"九五之尊"事件后的受审，到高调宣布"正在伏案写小说"，而且"已经写了3.5万字"——也就还差20几万字就截稿啦！

接着提出疑问：李振忠先生对周久耕的未来小说做了预测，范子军先生则提出"贪官咋都是作家的料"之追问，笔者也纳闷：周久耕什么时候有了文学创作的本领，以前咋没听说呢？仔细琢磨琢磨，也就有了答案：周久耕"有野心"，他或许有成立监狱作家协会、担任作协主席继续过官瘾的预谋！——给高校学生讲座的时候，很多人听到这里都笑喷了。这就是"讽刺与幽默"的效果。

继续幽默：再仔细一寻思，目前在押的贪官为数众多，其中好舞文弄墨的也不在少数，比较"著名"的，如因受贿罪被判刑11年，4年间写出3本小说的河南省确山县原县长；出事后写出的新书《中国经济新思考》还相当热销的国家统计局前局长邱晓；还有在狱中"著书立说"两次获减刑的湖北"五毒"书记张二江……

把这些人"聚集"起来，共同探讨"悔恨文学"，姑且还算是"作家"聚首吧。发起一个这样的组织，继续担任要职，倒也是贪官消遣时间、交流"心得"、立功减刑、留名千古的"大好事"，想来必定是"耕哥登高一呼，贪官莫不响应"。

够幽默了吧，还不够，继续：期待周久耕的"悔恨文学"（而非文学）之皇皇巨著能够尽早推出。有了作品就有了资历，有了话语权。要知道，以"五毒"闻名天下的张二江，也不是省油的灯。主席的位置竞争也很激烈。不过，万一竞争败北倒也无妨，大不了屈就监狱作协"清洁局"局长一职，终归还是在"局长任上"！冷笑一声，往事如烟。耕哥保重，莫辱文坛！

这篇文章在荆楚网发表后，多家报纸、杂志、网站进行了摘发，新浪博客上一些博主还把它作为"经典文章"转载。时评写作要注重输出独到的观点，但当一则新闻关注度很高，是非很明晰，没有独到观点产生空间的时候，运用反讽的手法，让表达更生动一些，让批判更辛辣一些，让读者读得更过瘾一些，未尝不是一条通幽曲径。

同样的道理，针对福建顺昌县、江苏连云港等多地争夺孙悟空故里一事，我为人民网写了一篇文章《地方争夺名人之乱象恐怕死而难僵》。我在文中写道：三地争夺孙大圣，这种悲哀甚至比"西门庆故里"之争更加惨烈。想那西门庆虽属登徒子之流，但好歹还属人类，而孙大圣已超越三界外不在五行中，类妖类神类佛，总之不是人。一个虚拟的非人形象，何以被专家认定为"确有其人"，何以被发现"墓地"，何以被强安上三个风马牛不相及的故里？

继而辛辣讽刺道：按照某些"专家学者"的逻辑，若悟空有知，必然会对那些把自己套在某一个地方、强抢并归属到某一个县市的"专家学者"非常不满，因为大圣神威，当属四海九州共有，而绝不是一家一户的专利。如今国家两部门的禁令，为悟空解了套，可少数地方领导干部及"专家学者"思想上的套子，却还紧紧地箍在那儿呢。稍有机会，他们还将继续力挺孙悟空墓地、西门庆发家处，不信咱们就拭目以待。

生活中，幽默的人让人喜欢，乐于亲近。阅读中，幽默的文章也能增加阅读的愉悦感，让人愿意亲近。

## （三）用反讽手法把文章写得别开生面

2011年12月，当年两院院士的增选结果依次"出炉"，具体到工程院，按照官方的说法，有54名杰出工程科技工作者新当选为中国工程院院士。新当选的谢剑平院士因为其所在的中国烟草总公司郑州烟草研究院遭到了一些舆论的质疑。

对"烟草院士"我们该怎么看？有人说这是"仁者见仁，智者见智"。但我是持坚决反对态度的。吸烟是国人肺癌多发的主要原因之一，各地在公共场合禁烟、限制烟草生产销售还来不及呢，怎么还搞出"烟草院士"来？这种导向很不好。如果按照一般的写作思路和方法来写，话说到这里基本就说完了，也没太多新意。但是，如果用反讽的思维和手法去写作，那文章的局面就大不相同了。

比如，这篇文章《中国哪少得了烟草院士？》，一看标题就知道，我是要说反话。

怎么说？我写道：研究烟草的谢剑平当选中国工程院院士，实属正常现象。如果你不赞同我的观点，不妨以自己为圆点，朝左右前后来个360度大扫描。在你我周围，有多少吞云吐雾赛神仙者，弹点烟灰自觉倜傥者，以烟草余香标榜男性魅力者。

在普世的交际哲学里，兜里不揣几包香烟，遇人不奉上一支，都是极没有礼数的。大抵情形是，双方见面首先是下意识地掏烟，哪怕对方表示不会抽，也要故作热情"强迫"对方尝试，殷勤地帮对方点燃，并且自己也要抽上一支算是作陪。一支烟卷就这样在奉烟者殷勤地劝说下点燃,完成它"毒人且害己"的宿命。

接着深入分析:"烟酒"之风盛行,一个巨大直径的烟圈把每一个人都深深套牢,谁也没法摆脱。在这样的大环境下,"吸烟有害健康""中国每年上百万人因吸烟死亡"等本应振聋发聩的理性表达,显得十分无力。健康与生命在庞大的人情世故面前,只能屈服。于是中国的烟民数量变得蔚为壮观。在2010年召开的第三届中国健康教育与健康促进大会上,时任卫生部副部长尹力透露说,我国目前吸烟人数超过3亿,约占全球吸烟总数的三分之一。

与这个占世界"三分之一"的烟民数量相匹配的,是巨大的烟草产业。各大烟草企业每年创造的销售额是一个超过你我想象的数字(当然利税也很可观)。于是就出现了这样的情况,政府一面强令烟草企业在香烟包装上注明"吸烟有害健康",一面又允许烟草公然销售。提醒归提醒,但烟草企业不会担心这种提醒所造成的滞销(实际上在中国烟草从来都只有缺货而没有滞销)。相对于烟草企业的自信,烟民们显得多么不"自爱"。可是这能怪烟民吗?不能。

一方面是人情世故的牵绊,一方面是烟瘾挠心的屈从,于是哪顾得了"有害健康"?最无辜的还是那些二手烟民,自己明明不抽烟且害怕旁人在自己周围抽烟,却不得不出于礼貌而被动接受,个中痛楚可谓无法言传。

继而收回来:在这样的市场环境下,研究烟草的专家几十年如一日,研究出许多先进的烟草生产技术,满足广大烟民的刚性需求,也就不足为怪了。中国烟草总公司郑州烟草研究院的谢剑平作为烟草研究界的代表,获得"院士"头衔,当然也在情理之中喽。在我看来,授予烟草研究者院士头衔,至少比在烟盒上标注"吸烟有害健康"来得更痛快些——不管烟草有害与否,反正在专家的苦心研究下中国的烟草产业正蓬勃发展。这种结果论,不正是一些人信奉的最流行的评判方式吗?

最后点题:年底烟草专卖店异常火爆,当我走进一家商店,看到五花八门的香烟品种争相斗艳、竞显风流时,我不得不承认,中国的确少不了一些烟草院士。

这篇文章反讽的运用是"一反到底"的,看起来是支持,实际上是坚决反对。我要表达的意思,读者看得明明白白、真真切切。

## （四）既要有趣又要准确表达观点

对于一些合适的选题，运用亦庄亦谐的方法去写作，的确能够让文章变得非常有趣。

2012 年春上，媒体报道，广东佛山市高明区国土城建和水务局副局长多达 19 名，其中常务副局长就有 7 名。佛山市编办表示，在"大部门制"改革中，副职扎堆的现象普遍存在。人员退休和调动的工作不可能一步到位。对此，该怎么看？

我认为，副职扎堆固然有部门合并的特定原因，但任何原因都不是干部泛滥的正当理由。一个基层政府部门，副职干部泛滥，难免造成人浮于事、政出多头、慵懒成风，这与大部制改革"提高行政效率，降低行政成本"的初衷背道而驰。部门合并岗位减少，自然就应该精兵简政，优化干部配置。

于是我就着专家的话"企业员工说下岗就下岗，正副局长凭什么只能上不能下"进一步提出：大部门制改革除了精简机构、提高效率外，一个重要的原则就是改进干部作风、调动干部积极性，促成"能者上庸者下"的风尚。倘若背道而行，改革难以成功。改革最根本的问题是人的问题，原来的一些正副局长，合并后是否还担任新部门的领导，应因人而异、量才录用，绝不可笼而统之地安排照顾。

接着给出建议：不妨从三个层面解决副职干部扎堆的问题。一是竞聘上岗，遴选一批。在合并前的各个部门领导中公开遴选干部，依照一定的条件鼓励干部报名、参与竞聘，集中考核任命。二是高配低就，解决一批。部门合并后，必然要调整科室设置，那些业务能力较强的干部不妨竞聘到二级科室任职。昔日的正副局长也可担任现在的正副科长，甚至普通干部，尽管职务是"降格了"，不过真想为群众办实事，也不必在意职务的高低。三是末位淘汰，辞退一批。对那些能力较弱、政绩排序靠后的干部，不妨依规淘汰，辞退一批，鼓励其自谋出路。

最后指出：原来的那些部门头头脑脑并无过失，基层政府要把他们"辞退"，阻力可想而知。这种情况下，我们只能寄希望于有关部门进一步完善大部制改革制度，为基层政府的机构改革、干部精简提供制度保证。改革不能和稀泥,改革就要得罪人,就要敢于踹局长的屁股。否则,大部门制改革"只能发生物理变化,不能发生化学反应",一个部门涌出20个乃至30个副局长的荒唐事还会层出不穷。

这篇题为《要改革就要敢踹局长的屁股》的文章在《三峡晚报》刊出后,反响较好。宜昌市委宣传部还在"新闻阅评"中给予了很高评价。

2012年3月,在贵州茅台酒厂举行的"茅台成龙酒"发布会上,当有记者问及茅台方面对"三公消费禁喝茅台"提案的看法时,茅台高管刘自力反应激烈。他反问记者,"三公消费不喝茅台喝什么,难道喝拉菲吗?"

我在文中写道:既是"三公消费",既要喝高档酒,喝洋酒还不如喝国酒呢!这就和公车采购一样,既然是要公款买车,买进口车还不如买国产车——好歹算是支持民族品牌。

"酒钱"是"三公消费"的重要组成部分。有人统计说,中国每年光公务饮酒就要喝掉一个西湖!可见,公务用酒明显过量了。茅台高管刘自力的话固然有道理,时任茅台董事长袁仁国的回应则更有见地,他说:"茅台和公款消费无必然联系。"这话点到了要害。倘若公款吃喝之风仍旧得不到有效监管和遏制,即便禁喝茅台,酒客们也会找到其他"更有品位"的品牌,继续放肆豪饮。再不然,就用矿泉水瓶子装茅台酒喝,继续掩耳盗铃。

进一步分析:其实,公众真正要批评的不是酒也不是车,而是以酒和车为载体呈现出来的不合理"三公消费"。每年数以亿计的"三公消费"里,有多少酒精成分、有多少水分、有多少可有可无的成分,这才是老百姓最关注的问题。对此,公权部门理应及时作答。把这么宏大的问题抛给一个酒厂独自应对,显然不合适。

这篇文章的题目也很有趣:《这一回,茅台说得有些道理》。看起来是对茅台高管说法的肯定,实际上是对当时流行的公款消费乱象的批判。现在,这种乱象已经杜绝了,可见时代是在不断进步的。

同样的道理,2011年冬天,因为一款意大利顶级品牌的鞋子,让四川省双流县副县长廖维忠备受关注。媒体报道说,很多地方的干部"不敢戴名表,改穿名牌鞋了"。针对这一现象,我写了一篇文章《改穿名牌鞋,不如改穿名牌内裤?》,看起来是在给一些热衷奢侈品的官员"好心支招",实际上在进行辛辣的批评和讽刺。

说了亦庄亦谐的种种妙处，也不能不说它的局限性——与"土里土气"的较宽适用面不同，在时评写作中，亦庄亦谐这种写作手法必须"在合适的选题上合适运用"才会取得预期效果，否则就可能弄巧成拙。

这就要注意两点：第一，选题一定是是非比较明晰、道理比较简单的新闻事件、新闻现象。第二，在运用上要拿捏好度，既要有趣、能"抖包袱"，又要确保读者能够在掩嘴一笑之余，准确理解你要表达的观点——讽刺与幽默中，作者真正的观点、态度、意图，不宜埋得太深，既要给读者寻寻觅觅的趣味，又要让他们易于"吹糠见米"，不必太费气力。

**实战例文**

### 领导不下车的N个"理由"

河南济源市司法局两领导火了。《大河报》报道说，8月5日中午12时许，济源市一辆车牌为"豫UD001警"的司法车撞人，后排座位上两"领导"怕热拒不下车救人，被数十名群众围堵。双方僵持半个小时，两"领导"被围观者"请"出警车，其中一人下车后夺路而逃。

按理说，凡遇车辆撞人，车上一干人等首先想到的应该是下车查看被撞者伤情。但是，济源市的这两位"领导"却做不到，为什么呢？或许他们也有自己的"理由"。

理由之一：天气实在太热。中午12时许，路面温度颇高，两领导身娇体贵，焉能轻易移步下车？出了这事，领导能"围着路边转转，隔着车窗看看"已属不易了，哪能苛责领导嘛！

理由之二：责任在司机。公车撞到女子，驾车的是司机，汝等怎能怪到领导头上呢？大家一定要保持"理性"，不要遇官则疑，制造官民矛盾，破坏"安定团结"嘛！

理由之三：坐镇指挥需要。事发后，车内领导高度重视，当即成立车内指挥小组，指导事故处置。济源市司法局回应得好啊，领导第一时间委派司机瞧，领导稳坐车内，运筹帷幄，不是很好吗？何必非要他们下车呢？

……

对不起，这些理由我实在编不下去了，但当地一定不乏能人，可编造出几十条来，且句句在理。可是，谁都不应该忘却，一个干部首先是一个人，而且应该是一个在道德行为上经得起考验的人。

既是人，就要有人的情怀、人的良知、人的血性，有珍视生命的价值遵循。不论在何种情况下，都应牢记自己的责任，始终把百姓的生命、安全摆在第一位。就像江西那位偶遇车祸，主动下车救人的公安厅女厅长；就像深圳市那位在交通事故现场用手刨土、紧急救人的交管局局长……而不是像济源的两位"百姓呼来不下车"的领导。

"天地不仁，以万物为刍狗。"天地可以无情，为官不可无良。为官先为人，隔着车窗坐观百姓生死，这类非人的淡定，实在要不得。

（载于2013年8月7日《湖北日报》）

## 周久耕要当监狱作协主席？

10月10日，南京"天价烟"局长、江宁区原房产局局长周久耕，因受贿罪被南京中级人民法院一审判处11年有期徒刑。周久耕的辩护律师金辉告诉记者，周久耕向他表示对判决满意，不打算上诉，他正在写小说。（见10月13日《扬子晚报》）

周久耕注定是个"传奇人物"！从执掌一方房权牛皮哄哄的局长，到因一盒高价香烟被网友"狂轰滥炸"；从"九五之尊"事件后的受审，到高调宣布"正在伏案写小说"，而且"已经写了3.5万字"——也就还差20几万字就截稿啦！

李振忠先生对周久耕的未来之小说做了预测，范子军先生则提出"贪官咋都是作家的料？"之追问。笔者也纳闷：周久耕什么时候有了文学创作的本领，以前咋没听说呢？仔细琢磨琢磨，也就有了答案：周久耕"有野心"，他或者有成立监狱作家协会、担任作协主席继续过官瘾的预谋！

再仔细一寻思，目前在押的贪官为数众多，其中好舞文弄墨的也不在少数，比较"著名"的，如因受贿罪被判刑11年，4年间写出3本小说的河南省确山县原县长；出事后写出的新书《中国经济新思考》还相当热销的国家统计局前局长邱晓华；还有在狱中"著书立说"两次获减刑的湖北"五毒"

书记张二江……

把这些人"聚集"起来,共同探讨"悔恨文学",姑且还算是"作家"聚首吧。发起一个这样的组织,继续担任要职,倒也是贪官消遣时间、交流"心得"、立功减刑、留名千古的"大好事",想来必定是"耕哥登高一呼,贪官莫不响应"。

期待周久耕的"悔恨文学"(而非文学)之皇皇巨著能够尽早推出。有了作品就有了资历,有了话语权。要知道,以"五毒"闻名天下的张二江,也不是省油的灯。主席的位置竞争也很激烈。不过,万一竞争败北倒也无妨,大不了屈就监狱作协"清洁局"局长一职,终归还是在"局长任上"!

冷笑一声,往事如烟。耕哥保重,莫辱文坛!

(载于2009年10月14日荆楚网)

## 地方争夺名人之乱象恐怕死而难僵

孙悟空何许人也?作家吴承恩说,悟空乃巨石所生之石猴,诞生于东胜神洲花果山麓。时隔数百年,一福建学者经过"考察研究",把孙悟空的"户籍"锁定在了福建的顺昌县,并且信誓旦旦地声称自己"发现了孙悟空和他哥哥的墓地"。

孙大圣何许人也?分明是吴承恩笔下虚构的一只石猴,它又怎么会有故里、有哥哥、有墓地?莫非我们的"专家学者"真昏聩到丧失了起码的唯物辩证能力?这种匪夷所思的提法真是荒唐透顶。更可笑的是,这一论断居然引发了一场更加荒唐且激烈的故里之争。

福建学者的"孙悟空故里论"一提出,吴承恩的家乡连云港市立即反驳,认为古代交通条件有限,吴承恩写作一定是"就地取材",因此断定孙悟空是连云港人!与此同时,山西又有多位专家"经过20多年的考察研究"后认定,孙悟空老家为山西娄烦的依据最多、文化内涵最丰富。山西省娄烦县文物旅游局也指出,当地文物旅游部门决定,由娄烦县花果山生态苑有限公司斥巨资着手开发建设"花果山孙大圣故里风景区"。

三地争夺孙大圣,这种悲哀甚至比"西门庆故里"之争更加惨烈。想那西门庆虽属登徒子之流,但好歹还属人类,而孙大圣已超越三界外不在五行中,类妖类神类佛,总之不是人。一个虚拟的非人形象,何以被专家认定为"确有其人"，何以被发现"墓地"，何以被强安上三个风马牛不相及的故里？

为出政绩，搞形象工程，乱拉大旗瞎投资，一些领导干部的作风、能力值得怀疑。一些"专家学者"的学术水平和道德操守同样值得质疑。什么"发现孙大圣和他哥哥的墓""什么经过20年研究认定"全是些无稽之谈。一些地方官员为了出政绩而宣扬"假大空"，一些专家学者为了谋私利而哗众取宠，双方相互捧场演绎了比"西游记"本身更"西游记"的荒诞传奇。这种极具讽刺意味的传奇笑话，不知道大家看后，是否会对我国某些知识分子的性格有一个"更深层次的了解"。

眼下名人争夺之风盛行。从曹孟德、李太白等历史大贤，争到赵子龙、貂蝉等传奇人物，争到西门庆、潘金莲等下流之徒，再争到孙大圣及其哥哥等虚幻之物，这种越发荒谬的炒作，已然引起民众的普遍反感。国家文化部、国家文物局日前也联合发出通知，明令禁止利用历史或文学作品中反面或负面的人物形象建设主题文化公园、举办主题文化活动，并指出各地不宜用文艺作品中虚构的人物命名故里。

国家层面的禁令，必然会对各地名人争夺乱象有所制约。但是，对历史事实必要的敬畏和尊重、对地方发展高度的责任意识和务实作风，这些少数地方领导干部和"专家学者"亟须练就的素质，又待谁来培养呢？窃以为，对这些基本素质的培养，恐怕难以立竿见影，必然需要下一番功夫、费一些时日。

按照某些"专家学者"的逻辑，若悟空有知，必然会对那些把自己套在某一个地方、强抢并归属到某一个县市的"学者专家"非常不满。因为大圣神威，当属四海九州共有，而绝不是一家一户的专利。如今国家两部门的禁令，为悟空解了套，可少数地方领导干部及"学者专家"思想上的套子，却还紧紧地箍在那儿呢。稍有机会，他们还将继续力挺孙悟空墓地、西门庆发家处，不信咱们就拭目以待。

（载于2010年7月14人民网，7月20日《济南日报》转载）

## 中国哪少得了烟草院士？

近日，两院院士的增选结果依次"出炉"，具体到工程院，按照官方的说法，有54名杰出工程科技工作者新当选为中国工程院院士。新当选的谢剑平院士

因为其所在的中国烟草总公司郑州烟草研究院遭到了一些舆论的质疑。(见12月11日《南方都市报》)

研究烟草的谢剑平当选中国工程院院士，实属正常现象。如果你不赞同我的观点，不妨以自己为圆点，朝左右前后来个360度大扫描。在你我周围，有多少吞云吐雾赛神仙者，弹点烟灰自觉倜傥者，以烟草余香标榜男性魅力者。在普世的交际哲学里，兜里不揣几包香烟，遇人不奉上一支，都是极没有礼数的。大抵情形是，双方见面首先是下意识地掏烟，哪怕对方表示不会抽，也要故作热情"强迫"对方尝试，殷勤地帮对方点燃，并且自己也要抽上一支算是作陪。一支烟卷就这样在奉烟者殷勤地劝说下点燃，完成它"毒人且害己"的宿命。

"烟酒"之风盛行，一个巨大直径的烟圈把每一个人都深深地套牢，谁也没法摆脱。在这样的大环境下，"吸烟有害健康""中国每年上百万人因吸烟死亡"等本应振聋发聩的理性表达，显得十分无力。健康与生命在庞大的人情世故面前，只能屈服。于是中国的烟民数量变得蔚为壮观。在2010年召开的第三届中国健康教育与健康促进大会上，时任卫生部副部长尹力透露，我国目前吸烟人数超过3亿，约占全球吸烟总人数的三分之一。

与这个占世界"三分之一"的烟民数量相匹配的，是巨大的烟草产业。各大烟草企业每年创造的销售额是一个超过你我想象的数字（当然利税也很可观）。于是就出现了这样的情况，政府一面强令烟草企业在香烟包装上注明"吸烟有害健康"，一面又允许烟草公然销售。提醒归提醒，但烟草企业不会担心这种提醒所造成的滞销（实际上在中国烟草从来都只有缺货而没有滞销）。

相对于烟草企业的自信，烟民们显得多么不"自爱"。可是这能怪烟民吗？不能。烟民不是傻子，假如哪家企业在自己生产的奶粉包装上注明"吃奶有害健康，本品含有三聚氰胺"，试问谁还会去买呢？问题就在这里，一方面是人情世故的牵绊，一方面是烟瘾挠心的屈从，于是哪顾得了"有害健康"？最无辜的还是那些二手烟民，自己明明不抽烟，害怕旁人在自己周围抽烟，却不得不出于礼貌而被动接受，个中痛楚可谓无法言传。

在这样的市场环境下，研究烟草的专家几十年如一日，研究出许多先进的烟草生产技术，满足广大烟民的刚性需求，也就不足为怪了。中国烟草总公司郑州烟草研究院的谢剑平作为烟草研究界的代表,获得"院士"头衔,当然也在情理之中喽!在我看来,授予烟草研究者院士头衔,至少比在烟盒上标注"吸烟有害健康"来得更痛快些——不管烟草有害与否,反正在专家的苦心研究下中国的烟草产业正蓬勃发展。这种结果论,不正是这个时代最流行的评判方式吗?

年底烟草专卖店异常火爆,当我走进一家商店,看到五花八门的香烟品种争相斗艳、竞显风流时,我不得不承认,中国的确少不了一些烟草院士。

(载于2011年12月15日《三峡晚报》)

## 要改革就要敢踹局长的屁股

媒体报道,佛山市高明区国土城建和水务局副局长多达19名,其中常务副局长就有7名。佛山市编办表示,在"大部门制"改革中,副职扎堆的现象普遍存在。人员退休和调动的工作不可能一步到位。

近年来,佛山市率先推行大部门制改革,步子迈得很大,成绩也显而易见。从前的政府部门由五六十个单位合并为16个大单位。单位减少了,资源得以整合,部门职能得以统筹,群众办事程序也得以简化。但是,随之而来的副职干部扎堆问题也很明显。

副职扎堆固然有部门合并的特定原因,但任何原因都不是干部泛滥的正当理由。一个基层政府部门,副职干部泛滥,难免造成人浮于事、政出多头、慵懒成风,这与大部制改革"提高行政效率,降低行政成本"的初衷背道而驰。这样的改革有了合署办公的外壳,少了彻底蜕变的内核。

改革既要权衡各方利益,更要顾全发展大局,既要和风煦雨,更要毅然决然。部门合并岗位减少,自然就应该精兵简政,优化干部配置。一些专家的说法很有道理,"企业员工说下岗就下岗,正副局长凭什么只能上不能下?"大部门制改革除了精简机构、提高效率外,一个重要的原则就是改进干部作风、调动干部积极性,引导"能者上庸者下"的风尚。倘若背道而行,改革难以成功。改革最根本的问题是人的问题,原来的一些正副局长,合并后是否还担任新部门的领导,应因人而异、量才录用,绝不可笼而统之地安排照顾。

目前的情况下,一味批评佛山的做法显然没有意义。问题既然存在,就应该想办法将其解决。以我之见，眼下佛山不妨从三个层面解决副职干部扎堆的问题。一是竞聘上岗，遴选一批。在合并前的各个部门领导中公开遴选干部，依照一定的条件鼓励干部报名、参与竞聘，集中考核任命；二是高配低就，解决一批。部门合并后，必然要调整科室设置，那些业务能力较强的干部不妨竞聘到二级科室任职。昔日的正副局长也可担任现在的正副科长，甚至普通干部，尽管职务是"降格了"，不过真想为群众办实事，也不必在意职务的高低；三是末位淘汰，辞退一批。对那些能力较弱、政绩排序靠后的干部，不妨依规淘汰，辞退一批，鼓励其自谋出路。

制度层面的干预十分必要。原来的那些部门头头脑脑并无过失，基层政府要把他们"辞退"，阻力可想而知。这种情况下，我们只能寄希望于有关部门进一步完善大部制改革制度，为基层政府的机构改革、干部精简提供制度保证。改革不能和稀泥，改革就要得罪人，就要敢于踹局长的屁股。否则，大部制改革"只能发生物理变化，不能发生化学反应"，否则一个部门涌出20个乃至30个副局长的荒唐事，还会层出不穷。

（载于2012年3月21日《三峡晚报》）

## 第八招 以古鉴今

唐太宗曾言："以史为镜，可以知兴衰；以人为镜，可以知得失。"宋初宰相赵普"以半部论语治天下"，毛泽东同志则反复告诫全党："不要做李自成"……时事不断移易，固然不必事事法古，但从历史深处，从古人言行、著作中汲取智慧，也是治国理政的一个极其重要的方法。治国理政如此，时评写作又何尝不是如此呢？

时评写作的核心是输出观点，说服人、启发人，为了更好抵达写作目的，给受众更多获得感，遇到合适的选题，不妨采取以古鉴今之法，以增强文章的历史厚度、文化深度。如何以古鉴今？首先，要理清"今日事"的脉络，认清事物的本质，找到最值得立论和评说的观点。这是动笔写作前要做的基本功课。

其次，找到"古人事"与"今日事"的内在联系，把准最佳对接口。时评是一种以说理为主要特点的文章，稍不注意就可能写成"文件体""摘编体"乃至"语录体"，让人感到乏味。为了增强文章的生动性，一些写作者也在尝试以古论今。但细心的读者会发现，很多文章的"古"和"今"是并不兼容的"两张皮"。有的"古人事"与文章的核心观点缺乏紧密关联度，有的无法起到很好的说服作用，更多的是古今之间骤然转换，给人一种断裂感、突兀感。因此，找准"古人事"与"今日事"的内在逻辑关联，非常重要。

再者，实现"古人事"与"今日事"的顺畅对接，以期浑然天成。这就需要在理顺古今之间内在逻辑的基础上，合理布局谋篇，巧妙穿插接续，实现跨时空无缝对接，保证阅读上自然而然，一气呵成。为什么《人民日报》的"人民论坛"、《光明日报》的"光明论坛"等栏目深受读者喜爱，一个重要原因就是这些栏目下的很多文章，很好地运用了以古鉴今之法，文章好看好读，而且古今之间的对接非常巧妙，精品叠出。

有学生在课堂上问我，一篇时评文章，不过千字左右，把"今日事"的道理说清楚就不错了，哪有空间再去钩沉历史、对比今昔呢？也是，写作过程中，一些人感觉这也要说那也要说，单说"今日事"只怕就得费去几千字；"古人事"也是如此，要把它详细说明白，又得几千字，倘再加上论理的部分，大抵要破万言了。时评作品一般是千字文，太长了受众看不下去，也不便于媒体刊播。怎么办？紧紧围绕文章要表达的核心观点精心提炼、科学剪裁、巧妙谋篇，而不是随心所欲、信马由缰。

## （一）给读者一些"额外收获"

2014年开春之后，一些地方的干部向我们反映：现在上上下下要求领导多调研，领导调研太频繁，接待要求又高，基层干部手忙脚乱，苦不堪言。领导调研是不是坏事？不是坏事。领导不调研怎么了解真实情况，怎么做出科学决策呢？但是，领导调研是不是一定要搞得那么声势浩大呢？自然不是。领导干部出行也好、下基层也好，应该做到不甩脸子、不摆架子，与群众真诚交往。

中央八项规定实行以来，清道、封场、开路那一套，几乎看不到了，但是各种变相地耍威风还一定程度存在。这种存在本身就是一种严重的作风问题，值得去批判。怎么批判？单刀直入是一个办法，以古鉴今也是一个办法。综合权衡之后，我选择用以古鉴今之法进行深刻批判。

因此，文章开篇我就写道：近来夜读《清史稿》等典籍，发现清朝的官员"鸣锣开道"还分级别。清朝，官员与百姓间贵贱分明。每遇官员出行，多有仪仗士卒引路传呼，鸣锣更是少不了的。鸣锣的次数也颇有"讲究"。县官上街，仪仗鸣锣七下；道、府级官员，鸣锣九下；提督和巡抚，鸣锣十一下；都统以上官员，鸣锣十三下，大意是"大小文武官吏军民人等齐闪开"。

人还没到，仪仗先摆上了，锣先鸣上了，百姓人等无法接近，更不要说与之建立休戚与共的维系了。如此,久而久之难免不造成信息闭塞、政令不畅、民生疾苦、百姓离弃,这恐怕是封建王朝盛衰频繁、必有更迭的一个历史注脚。

从清朝官员鸣锣开道的官架子,引出政权兴衰的常理,接着再流畅地切入现实:共产党人向来反对官僚主义作风,尤其注重"从群众中来,到群众中去",与之建立鱼水关系。我们的领导干部出行也好、下基层也好,大多能做到不甩脸子、不摆架子,与群众真诚交往。尤其是中央八项规定实行以来,清道、封场、开路那一套,几乎看不到了。不过,显性的"鸣锣开道"不存在了,隐性的"鸣锣开道"却并未杜绝。

继而分析隐性的"鸣锣开道"的三个表现:一是"吓基层"。一些领导干部下基层,不是想着怎么调研问题、听取民意、为民办实事,而是习惯于先"吓一吓":这次某某领导要亲自来不能出娄子啊,这次检查将采取一票否决制云云。今天锣一敲、明天一敲锣,基层的同志手忙脚乱,哪有工夫干正事?

二是"重级别"。干部下乡进户本是常态,有的干部却还是强调"级别观念"。"我是正科,我下去至少得有乡党委委员作陪","我是正股,你们得按级别接待",这就像根据"鸣锣的次数"套级别要待遇。不久前,在基层遇到一名高中副校长,反复强调自己"是正股而非副股",闻之不禁失笑。

三是"走程序"。有些"程序"是必须剥离掉的。比如干部下乡,都应当是该去就去,有时间就去,不必跟谁打招呼。但是,时下有些干部下去却习惯于先打招呼,你一"鸣锣",他们就得安排,有时候还要"彩排",你瞧,又要脱离群众了不是。

最后得出结论:群众路线是我们党的生命线,我们必须把它坚持好。这其中重要的一条就是,剥离种种"鸣锣开道",不摆架子,不讲特殊,把身段放得再低一些,与群众走得再近一些,做到亲密无间、推心置腹。

这篇题为《剥离隐性的"鸣锣开道"》的文章在《湖北日报》刊发后,社会关注度较高。一些媒体同行在公开平台交流对此文的看法,认为文章有很强的现实针对性,生动活泼,而且有较高阅读价值。我理解,获同行谬赞的"较高阅读价值"指的应该是清朝官员"鸣锣开道"等历史知识。这实际上就是一些评论研究者所说的"评论的附加值"。

一篇时评作品,在输出观点的同时,如果还能给读者提供一些知识,让读者在阅读过程中有一些除了时评观点之外的"额外收获",则提高了文章的附加值。而以古鉴今，把那些并不十分普及的古圣先贤学说、历史风物掌故、前人经验教训呈现给读者，是一个提高文章附加值的有效途径。

## （二）巧妙布局谋篇很关键

《不为利欲惑，但做明白人》，这是2013年2月份，《湖北日报》"反腐倡廉系列评论"中的一篇，也是我在政论文章写作上的一次尝试。媒体从业者都知道，发表在党报一版的具有政论性质的文章（俗称"大评论"）往往政策性较强，很多文章严肃有余而活泼不足。我在想：能不能在写作手法上突破一下呢？于是，选择用"以古鉴今"之法写作，同时做好重新按照传统写法再写一稿的准备。

文章一开篇我就写道：一百多年前，一个叫林纾的学者观察鱼群抢食诱饵的过程，发出"凡下食者皆将有钩矣，然则名利之薮独无钩乎"的感慨。天下没有免费的午餐，诱人的利好背后往往是要命的钓钩。林纾早已点破的玄机，一些人至今却还没有看明白。聪明耶，糊涂耶，或是揣着聪明装糊涂？恐怕多半还是身居要职头愈晕，结果忘却了危险，葬送了前程。

继而顺畅地切到现今：时下，少数党员干部为了满足私欲，全然不顾触电、上钩的危险。争权夺利，贪污腐化，以权谋私，声色犬马……凡此种种，触目惊心，堪为当世者鉴。

接着分析道：先贤的告诫、现实的教训说明，诱惑无处不在，风险与"升"俱来，越是身居权力集中的岗位，越是不能耍小聪明，不能做糊涂人。当不为名利所惑，不为物欲所诱，不为浮华所动，不为私情所扰，做政治上的明白人、经济上的清白人、作风上的正派人。

要慎思，保持头脑清醒不上当。中国社会正处于深刻的转型期，各种利益群体相互角力，一些党员干部掌握的公权力自然是他们争夺的标的。今天这个吃喝请送，明天那个称兄道弟，未必都出于真心。范进中举，前来送礼道贺者此前咋不登门？一些干部退下来后，昔日的"私交"为什么随即消逝人走茶凉？说到底，人家是认权不认人。要做明白人，不畏浮云遮望眼，锻造过硬的作风，抵御住纷繁的诱惑，保全自己、造福百姓。

要慎微，防止滑入深渊而不自知。腐败无小事，今天笑纳张三的一点意思，明天接受李四的一次安排，后天为王五批个条子，大后天替赵六打个招呼，无不纠缠着权力寻租的魅影，都是干部走向堕落的"原始积累过程"。不虑于微，始成大患；不防于小，终亏大德。平日里常照镜子，正衣冠，洗洗澡，治治病，严守党章，笃定信念，才能够叫诱惑无机可寻，让鱼钩生锈氧化。如此，方能免疫贪腐，有所作为。

要慎初，防微杜渐不越雷池半步。从字面上看，"诱惑"二字拆开，"诱"乃"秀""言"，即好听的话，阿谀奉承的熨帖话，这种话绝不能当真；"惑"乃"心""或"，即心存侥幸，这种思想断不可有。万恶莫不有其始，江湖义气、小恩小惠、打擦边球往往都是腐败的开始。既往的教训告诉我们，一旦思想上开了口子，消极腐败的恶流就极可能汹涌而来，冲垮防腐拒变的思想大堤，后果几无悬念。党纪国法昭昭，中央八项规定、省委六项禁令凿凿，绝不能有"下不为例"的侥幸。

要慎独，养成拒绝诱惑的行为自觉。官场从来不差诱惑，差的是面对诱惑的那份定力。有人监督的时候，能义正词严地拒绝腐化，私下无人之时也应该有独善其身的自觉——这是一种较高层次的要求，也是一种防腐的必然要求。只有养成清廉的习惯，形成慎独的人格，才能涵养成"任他满城风雨，我自岿然不动"的精神魅力。

最后点题：不为利欲惑，但做明白人，消弭各类诱惑的影响，营造风清气正的党风政风，则上无愧于天，下无愧于民，心境高雅，正气充盈，百毒不侵。

这篇文章一气呵成、畅快淋漓，写的是比较过瘾，但能否通过呢？结果是，领导们认为很好，表扬这是"用了心"。文章见报后，读者评价也挺高。搜狐、新浪等门户网站还以《媒体谈反腐倡廉：不为利欲惑，但做明白人》为题进行了首页推介。

写评论要有些巧妙的构思。尤其是一些选题，道理就是那个道理，没有太多新意，但又需要强调，那就不妨在写作的谋篇布局、手法运用、语言表达上下一些功夫，让文章更加鲜活灵动、精致美观，具有"作品的价值"。

## （三）一个"高招"往往决定文章档次

2015年8月6日，我接到任务要撰写一篇非常重要的评论员文章，而且是命题作文，题目就四个字——不为如贪。认真研究之后，我了解了上级的写作意图：对一些人"不贪污也不干事""少干事少犯错误"等思想进行批评，阐明"不作为"和"贪污腐败"一样都是有害的、可恶的行为，以厘清全省各级领导干部的思想认识，调动他们勇于任事、为民尽责的积极性。

文章怎么写？重点当然是讲清"不作为"和"贪污腐败"的异同，但这很容易给人乏味感、说教感。前一种感觉让人不想看，后一种感觉让人很厌恶。文章如果写得没人想看，甚至感到厌恶，那怎么起到说服人、启迪人，推动工作的效果呢？怎么办？以古鉴今。

我在文章的一开头就写道：清学者纪昀在《阅微草堂笔记》中记载了这样一则故事，一名县令死后见阎王，称所到之处只饮一杯水，不收一文钱，自认无愧。不料，阎王却大怒："不要钱即为好官，植木于堂，杯水不饮，不更胜公乎？""无功即有罪矣。"故事虽是文人所编，寓意却很深刻：为官者当勤政有为，不为如贪。

接着进行辨析："贪"有特指的含义，对公职人员来说表现为利用职务上的便利，侵吞、窃取、骗取或以其他手段非法占有公共财物。贪污腐败涉嫌违法犯罪，必须受到党纪国法的严惩。为官不为，虽不是贪污财物，但严重影响改革发展事业，它耽误的是发展的机遇，阻碍的是改革的步伐，损害的是百姓的利益。从现实危害性来看，它一点不比贪污腐败程度轻。

贪官污染一方，庸官贻误一方，二者都为世人所不齿。"为官不为"实际上是"懒政""庸政""怠政"甚至"荒政"，它和贪污腐败一样，都会招来民众对地方党委政府的"不信""不满""不服"，侵蚀党和政府的公信力，动摇党的执政根基。

继而切入现实问题：现在，中央八项规定持续发力，肆意妄为的空间被进一步压缩。一些干部不敢拿好处却也不干事了，为官不为的现象有所抬头。有的人在"看"，见风使舵，选择性办事，领导看得到就为，看不到则不为；有的热衷于"等"，等待观望，缺乏改革创新意识，"只要不出事、宁愿不做事"；有的想着法子"推"，遇事能躲就躲、能推就推，害怕"事多错多"，追求"少办事少担责"；有的习惯于"拖"，拖延应付，得过且过，办事走过场，不负责任……凡此种种，虽不是普遍现象，但更具隐蔽性，容易传染，甚至形成风气，其危害不可小觑。

为官者没有建树就是失职渎职。清雍正改革时,对"懦弱不振"的"清官"诸如常三乐之辈断然裁撤。今天,在改革积弊、励精图治的历史关口,更容不得庸官懒官太平官贻误改革发展大业。

最后强化主题:为官不为则不配为官。当前,全面深化改革到了涉险滩、啃硬骨头的关键阶段,经济发展面临转型升级、爬坡过坎的繁重任务,为官者必须勤政有为、担责担难。改革发展之势浩浩荡荡,不进则退,慢进亦退,为官不为既没有市场也没有空间。广大党员干部务须谨记"不为如贪",强化责任担当,真抓实干,开拓创新,更加一把力、更添一捆柴,把改革之势、发展之火催得更旺。

这篇题为《不为如贪》的评论员文章,经领导修改后,刊发在了《湖北日报》头版头条位置,刊出后反响较好。一位业界前辈对此文给予了很高评价,并且重点肯定了以纪昀《阅微草堂笔记》中的故事作为开篇的写法,认为"这个方法很好,要是我写,我想不到这个高招"。

很多时候就是这样,好的写作方法,点透之后我们会觉得其实也没什么,算不上什么"高招"。但是,在有限的构思和写作时间内,能不能想到这个"招",巧妙地、成功地运用这个"招",往往决定了一篇文章的呈现效果,乃至档次高低。

## (四)把风马牛不相及的现象串起来看

前面介绍的几篇"以古鉴今"的文章有一个共同特点:以历史、以掌故切入现实,把重点放在对现实的批判上。这种写作方式当然比较简便,但并不是说"以古鉴今"的写作方法只能是这个模式。

任何写作方法本身都有一个灵活运用的问题,方法的基本思想是不变的,但具体的操作方法是可以随机应变的。比如,2013年6月3日,我刊发在《湖北日报》的一篇文章《老子如何扑点球》,写作方法也是"以古鉴今",但具体写作方式却别具一格。

文章要讲的主要观点是"经济社会发展要遵从其自身规律,政府不能过度干预,以免越管越乱"。但文章开头几段不写历史掌故,也不写现实问题,写的是足球。

——以色列经济学家阿扎尔和他的研究小组通过计算发现,如果一个足球守门员待在中路不动,扑住点球的概率为33.3%,扑向左右两侧的概率分别只有14.2%和12.6%。而现实中,门将老老实实守在中路的情况却只有6.3%。

——阿扎尔的理论证明了行为经济学的一件事:当经济不景气时,政府就特别想干点什么,哪怕风险比可能的回报更高。若无力回天,至少可以说我们已经尽力了。而如果他们选择不作为就难逃公众指责,被认为"什么都没有干"。为避免"看起来像个猪头",于是,很多人在根本没看清球向哪个方向飞来时,就把笨重的身躯朝某个方向扑了过去。

——这个扑点球的理论与老子的"无为而治"思想有某种契合之处。如果老子是足球教练,他或许也会主张守门员扑点球时首先固守中路不动。

接着介绍老子的哲学思想:老子哲学中的民生观主要表现在其鲜明的民本立场上——始终站在老百姓的立场看问题,感民生之疾苦,怜百姓之多艰。因此,老子哲学的核心思想是"无为而治"。无为就是与民休息、不折腾,不追求酒池肉林的奢华,不劳役百姓,以无为实现无所不为。战事远去、平静营生、安居乐业、民安国泰,这不正是寻常百姓最高的追求、最大的幸福吗?这种体恤百姓的民生主张,在分合变幻的春秋战国,尤显珍贵。

不过,从历史的纵深角度来看,一个时代的追求和幸福、时间与精力总量大概也是守恒的。"无为而治"的民生主张之伸张,往往对应着统治者宏大的个人梦想的大量让渡——民生诉求与顶层构想很容易发生冲突。一部中国古代史,因为帝王将相们喜功好为而造成劳民伤财、甚至国破家亡的惨剧,可谓不绝如缕。

"无为而治"的老子哲学固然反对好大喜功、妄为伤民,但并不是无所作为,更不是什么都不为。其本质是:顺应自然变化不妄为而使天下得到治理。该动时还是要动,该为时还是要为。阿扎尔的理论也指出,如果门将总是待在中路,点球手们就会毫不迟疑地改变他们的战术和靶心。因此,该出手时还是要出手。

继而提出主张:依笔者之见,"无为而治"一词属偏正结构。"治"是核心和根本,"无为"是态度与方法。老子真正主张的是"有为而有不为""为而无不为""无为方有为"。换言之,社会治理者当站在民生立场,按照规律办事,不折腾、不僭越。过去有观点认为这是消极的"被动论"。今日观之,其实不然。人们越来越深刻地认识到"征服自然""改造自然""与天斗与地斗",不过是英雄主义的成功哲学。顺应自然规律,护保生存环境、呵护生态平衡才是科学之道;科学界定政府与市场的权力边界,顺应经济规律、市场规律、发展规律才更靠谱……凡此种种,都是无为而治的现实指向。

最后收回来:数千载岁月雨打风吹去。"无为而治"也好,"有为而治"也罢,但凡能秉持民本立场,努力使"民各甘其食,美其服,安其俗,乐其业",让一切都为"和平、发展、富民、安邦"让路,就是善治。

这篇文章刊出后,获得业界专家很高评价,认为文章"写得很有思想",而且纵横古今,找到了足球和哲学、和经济发展的巧妙关联。实际上,这篇文章还有一位"幕后作者"——《湖北日报》理论版的主编,我的原稿里没有与足球有关的元素,开头有关足球的那几段都是他加上去的。他既是一位铁杆球迷,也是一位非常厉害的前辈,所以能够把三个看起来风马牛不相及的事物巧妙串联起来,更深刻、生动地阐明了"政府不能过度干预市场""乱为不如无为"的道理。

这实际上拓宽了我们的思路,以古鉴今也好,小题大做也好,对比的对象往往是两个,为什么不能是三个甚至四个呢?只要找准了逻辑上那个恰到好处的衔接点,评论其实也可以实现一龙串珠的表达。当然,这需要很深刻的思考,很高超的技艺,否则很容易弄巧成拙,使文章变得杂乱无章,不知所云。

## (五)穿越时空写评论

2017年12月13日是南京大屠杀惨案发生80周年,也是第四个南京大屠杀死难者国家公祭日。人们为30万大屠杀的无辜死难者默哀。当天,许多民众的微博和朋友圈被一张漫画刷屏。画中两名分别来自1937年和2017年的女孩隔空相对,一人身边战火纷飞,一人身处和平时代。画中的文字"那年乱世如麻,愿你们来世拥有锦绣年华"感动了千千万万的人。

《光明日报》的一位资深编辑约我就此写一篇文章,我也认为这是一个非常值得做的选题。问题是,怎么写呢?和平年代,勿忘悲痛历史,奋发图强,珍惜和平,个中道理是非常明确的。如果仅仅停留于一种道理上的重申,呈现效果未必理想。最终,我决定"二法并用":即以古鉴今+以情动人。以古鉴今，能够在对比中增加说服力；以情动人，则契合了那幅漫画的特点，有助于顺着情感的脉络去打动人，增强感染力。

于是这篇文章的开篇就成了一个生动的场景回放：那年冬日，乱世如麻，才四五岁光景的她，寻不着父母，在战火中跑掉了鞋子。巨大恐惧中，光着脚丫的她奔跑着伸出一只小手，想抓住什么，却怎么也抓不住。80年后的冬天，南京街头繁花似锦，也是一个四五岁的小姑娘，穿着暖和的棉袄，踏着好看的雪地靴，深情地伸出一只手："好想抓住你的手，却无能为力""但我不会忘了你"。南京大屠杀80周年之际，这样走心的漫画创作怎能不打动人心？"那年乱世如麻，愿你们来世拥有锦绣年华"，这样的对话设计怎能不催人泪下？

继而分析漫画的动人之处："时空对话"漫画走红，是因为它从沉重史实中找到合适切口。如同奥斯威辛集中营之于欧洲人，南京大屠杀对中国人而言实在太沉重了。彼时侵华日寇，毁吾南京，"桨声灯影秦淮河"变成一片血海，六朝古都金陵城沦为人间地狱。更令"日月惨淡，寰宇震惊"的是，日寇屠刀所致，30万南京同胞惨遭屠戮。南京大屠杀纪念馆的石碑上，"300000"这个数字深深刻进石壁里，更深深刻进每一个中国人的心中。"300000"不是一个冰凉、笼统的数字，而是30万个有血有肉的鲜活生命。"时空对话"漫画中的那个小女孩会不会是他们中的一个呢？

在南京大屠杀的史料中，随处可以看到孩子的身影。1938年7月版《日寇暴行实录》中有一幅照片：南京一个三岁儿童被日军枪杀，那孩子仰躺在冰冷的地上，小眼睛已闭上，双臂却张开着，似乎想拥抱住什么。南京大屠杀幸存者常志强老人的妈妈在他面前被杀害了，他弟弟那时很小，还爬到妈妈身边，扒拉衣服找奶吃。南京"万人坑"中曾挖出大量儿童遗骨，史料也证明"日本的士兵用刺刀挑起婴儿，活活把他们扔进开水锅里"！12月13日10时零1分，在国家公祭日活动现场，在大街上、教室里、广场上，人们一致脱帽默哀的时候，那一双双渴望拥抱、企盼救助的小手能不在人们眼前幻灯片般反复闪现吗？能不催发时空阻隔、无能为力的痛楚吗？

最后做结：一边是1937年的战火纷飞，一边是2017年的和平安宁，"时空对话"漫画通过"一分为二"形式强烈的对比，准确表现出人们的沉重心情。通过"那年乱世如麻，愿你们来世拥有锦绣年华"的跨时空对话设计，击中了人们的心弦和泪点。漫画是平面的，但在特定语境下，它也可以无声地回答直抵心灵的深层次问题。比如,南京大屠杀与每一个普通中国人有什么关系?今天的繁荣安定、繁花似锦,正是从曾经的命比纸薄、乱世如麻中走来。只有不忘历史,接续奋斗,实现中华民族伟大复兴的中国梦,我们才更有力量捍卫和平,我们现在站立的这片中华大地,才不会重复昨日的悲怆,我们才能深情告慰那无数个光着脚丫无助奔跑的人。

一些人在网上留言说,《穿越时空的"对话"何以直击人心》这篇文章"看一次流一次泪"。也有人说"这是纪念南京大屠杀惨案发生80周年最好的评论之一"。这当然是谬赞。要说这篇文章有什么可取之处,大抵就是综合运用了以古鉴今和以情动人的写作手法。

有学生可能要问了,一篇文章可以同时运用两种写作方法吗?当然可以。形式为内容服务,方法为目的服务,只要于观点表达,于说服人、感染人、启迪人有益,合理使用多种写作手法是完全可以的。而且,只要写作得当,多法并用往往能促成文章达到更好的呈现效果。

## (六)同时运用多种写作手法

我始终认为以古鉴今是一个非常棒的写作方法,并且建议初学者先尝试以"古""今"两个维度的对比强化观点,增强文章说服力。两个维度(或者两个事物)的对比往往比较清晰,比较好操作。

比如,2016年3月29日我刊发在《湖北日报》的文章《为官应惜"十家之产"》,批评的对象是"湖北省某县一个局未批先建办公楼且豪华装修,耗资1500万"一事。以古鉴今,先搬出"古":史载,唐太宗患有"气疾",但他住的宫殿"卑湿",夏暑秋凉容易犯病,可他一直不许修缮或重建。太宗说:破土兴工,必然靡费良多。当年汉文帝因惜十家之产而不建露台,我功德不及汉文帝而所费过之,不可。

接着切入"今":我国还有7000多万贫困人口尚未脱贫,居无定所者还大有人在,1500万元又何止是"十家之产"?先贤尚且如此恤民,我们的党员领导干部更应如此。一些人在违规盖楼之时,为什么不能想一想百姓之苦、民生之艰呢?为什么不能有点"惜十家之产"的意识和自觉呢?人皆有私欲,都想吃得好点,住得好点,但凡事都要有底线,共产党的干部更不能等同于一般人，必须讲规矩、守纪律，时时处处克己奉公，严守红线，而不是让面子观念、市侩习气左右，任享乐主义、奢靡之风驱使。

继而表达观点：坐在奢华大楼里办公，身价不会因此提升；一掷千金不眨眼，只会留下"败家子"的恶名。网上搜一搜"豪华办公楼"，你会发现山寨的"白宫""华门""华表"的背后，是一边倒的诟病和讥讽。而河南卢氏县委的土坯房、河北灵寿县委的低矮平房，却受到一片点赞和致敬。这是什么？这就是民心，这就是古今不变的为官正道。

再比如，2016年4月5日我刊发在《湖北日报》的文章《就该让"官油子"吃不开》，批评的也是一些人不担当、不作为的问题。以古鉴今，先搬出"古"：我国古代有个有名的"官油子"，名叫苏味道。《旧唐书》中说，武则天朝，苏味道官居宰相数年，未在政务上有所建树，只是一味阿谀圆滑于君臣之间，屈从附和，遇到矛盾不置可否。他常对门人说："为官重在躬身奉上、左右逢源，凡事只要模棱两可就行了。"他因此欺民误国之论，被讥讽为"模棱宰相"。

接着切入"今"：反观当下，还有一些当代版的"官油子"也混迹于党员干部之中。本报4月3日转发人民论坛网文章，勾勒了"官油子"的轮廓：手懒、嘴勤、人油滑；潜伏高手，能躲会藏；一心看"上"，十足官迷；自己不干事，也怕别人干成事；放长线、钓大鱼，营造稳重、成熟的假象……凡此种种，虽非主流，却也危害巨大。

继而深入分析："官油子"是一种形象的说法，一针见血地指出了从政价值观上的问题和病灶。一个"油"字，面上看是"只有唱功、没有做功"的行为表象，背后藏着的是见风使舵、邀功诿过的"官场哲学"；看上去只是个人的"风格"使然，污染的却是一方政治生态。我们必须意识到，如果"官油子"堂而皇之吃香、走俏，必然挫伤那些作风正派、又敢作敢为、锐意进取的党员干部的积极性，让有正气、有骨气的党员干部伤心、寒心；如果"油"的哲学畅行无阻，必然伤害干事谋业、奋发有为的政治风气，甚至滋生"油滑才是为官之道""八面玲珑才能走得稳"的畸形导向。

最后得出观点：广大领导干部应加强学习，时常反省自身，是不是沾染了"油"的习气？是不是足够清清爽爽？是不是能够经得起群众、组织和历史的检验？若认识到自己身上也存在"油"气，则须积极投身到改革攻坚的火热事业中去大干一场，勤洗澡、勤自省、流身大汗、脱胎换骨，让自己重新光洁亮丽起来。时刻以党和人民为念，开拓进取、务实有为，就能在这个催人奋进的时代有所建树，去除"官油子"的魅影，书写"实干家"的精神。

你看，"以古鉴今"这个方法其实并不难。一次讲座上，有个在机关工作的干部问我："怎么样才能找到那么多恰到好处的历史材料呢？"这实际上引出了时评写作水平提升的一个非常关键的，甚至是具有决定性作用的前提条件——尽可能多的阅读。把《资治通鉴》《二十四史》《中国历代政治得失》之类的书籍买全，多读它几遍，"以古鉴今"自然就有材料了。把其他门类的书籍读熟了，各种好料就更多了。

这也是为什么每次业界组织交流活动，大巴车上，时评家们都自然而然地从包里掏出书来读的原因。不读书，如何能有那么多新思想，那么多好作品？

**实战例文**

### 剥离隐性的"鸣锣开道"

近来夜读《清史稿》，发现清朝的官员"鸣锣开道"还分级别。

清朝，官员与百姓间贵贱分明。每遇官员出行，多有仪仗士卒引路传呼，鸣锣更是少不了的。鸣锣的次数也颇有"讲究"。县官上街，仪仗鸣锣七下；道、府级官员，鸣锣九下；提督和巡抚，鸣锣十一下；都统以上官员，鸣锣十三下，大意是"大小文武官吏军民人等齐闪开"。

人还没到，仪仗先摆上了，锣先鸣上了，百姓人等无法接近，更不要说与之建立休戚与共的维系了。如此，久而久之难免不造成信息闭塞、政令不畅、民生疾苦、百姓离弃，这恐怕是封建王朝盛衰频繁、必有更迭的一个历史注脚。

共产党人向来反对官僚主义作风，尤其注重"从群众中来，到群众中去"，与之建立鱼水关系。

我们的领导干部出行也好、下基层也好，大多能做到不甩脸子、不摆架子，与群众真诚交往。尤其是中央八项规定实行以来，清道、封场、开路那一套，几乎看不到了。

不过，显性的"鸣锣开道"不存在了，隐性的"鸣锣开道"却并未杜绝。这表现在三个方面。一是"吓基层"。一些领导干部下基层，不是想着怎么调研问题、听取民意、为民办实事，而是习惯于先"吓一吓"：这次某某领导要亲自来不能出娄子啊，这次检查将采取一票否决制云云。今天锣一敲、明天一敲锣，基层的同志手忙脚乱，哪有工夫干正事？

二是"重级别"。干部下乡进户本是常态，有的干部却还是强调"级别观念"。"我是正科，我下去至少得有乡党委委员作陪"，"我是正股，你们得按级别接待"，这就像根据"鸣锣的次数"套级别要待遇。不久前，在基层遇到一名高中副校长，反复强调自己"是正股而非副股"，闻之不禁失笑。

三是"走程序"。有些"程序"是必须剥离掉的。比如干部下乡，都应当是该去就去，有时间就去，不必跟谁打招呼。但是，时下有些干部下去却习惯于先打招呼，你一"鸣锣"，他们就得安排，有时候还要"彩排"，你瞧，又要脱离群众了不是。

群众路线是我们党的生命线，我们必须把它坚持好。这其中重要的一条就是，剥离种种"鸣锣开道"，不摆架子，不讲特殊，把身段放得再低一些，与群众走得再近一些，亲密无间、推心置腹。

（载于2014年3月6日《湖北日报》）

## 不为利欲惑，但做明白人

一百多年前，一个叫林纾的学者观察鱼群抢食诱饵的过程，发出"凡下食者皆将有钩矣，然则名利之薮独无钩乎"的感慨。

天下没有免费的午餐，诱人的利好背后往往是要命的钓钩。林纾早已点破的玄机，一些人至今却还没有看明白。聪明耶，糊涂耶，或是揣着聪明装糊涂？恐怕多半还是身居要职头愈晕，结果忘却了危险，葬送了前程。

时下，少数党员干部为了满足私欲，全然不顾触电、上钩的危险。争权夺利，贪污腐化，以权谋私，声色犬马（某地一溜官员竟拜倒在同一个女子裙下）……凡此种种，触目惊心，堪为当世者鉴。

先贤的告诫、现实的教训说明，诱惑无处不在，风险与"升"俱来，越是身居权力集中的岗位，越是不能耍小聪明，不能做糊涂人。当不为名利所惑，不为物欲所诱，不为浮华所动，不为私情所扰，做政治上的明白人、经济上的清白人、作风上的正派人。

要慎思，保持头脑清醒不上当。中国社会正处于深刻的转型期，各种利益群体相互角力，一些党员干部掌握的公权力自然是他们争夺的标的。今天这个吃喝请送，明天那个称兄道弟，未必都出于真心。范进中举，前来送礼道贺者此前咋不登门？一些干部退下来后，昔日的"私交"为什么随即消逝人走茶凉？说到底，人家是认权不认人。要做明白人，不畏浮云遮望眼，锻造过硬的作风，抵御住纷繁的诱惑，保全自己、造福百姓。

要慎微，防止滑入深渊而不自知。腐败无小事，今天笑纳张三的一点意思，明天接受李四的一次安排，后天为王五批个条子，大后天替赵六打个招呼，无不纠缠着权力寻租的魅影，都是干部走向堕落的"原始积累过程"。不虑于微，始成大患；不防于小，终亏大德。平日里常照镜子，正衣冠，洗洗澡，治治病，严守党章，笃定信念，才能够叫诱惑无机可寻，让鱼钩生锈氧化。如此，方能免疫贪腐，有所作为。

要慎初，防微杜渐不越雷池半步。从字面上看，"诱惑"二字拆开，"诱"乃"秀""言"，即好听的话，阿谀奉承的熨帖话，这种话绝不能当真；"惑"乃"心""或"，即心存侥幸，这种思想断不可有。万恶莫不有其始，江湖义气、小恩小惠、打擦边球往往都是腐败的开始。既往的教训告诉我们，一旦思想上开了口子，消极腐败的恶流就极可能汹涌而来，冲垮防腐拒变的思想大堤，后果几无悬念。党纪国法昭昭，中央八项规定、省委六项禁令凿凿，绝不能有"下不为例"的侥幸。

要慎独，养成拒绝诱惑的行为自觉。官场从来不差诱惑，差的是面对诱惑的那份定力。有人监督的时候，能义正词严地拒绝腐化，私下无人之时也应该有独善其身的自觉——这是一种较高层次的要求，也是一种防腐的必然要求。只有养成清廉的习惯，形成慎独的人格，才能涵养成"任他满城风雨，我自岿然不动"的精神魅力。

不为利欲惑，但做明白人，消弭各类诱惑的影响，营造清新的党风政风，则上无愧于天，下无愧于民，心境高雅，正气充盈，百毒不侵。

（载于2013年2月6日《湖北日报》）

## 不为如贪

清学者纪昀在《阅微草堂笔记》中记载了这样一则故事，一名县令死后见阎王，称所到之处只饮一杯水，不收一文钱，自认无愧。不料，阎王却大怒："不要钱即为好官，植木于堂，杯水不饮，不更胜公乎？""无功即有罪矣。"

故事虽是文人所编，寓意却很深刻：为官者当勤政有为，不为如贪。

"贪"有特指的含义，对公职人员来说表现为利用职务上的便利，侵吞、窃取、骗取或以其他手段非法占有公共财物。贪污腐败涉嫌违法犯罪，必须受到党纪国法的严惩。为官不为，虽不是贪污财物，但严重影响改革发展事业，它耽误的是发展的机遇，阻碍的是改革的步伐，损害的是百姓的利益。从现实危害性来看，它一点不比贪污腐败责任轻。

贪官污染一方，庸官贻误一方，二者都为世人所不齿。"为官不为"实际上是"懒政""庸政""怠政"甚至"荒政"，它和贪污腐败一样，都会招来民众对地方党委政府的"不信""不满""不服"，侵蚀党和政府的公信力，动摇党的执政根基。

现在，中央八项规定持续发力，肆意妄为的空间被进一步压缩。一些干部不敢拿好处却也不干事了，为官不为的现象有所抬头。

有的人在"看"，见风使舵，选择性办事，领导看得到的就为，看不到则不为；有的热衷于"等"，等待观望，缺乏改革创新意识，"只要不出事、宁愿不做事"；有的想着法子"推"，遇事能躲就躲、能推就推，害怕"事多错多"，追求"少办事少担责"；有的习惯于"拖"，拖延应付，得过且过，办事走过场，不负责任……凡此种种，虽不是普遍现象，但更具隐蔽性，容易传染、甚至形成气候，其危害不可小觑。

为官者没有建树就是失职渎职。清雍正改革时，对"懦弱不振"的"清官"诸如常三乐之辈断然裁撤。今天，在改革积弊、励精图治的历史关口，更容不得庸官懒官太平官贻误改革发展大业。

为官不为则不配为官。当前，全面深化改革到了涉险滩、啃硬骨头的关键阶段，经济发展面临转型升级、爬坡过坎的繁重任务，为官者必须勤政有为、担责担难。改革发展之势浩浩荡荡，不进则退，慢进亦退，为官不为既没有市场也没有空间。广大党员干部务须谨记"不为如贪"，强化责任担当，真抓实干，开拓创新，更加一把力、更添一捆柴，把改革之势、发展之火催得更旺。

（载于2015年8月6日《湖北日报》）

## 穿越时空的"对话"何以直击人心

那年冬日，乱世如麻，才四五岁光景的她，寻不着父母，在战火中跑掉了鞋子。巨大恐惧中，光着脚丫的她奔跑着伸出一只小手，想抓住什么，却怎么也抓不住。80年后的冬天，南京街头繁花似锦，也是一个四五岁的小姑娘，穿着暖和的棉袄，踏着好看的雪地靴，深情地伸出一只手："好想抓住你的手，却无能为力""但我不会忘了你"。南京大屠杀80周年之际，这样走心的漫画创作怎能不打动人心？"那年乱世如麻，愿你们来世拥有锦绣年华"，这样的对话设计怎能不催人泪下？

"时空对话"漫画走红，是因为它从沉重史实中找到合适切口。如同奥斯威辛集中营之于欧洲人，南京大屠杀对中国人而言实在太沉重了。彼时侵华日寇，毁吾南京，"桨声灯影秦淮河"变成一片血海，六朝古都金陵城沦为人间地狱。更令"日月惨淡，寰宇震惊"的是，日寇屠刀所致，30万南京同胞惨遭屠戮。南京大屠杀纪念馆的石碑上，"300000"这个数字深深刻进石壁里，更深深刻进每一个中国人的心中。"300000"不是一个冰凉、笼统的数字，而是30万个有血有肉的鲜活生命个体。"时空对话"漫画中的那个小女孩何尝不是他们中的一个呢？

南京大屠杀的史料中，随处可以看到孩子的身影。1938年7月版《日寇暴行实录》中有一幅照片：南京一个三岁儿童被日军枪杀，那孩子仰躺在冰冷的地上，小眼睛已闭上，双臂却张开着，似乎想拥抱住什么。南京大屠杀幸存者常志强老人的妈妈在他面前被杀害了，他弟弟那时很小，还爬到妈妈身边，扒拉衣服找奶吃。南京"万人坑"中曾挖出大量儿童遗骨，史料也证明"日本的士兵用刺刀挑起婴儿，活活把他们扔进开水锅里"！12月13日10时零1分，在国家公祭日活动现场，在大街上、教室里、广场上，人们一致脱帽默哀的时候，那一双双渴望拥抱、企盼救助的小手能不在人们眼前幻灯片般反复闪现吗？能不催发时空阻隔、无能为力的痛楚吗？

一边是1937年的战火纷飞,一边是2017年的和平安宁,"时空对话"漫画通过"一分为二"形式强烈的对比,准确表现出人们的沉重心情;通过"那年乱世如麻,愿你们来世拥有锦绣年华"的跨时空对话设计,击中了人们的心弦和泪点。漫画是平面的,但在特定语境下,它也可以无声地回答直抵心灵的深层次问题。比如,南京大屠杀与每一个普通中国人有什么关系?今天的繁荣安定、繁花似锦,正是从曾经的命比纸薄、乱世如麻中走来。只有不忘历史,接续奋斗,实现中华民族伟大复兴的中国梦,我们才更有力量捍卫和平,我们现在站立的这片中华大地,才不会重复昨日的悲怆,我们才能深情告慰那无数个光着脚丫无助奔跑的人。

(载于2017年12月17日《光明日报》)

## 奢侈招商与一饭之忧

据《人民日报》日前报道,今年5月某省招商团赴港招商,在香格里拉酒店举行了早餐会。一位参会的香港企业家透露,参加者共约40人,花费约4万元,人均1000元。这位身家亿万的企业家不禁感慨:"一顿早餐花1000元,我不掏钱都觉得心疼。"

谈到招商花费,一些领导干部总是强调,招商是大事,该花的钱一定得花。问题是,何谓"该花的钱"?一顿早餐上千、一瓶红酒过万,难道在"该花"之列?地方政府出手之阔绰程度,难道真与招商成功率成正比?其实不然。相反,很多时候,招商花费过于奢侈,反而让人感到不可信、不可靠。

首先,奢侈招商折射出不自信。如果地方确有实力、投资环境好,那么只需适当宣传推介即可吸引众商云集。实力不够,才会"酒饭来凑"。地方政府的责任在于提升本地区位优势、提高服务水平,把这些做好了,自然就有了平等对话的自信,省却一饭千金的奉迎。

其次,奢侈招商让人心生排斥。企业家尤其在乎成本控制,面对奢侈宴请,常常会"感到心疼",也极易萌生"道不同不相为谋"的心理排斥感。有一个真实的例子。南方某地准备引入一个项目,客人实地考察后基本达成意向,晚上,县领导及工商、税务、卫生等部门负责人摆酒"尽地主之谊"。看到满桌高档饭菜、名贵酒水和官员们驾轻就熟的样子,客人脸色骤变,对当地风气感到担忧，担心这些今后要常打交道的头头脑脑不好伺候。一顿豪宴，反让项目泡了汤。

这让笔者想到陈嘉庚先生的"一饭之忧"。抗战期间，陈先生在延安和重庆各吃了一顿饭。一顿只有蔬菜和群众送来的一只母鸡，一顿则是八百大洋的豪宴。一简一奢，高下立判，陈先生由此断定"国民党必败、共产党必胜"。今天，不少企业家、投资人其实也有类似的判断：那些招商时挥金如土的地方很可能风气不正、投资环境差；那些节俭务实的地方令人心生敬意，或可打交道。

再次，奢侈招商暴露发展之弊。一个项目落户哪里，关键是看哪里的投资环境好、服务水平优。政府挂帅、比拼"三公"花费抢项目的招商模式盛行，说明一些地方还没有厘清政府与市场的关系。招商说到底是市场行为，资本的流动最终还应回归市场逻辑，政府不应过度干预。让市场引导市场，才能杜绝奢侈招商的乱象，这也是改革的一个现实指向。

古人云：奢则肆，肆则百恶具从。在大多数人眼里，奢侈招商凸显的不是一地的热情和诚意，而是极大的不安全感和不可信任感。由此而论，整治"四风"、树立政府为民务实清廉的形象，断不应在招商中搞"例外"。但遗憾的是，一些领导干部至今还不清醒，大手大脚花钱不眨眼，引不来金凤凰，却把原因归结为"没把客人招待好"，委实可悲。

（载于 2013 年 8 月 28 日《光明日报》）

# 第九招 洋为中用

时评有一个颇具争议、尚未达成共识的"准特性"——建设性。反对者认为强调时评的建设性，就意味着损失了时评的批判性，意味着写作者"自我矮化"成一副"容小的献上一计"的奴相。此论十分痛快、十分过瘾，但我认为它还是略显偏激，只能作一家之言姑妄听之。

杂文、随笔、讽刺小说等，可以天马行空、褒贬古今，只图一时的表达之快，博受众的一时情感共鸣。但时评毕竟与它们不同,它具有较强的时效性,与生活、社会有着紧密的、近距离的关联，对"当下"有较强的干预性。因此它在对时事发表看法、进行批判之后，往往还需要提出改进的建议，促进具体问题的解决，推动社会改革和进步。因此，我认为时评可以具有"建设性"，而且其"建设性"越科学、越可操作，整篇文章就越有见地、越有价值。

怎么才能让文章更有见地、更有价值？"洋为中用"是一个重要的写作方法。所谓"洋为中用"就是借鉴外国，特别是欧美发达国家的发展历程、经验教训，对照当下时事，找到"师夷之长"的办法，为解决问题提供更广阔的思路，洋为中用。

"他山之石可以攻玉。"中华民族是一个兼收并蓄、海纳百川的民族，在漫长历史进程中，不断学习他人的长处，把他人的好东西化成我们自己的东西，然后形成我们的民族特色。我们用40多年的时间，走过了西方发达国家几百年的路，赶上了时代，根本原因就在于改革开放打开了故步自封的壁垒，把西方科技、文明引进来，因地制宜地借鉴、吸收和利用。

条条大路通罗马，世界不会归于一尊，"历史终结论"显然过于武断。中国要走自己的路，但并不排斥学习和借鉴西方发达国家先进经验和做法。相反，欧美发达国家工业化、城镇化早先于我，我们现在遇到的很多经济社会发展中的问题，他们也曾经遇到过。借鉴他们的经验教训，少走弯路，是非常必要的。因此，时评写作者在立论和写作过程中，不妨适当做一些国际上的横向对比，以更宽阔的眼界看待新闻事件、新闻现象，提出有价值的建议，以期促进问题解决、推动社会进步。

## （一）以"洋元素"增强文章说服力

2015年5月26日，国家主席习近平视察杭州，听取西湖周边整治情况汇报后指出："公共资源不能为少数人垄断享用。"

众所周知，杭州西湖景区被誉为中国最美的城市公园，古来就是人们向往的休闲圣地。但和全国许多公共景区一样，西子湖畔的部分地段、场所也曾被人独占。有的人买地建起临湖豪宅，有的企业租赁了部分湖面，有的商人在景区内建起了会所，他们把西湖当成了私家花园，或借地生财，或挂起"私人会所，非请勿入"的牌子，理直气壮得很。对此，当地百姓意见很大。

2014年开始，杭州展开集中整治，陆续关停转型西湖周边30多家会所，还湖于民、还园于民、还景于民，受到当地百姓和往来游客的赞誉。但社会上也有一些不同的声音。有的会所老板说，这些地方是自己花高价买的，来得正当，政府不能把它收回去；有的学者说，商人在西湖边买地、租地建高档会所，是市场行为，政府不应干预，真的是这样吗？当然不是！

我在一篇《公共资源不能为少数人独享》的文章中写道：西湖是典型的公共资源，是为公众提供休闲享受的自然财产。其"山外青山楼外楼，西湖歌舞几时休"的清灵，"接天莲叶无穷碧，映日荷花别样红"的唯美，"欲把西湖比西子，淡妆浓抹总相宜"的娇媚等等，并不专属于哪一个人、哪一个群体。它的所有权归全体社会成员共有，没有突出的排他性，任何个人均不具备合法的占有权。非要把公共资源圈起来自用，百姓不会答应，政策也不会允许。如果说当地相关部门有什么过错，那也是此前对公共资源的公共性认识不够，管理不够严格，让一些场所成为买卖的标的。公共资源不是商品，不能随意买卖，不是用钱就能买到、就能占据的。

为了说明"公共资源不是商品，不能随意买卖，不是用钱就能买到、就能占据的"这一核心观点，把目光放到西方——西方一些发达国家，富人比我们多，却没听说哪个商业大亨能把公共景点、场所买断的，比尔·盖茨钱再多也买不走黄石公园，伯纳德·阿诺特再富有也不能打罗浮宫的主意，没人敢这么做，政策也不会允许。这是因为，无论穷人还是富人对公共资源的需求同样强烈，保障这种权利的公平性，平等满足这种需求，是现代治理所要遵循的规则。

接着再回到本国：中国是社会主义国家，向来强调公共资源配置的公平，对公共资源公益性的捍卫理当更加有力。可近些年来，一些地方对这个问题认识不足、重视不够。也不光是杭州，在全国很多地方，开发商都把挖掘机开进了公共景区，填湖建别墅在一些城市成了气候，各类私人会所堂而皇之地圈地营业，有的还对社会风气造成很坏的影响。凡此种种实质上是资本对公共资源的挤占和蚕食，是任性的财富对社会公平正义的破坏。

最后强化观点：市场经济鼓励创富，保护交易自由，但这是有前提的，那就是确保公共资源的公益性，保障普通民众利益不受损失。公共资源不能为少数人独享，在这个问题上政府的态度必须鲜明。再进一步说，人民群众是公共资源的享有者、所有者，哪些地方不能被开发、租售，哪些地方应该建公园、搞配套，一定要倾听他们的意见。时下，还有些地方把民众当成了资源配置的被动接受者，还没有学会把公共资源的处置权交给民众，这恐怕才是问题的症结所在。

因为有了"洋元素"，文章更立体、更具说服力了。这比仅仅局限于本国情况，平面地在道理上打转，呈现效果要好得多。

## （二）巧讲故事为作品增彩

《对语言文字保持敬畏》是我 2018 年 4 月 22 日应约为《光明日报》撰写的一篇文章。文章观点其实并不新鲜，就是媒体和公众应站在文化传承的高度，敬畏我们的语言文字。但是，我在文章的一开篇，讲的却是外国如何对待语言文字的故事——都德的小说《最后一课》中，韩麦尔先生的一句话令人难忘："亡了国当了奴隶的人民，只要牢牢记住他们的语言，就好像拿着一把打开监狱大门的钥匙。"诚然，语言文字是一个民族最坚实的屏障。而汉字是迄今为止连续使用时间最长的文字。

接着阐述汉语言文字的重要性：为什么中华文明成为唯一不曾断代的古文明，包括汉语汉字在内的汉文化不断接续发展是一个重要原因。书同文，语同音。汉语汉字源远流长，每一个字词、每一个发音都有一定之标准。捍卫标准、纠正错误，就是在捍卫汉语汉字的纯粹性，确保它们上承先民文化道统，下启时代语言美学。

继而提出问题：互联网技术的发展，不仅极大地拓展了人们的社交空间，也给了语言文字更宽阔的表达空间。层出不穷的"网言网语"满足了个性化表达的需要，各种舶来词、缩写、简写，形成了一些新的语言文字搭配方式，让我们看到了语言文字与时俱进的活力。然而，网络上的个性表达是一回事，媒体的传播又是另一回事。

媒体的公共属性，决定了它既是信息的传播者，也必须是语言文字规范化使用的示范者、引领者。某个词语发音如何，某个字词该怎么搭配，乃至某个标点符号该怎样使用，媒体的用法是人们眼中的"标准答案"。从这个意义上说，每一名媒体从业者，包括编辑、记者、校对等等，客观上都是人们的"老师"，需要有"学高为师、身正为范"的责任感、使命感，保持对语言文字的敬畏。

接下来以寓言故事驳论：有人认为业界对语言文字的细致关注是"吹毛求疵"，有人批评因为语言文字上的疏漏就淘汰一些参加评奖的作品是"以偏概全"，甚至有人对语言文字挑错者冷嘲热讽，这暴露了他们的短视。好比一只啄木鸟飞到一棵大树上啄食虫子。大树却说："走开，我被你啄痛了！"啄木鸟温和地说："大树兄弟，你身上的虫子已经许多了，再不驱除掉，可危险啊！"大树满不在乎地说："我这么魁梧，有几只小虫子有什么了不得，我看你真虚假，自己想吃虫子，却非要找个借口！"啄木鸟飞走了，最后大树被蛀空了。没有一点闻过则喜的雅量，没有一点极目楚天舒的远见，怎么能在语言文字的大厦里更上层楼？

最后收回来：时下，各种新媒体、自媒体风行，良莠不齐。且不论内容，单从语言文字的使用上看，不少"小编"就根本不具备基本的编辑素养，更不要说是给受众当"先生"了。传统媒体尽管面临着转型的考验,有的处境比较艰难,但越是这个时候,越要保持匠心不改。当这一轮媒体变革尘埃落定,机遇扑面而来,人们真正信赖的还是对语言文字精雕细琢的工匠,而非主谓宾定状补不分、字词句错乱成灾的"小编"。

这篇文章的观点并没有什么过人之处,但网上转载量较高,很多微信公号都在推送,广西梧州市教育部门还将它选入2019年梧州市中考语文试卷,作为阅读理解的范文。文章开篇援引别国故事,为文章增了彩,让人觉得好看,有阅读兴趣,有说服力。这其实很重要,如果文章一上来就摆出一大堆大道理来,读者难免望而生厌,不愿意去读。文章没有了吸引力、传播力,怎么可能有引导力、影响力和公信力呢?

## (三)在对比中提升文章品质

2017年全国硕士研究生招生考试中,"工匠精神"列进了政治科目考试的考题,引起很多的关注。《光明日报》一位资深编辑约我就此写一篇文章。"工匠精神"对于我们这样的制造业大国非常重要,但它在我国却一度没有得到足够的承认和尊重。这里面有"劳心者治人,劳力者治于人"等传统观点的束缚。打破固有观念的藩篱,是建设制造业强国的迫切要求。要表达这样的观点,并且启迪人、说服人,需要有洋为中用的写作意识。

因此我在文章中写道:一提工匠精神,人们就想到德国、日本、瑞士等国,因为它们产出大量值得称道的精细产品。比如百达翡丽、劳力士、江诗丹顿这些手表,小小机械表壳里,能有744个零件,最小的细如毫发,一个顶级表匠全身心投入,一年只能制造出一块。这种精益求精、一丝不苟的工匠精神恰恰是我们迫切需要的。

接着转回国内:中国是一个制造大国,但还不是制造强国。我们虽一度是"世界工厂",但在很多领域并不掌握核心技术;我们有很多产业工人,但真正潜下心数十年如一日钻研技术的人并不多;我们有着巨大的产品产量,但粗制滥造、档次低下的产品也不少;我们有一些一辈子做一件事的能工巧匠,但在世俗评价里,他们的社会地位并不高……说到底,我们真正欠缺的不是工匠,甚至也不是工匠精神,而是一种支撑工匠精神的"匠心文化"。

继而进行直接对比：在一些制造业发达的国家，一个特别精于制作钟表、生产皮鞋乃至会捏寿司的人，会被视作"国宝"，受到整个社会的尊敬，而中国向来缺乏这样的文化氛围。即便是在瓷器、丝绸、漆器等产品享誉世界的年代，中国主流社会对匠人也并无太高评价，因为中国传统文化讲究的是"万般皆下品，唯有读书高"。今天看来，这样的观念非常落后，但它对今人产生了很深的影响。每年的研究生考试、公务员考试都人潮如涌，而一些传统手艺却面临后继无人之困，就是例证。

培育工匠精神重在转变观念。现实生活中，重管理轻技术、重学历轻技能的错误认识，应随时代变化彻底扭转。在很多发达国家，匠人收入普遍比大学毕业生要高，接受职业教育的孩子同样被视为"家族的骄傲"，这值得我们反思。提高技能型人才待遇，提升其社会认可度，在全社会形成一种尊重匠人的文化，是培育大国工匠的应然之举。

最后强化观点：在研究生考试中，工匠精神是一道升学考试题；放在世界强国纷纷开启制造业升级、提升竞争力的大背景下，工匠精神就是一道事关"中国制造向中国智造转变，中国产品向中国品牌转变"的经济考题；对照历史坐标和社会心理，我们又会发现，工匠精神也是一道文化考题。

打破固有的偏见，在全社会营造和确立一种推崇工匠精神、践行工匠精神的"匠心文化"，才可能有更多人干一行、爱一行、专一行、精一行，就像瑞士的钟表匠那样，从容淡泊、精益求精、匠心不改，毕生做好一件事，做到近乎完美。

这篇题为《"工匠精神"也是一道文化考题》文章刊出后，一些机构还把它列为国家公务员考试、选调生考试、高考热点范文。中外对比、"洋为中用"的写作手法提升了文章的品质。

## （四）把中国问题放在世界趋势中去看

"乡愁"是一个温软的词汇。2014年的中秋节，又有很多人漂泊在外，没能回得了家。媒体报道，中秋期间许多"北漂"以唱故乡曲、做家乡菜、集体赏月等形式寄托思乡之情。从这里面，我看到了人们对故乡的深切感情，我在想，能不能借这个机会表达一下"留住古村落、古街道，留住乡愁"的主张和呼吁呢?

　　于是我写道:望月思乡,惆怅是难免的。然而,你纵使不辞舟车赶回故乡,谁又能保证不会"乡愁更甚三五许"呢?据国家民政部统计,2002年至2012年,我国自然村由360万个锐减至270万个,大量传统村落日渐消失。在湖北,这一问题同样存在。村落消失了,儿时的山丘被推平了,青石板被水泥路覆盖了,乡愁又能寄托于何处呢?

　　乡愁是现代人对故土的思念,对传统文化的眷恋以及对乡土中国的情感归依、精神寄托。在经济发展初期,人们为了生存而努力追求物质,乡愁不易察觉。当工业化发展到一定阶段,物质变得充裕了,一些原来被消耗掉的东西就变得弥足珍贵,如好山、好水、好空气等等。从某种意义上说,中国现今最稀缺的不是物质财富,而是好的环境以及乡愁的载体。

　　今天,人们急切地渴望抚摸那些曾经熟悉的物质载体以记住乡愁。常常小心翼翼地询问电话那头,故乡"石墙黛瓦、又见炊烟"的古村落还在吗?"古道西风,小桥流水"的老风景还在吗?"指引我们去寻找生命的湖"还在吗?乡村的旧学堂或者街巷的石牌坊还在吗?让我们心灵为之震颤的、美好的所在,正在推土机夜以继日的轰鸣中,渐行渐远。

　　接着摆出国外的做法:难道说,工业化、城镇化与乡野风貌天然就无法调和并存吗?不是的。欧美一些发达国家,工业化进程领先于我们,但他们很注重环境的保护、乡野风貌的保留,"城市像城市,乡村像乡村"。即便在中国,同样是搞城镇化,有的地方能够较好地保护老建筑、古村落,保存乡野特色风貌。有的地方却一味地铲掉、推平。说到底,还是对城镇化、对乡愁的认识水平不一样,对当地建筑遗存、山川湖泊的情感价值理解不一样,一些人甚至不知道独特的乡野风貌本身也是一种稀缺资源。如果说工业化、城镇化满足的是人的物质需求,寄托乡愁的乡野风貌满足的则是人们的精神需求。二者不仅可以,而且应该调和。

　　继而借西方发达国家发展历程强化观点:乡愁无远弗届,是一个外延宽泛的概念。它不仅对应乡土文化,也接续城市文明。北京的胡同、上海的弄堂、南京的巷子、武汉的老街都是蕴藏无限价值的乡愁载体。尊重历史记忆,保护标志性景观建筑,让人们记住乡愁,难道不应该是我们在整个城镇化建设过程中都应具备的基本意识吗?我们的工业化、城镇化还将持续很长一段时期。从现在起，尊重、保护、留存乡愁还来得及。从一些发达国家的发展态势来看，城镇化再发展到一定阶段，就可能出现人口从城市重回乡村的情况。比如美国，许多大型企业搬到乡村，许多中产阶级回到了"乡村王国"。如果我们不注重环境资源的保护、乡愁载体的留存，真到了那一天，我们怎么回去？

最后申明主张：除了一轮明月，乡愁还需更多物质载体。今年的中秋节已经过去，游子望月的忧思暂告一段落。但是，有关"乡愁何处安放"的时代课题却仍然待解。以更科学的态度推进城镇化，真正做到"让城市融入大自然，让居民望得见山、看得见水、记得住乡愁"显然是题中之义。

这篇刊于《湖北日报》的文章《除了一轮明月，乡愁还需更多物质载体》是我自己也比较喜欢的一篇文章。不仅因为它在整体基调、具体行文中有很强的文化韵味，而且因为它以看似波澜不惊的中外对比，有效表达了"避免大拆大建，以免我们再也回不去"的深沉担忧，并且提出了强烈呼吁。

## （五）反对"一闹就停"的消极懈怠

2016年6月25日，中部某地发生群体性事件。当地居民为抗议垃圾焚烧发电厂建设，走上街头。抗议民众认为，该垃圾焚烧发电厂在建设施工中未打标语，其用途附近居民甚至都不知晓。除官方在网上公示，更多居民无从知情。当天，市长亲自走到街头与居民对话。最终，市政府新闻办公室通过官方微博发布通告称，经市委市政府研究，决定停止"生活垃圾焚烧发电项目"。

这个引发群体性事件的垃圾焚烧发电厂停工后，当地政府并没有闲着。2018年5月2日，媒体报道称，两年前垃圾焚烧发电厂建设引发居民质疑，如今获得99%群众支持，项目原址重启并顺利投产。当地用两年时间组织19批群众共2100人次，前往外地考察；动员万名党员干部，开展多种形式的宣传，化解了"邻避效应"。

过去，也有不少类似项目"一闹就停"，但是停工之后，还能打消疑虑、获得支持，在原地继续建设投产的，极其少见。因此，这是一个非常值得评说的新闻。结合部门选题会的意见，我写了这篇题为《化解"邻避效应"要让信任先行》的社评。

首先,讲明这一事件的意义和价值:"项目很好,但不要建在我家后院。"从垃圾焚烧发电厂、城市污水处理厂,到高压变电站建设、PX项目选址,前些年,"邻避效应"引发的波澜接二连三。这里面既有专业知识匮乏、信息不对称、心存误解等原因,也与有关部门工作欠缺周全,不够细致、缺乏耐心有关——项目建设前期,"大干快上",不让群众有发言机会;一旦质疑强烈,又"一闹就停"。

"一闹就停"容易,问题是停下来之后怎么办?把停工的项目当成烫手山芋不敢触碰,视作敏感问题敬而远之,当作政治风险弃之如敝屣、避之唯恐不及,则项目烂尾,投入付诸东流不说,垃圾围城、污水淤积等紧迫问题还是没有解决。上文提到的中部某市跳出"一闹就停""一停了之"的被动,以真诚态度、用心沟通,打消群众顾虑,实现了项目重启并顺利投产,给破解此类难题提供了可供借鉴的解决思路。

接着以欧美发达国家的发展历程,揭示"邻避效应"的本质:过去,一些干部想不通,明明是为民有利的项目,为何总是"一建就闹"?也有人抱怨"现在的群众不如以前淳朴"。实际上,"邻避效应"是社会发展和环保意识觉醒的产物,城镇化、工业化发展到一定阶段,它必然会来。1980年到1987年,美国预定兴建的81座废弃物处理场,大多也遭到了强烈反对,欧洲一些国家也是这样。这提醒我们,"邻避效应"是经济发展起来后人们对安全、环保、健康更敏感的一种阶段性心理状态。适应它,并做好充分应对准备,才能及时化解它。

继而提出主张和建议:在项目上马之前,要注重民众参与,既然一个项目的出发点是利国为民,就应与百姓充分沟通"利"在哪里,化"替民做主"为大家的事情大家商量;保持足够耐心,留足细致做好群众工作的时间,化"大干快上"为酝酿成熟了再动手;提升工作能力,化高高在上的官样说教为眼观为实的群众考察,开拓群众的眼界、提高百姓的认识,形成最大公约数,等等。新的历史条件下,要求群众"有话好好说",党员干部首先要做好与百姓真诚对话的准备——充分尊重群众意愿,杜绝长官意志,克制权力"不由分说"的傲慢。

最后,更进一步,提出把这种化解"邻避效应"的良性互动提前到群体性事件发生之前的主张:"一闹就停""一停了之",是一种消极懈怠的"鸵鸟心态";停下来之后,认真总结经验教训、提高工作能力,最终让停摆的项目重启,利民惠民,是一种化害为利的、值得肯定的互动方式。但这毕竟是一种代价高昂的互动。降低成本的方法在于,把围绕项目建设的互动提前、再提前,取得周边群众的理解和信任,把反对建设的"邻避效应"转化为支持建设的"迎臂效应",而后动工不迟。

这篇刊于《湖北日报》的文章涉及欧美发达国家如何应对"邻避效应"的话不多,也就三五句话,但这三五句话却有力说明了观点,增强了文章的开阔性和说服力。运用"洋为中用"的手法,并非一定要把着力点放在国外如何如何上,相反,更多时候着力点应在本国,在解决我们自己的问题上。所以说,外国的做法,着墨不一定要多,言简意赅,起到说服作用即可。

## (六)古今纵横让文章更加立体

2012年11月2日,我在《三峡晚报》、三峡新闻网刊发了一篇有关阅读的文章《人均阅读4.35本,一个让人惭愧的数字》。采用了"洋为中用"的写作手法。

我写道:全民阅读率低迷是不争的事实,权威机构统计显示,我国18—70周岁国民人均阅读传统纸质图书4.35本,比韩国的11本、法国的20本、日本的40本、犹太人的64本少得多。一年4.35本,仅相当于犹太人的十分之一,实在是少得可怜。一些学者对此充满了担忧,我想他们担忧的不仅是这组数据呈现出的巨大反差,更是对这一反差无计可施的无奈感——中外对比,往往能够把问题的严峻性更直观地凸显在读者面前,为读者接受你接下来提出的主张奠定基础。这篇文章刊出后反响较好。获得了第十四届湖北网络新闻奖一等奖。

2018年4月23日,我在《光明日报》刊文《城市里不妨多些"悦读亭"》,就上海市徐汇区把一些公用电话亭改造成小而美的图书馆一事,表达了城市应该留住书香的观点,批评一些地方拆除报刊亭的粗暴做法。

文章也采用"洋为中用"的写作手法,增强了文章说服力——前些年,法国巴黎对所有报刊亭进行改造,新式报刊亭配备了暖气,更好地展现了书报,并为顾客提供饮品、纪念品,可以手机充电,甚至提供部分邮政服务。巴黎、柏林、伦敦等很多城市的管理者对报刊亭的热情,从100多年前延续至今,生生不息,这值得我们深思。

2018年4月24日,我在《中国青年报》刊文《阅读本该比刷手机更有诱惑力》,核心观点是劝年轻人多阅读,少玩手机,也采用了"洋为中用"的写作手法。

我写道:对于部分学生因沉迷手机电脑而减少阅读的情况,与其批评电子产品的"诱惑",不如努力营造阅读的氛围,培育阅读的习惯,让读书也成为一件富有诱惑力的事。在欧美一些发达国家,地铁里随处可见捧着书籍阅读的年轻面孔,日本的地铁里很流行便于阅读的口袋书。因为很多人在安静看书、翻书,乏味的旅途也有了书香气。而在国内一些城市,地铁里低头看手机成了一种时尚,有谁若拿出本《人间词话》来读,竟有些格格不入的尴尬,这难道正常吗?

这篇文章不仅有中外对比,还有以古鉴今的元素。文章最后一段是这样写的:1929年胡适曾这样劝人读书:"每天花一点钟看十页有用的书,每年可看三千六百多页书;三十年可读十一万页书。十一万页书可以使你成一个学者了。可是,每天看小报也得费你一点钟的工夫;四圈麻将也得费你一点半钟的光阴。看小报呢,还是打麻将呢,还是努力做一个学者呢?全靠你们自己的选择!"搁在今天,大抵要换个说法:亲,每天P图、打游戏、刷手机只能让你爽一时,阅读却可以使你"气质美一世"。是埋头刷手机不读书以致"面目可憎"呢,还是在阅读中变得气质出众呢?全在你自己的选择。

"洋为中用"与"以古鉴今"并用,既有横向铺展的宽阔对比,又有穿越百年的历史纵深,文章纵横交错,就变得立体起来了。

"洋为中用"是一种比较特殊的写作手法,一方面它非常实用,应用也相当广泛;另一方面,它又与本书所讲的大多数写作手法不同,它在文章的物理构成中,往往只占很小一部分。着墨不需多、篇幅不需长,但一定要精练妥当、恰到好处。怎样才能找到、找准那些精练妥当、恰到好处的"洋玩意儿"呢?这就要求时评写作者尽可能广泛地涉猎西方文化文明,并且密切关注西方发达国家的发展状况,从中找到值得为我所用的上等素材。

**实战例文**

## 对语言文字保持敬畏

都德的小说《最后一课》中,韩麦尔先生的一句话令人难忘:"亡了国当了奴隶的人民,只要牢牢记住他们的语言,就好像拿着一把打开监狱大门的钥匙。"诚然,文字是一个民族最坚实的文化屏障。而汉字是迄今为止连续使用时间最长的文字。

为什么中华文明成为唯一不曾断代的古文明,包括汉语汉字在内的汉文化不断接续发展是一个重要原因。书同文,语同音。汉语汉字源远流长,每一个字词、每一个发音都有一定之标准。捍卫标准、纠正错误,就是在捍卫汉语汉字的纯粹性,确保它们上承先民文化道统,下启时代语言美学。

互联网技术的发展,不仅极大地拓展了人们的社交空间,也给了语言文字更宽阔的表达空间。层出不穷的"网言网语"满足了个性化表达的需要,各种舶来词、缩写、简写,形成了一些新的语言文字搭配方式,让我们看到了语言文字与时俱进的活力。然而,网络上的个性表达是一回事,媒体的传播又是另一回事。

媒体的公共属性,决定了它既是信息的传播者,也必须是语言文字规范化使用的示范者、引领者。某个词语发音如何,某个字词该怎么搭配,乃至某个标点符号该怎样使用,媒体的用法是人们眼中的"标准答案"。从这个意义上说,每一名媒体从业者,包括编辑、记者、校对等等,客观上都是人们的"老师",需要有"学高为师、身正为范"的责任感、使命感,保持对语言文字的敬畏。

有人认为业界对语言文字的细致关注是"吹毛求疵",有人批评因为语言文字上的疏漏就淘汰一些参加评奖的作品是"以偏概全",甚至有人对语言文字挑错者冷嘲热讽,这暴露了他们的短视。好比一只啄木鸟飞到一棵大树上啄食虫子。大树却说:"走开,我被你啄痛了!"啄木鸟温和地说:"大树兄弟,你身上的虫子已经许多了,再不驱除掉,可危险啊!"大树满不在乎地说:"我这么魁梧,有几只小虫子有什么了不得,我看你真虚假,自己想吃虫子,却非要找个借口!"啄木鸟飞走了,最后大树被蛀空了。没有一点闻过则喜的雅量,没有一点极目楚天舒的远见,怎么能在语言文字的大厦里更上层楼?

时下,各种新媒体、自媒体风行,良莠不齐。且不论内容,单从语言文字的使用上看,不少"小编"就根本不具备基本的编辑素养,更不要说是给受众当"先生"了。传统媒体尽管面临着转型的考验,有的处境比较艰难,但越是这个时候,越要保持匠心不改。当这一轮媒体变革尘埃落定,机遇扑面而来,人们真正信赖的还是对语言文字精雕细琢的工匠,而非主谓宾定状补不分、字词句错乱成灾的"小编"。

(载于2018年4月22日《光明日报》)

## 除了一轮明月,乡愁还需更多物质载体

今年中秋节,又有很多人漂泊在外,没能回得了家。媒体报道,中秋期间许多"北漂"以唱故乡曲、做家乡菜、集体赏月等形式寄托思乡之情。

望月思乡,惆怅是难免的。然而,你纵使不辞舟车赶回故乡,谁又能保证不会"乡愁更甚三五许"呢?据国家民政部统计,2002年至2012年,我国自然村由360万个锐减至270万个,大量传统村落逐日消失。村落消失了,儿时的山丘被推平了,青石板被水泥路覆盖了,乡愁又能寄托于何处呢?

乡愁是现代人对故土的思念,对传统文化的眷恋以及对乡土中国的情感归依、精神寄托。在经济发展初期,人们为了生存而努力追求物质,乡愁不易察觉。当工业化发展到一定阶段,物质变得充裕了,一些原来被消耗掉的东西就变得弥足珍贵,如好山、好水、好空气等等。某种意义上说,中国现今最稀缺的不是物质财富,而是好的环境以及乡愁的载体。今天,人们急切地渴望抚摸那些曾经熟悉的物质载体以记住乡愁。常常小心翼翼地询问电话那头,故乡"石墙黛瓦、又见炊烟"的古村落还在吗?"古道西风,小桥流水"的老风景还在吗?"指引我们去寻找生命的湖"还在吗?乡村的旧学堂或者街巷的石牌坊还在吗?令人痛心的是,那些让我们心灵为之颤抖的、美好的所在,正在推土机夜以继日的轰鸣中,渐行渐远。

难道说,工业化、城镇化与乡野风貌天然就无法调和并存吗?不是的。

欧美一些发达国家，工业化进程领先于我们，但他们很注重环境的保护、乡野风貌的保留，"城市像城市，乡村像乡村"。即便在中国，同样是推进城镇化，有的地方能够较好地保护老建筑、古村落，保存乡野特色风貌。有的地方却一味地铲掉、推平。说到底，还是对城镇化、对乡愁的认识水平不一样，对当地建筑遗存、山川湖泊的情感价值理解不一样，一些人甚至不知道独特的乡野风貌本身也是一种稀缺资源。如果说工业化、城镇化满足的是人的物质需求，寄托乡愁的乡野风貌满足的则是人的精神需求。二者不仅可以，而且应该调和。

乡愁无远弗届，是一个外延宽泛的概念。它不仅对应乡土文化，也接续城市文明。北京的胡同、上海的弄堂、南京的巷子、武汉的老街都是蕴藏无限价值的乡愁载体。尊重历史记忆，保护标志性景观建筑，让人们记住乡愁，难道不应该是我们在整个城镇化建设过程中都须具备的基本意识吗？我们的工业化、城镇化还将持续很长一段时期。从现在起，尊重、保护、留存乡愁还来得及。从一些发达国家的发展态势来看，城镇化再发展到一定阶段，就可能出现人口从城市重回乡村的情况。比如美国，许多大型企业搬到乡村，许多中产阶级回到了"乡村王国"。如果我们不注重环境资源的保护、乡愁载体的留存，真到了那一天，我们怎么回去？

明月当然是寄托乡愁的最易得介质，但是除了一轮明月，乡愁还需更多物质载体。今年的中秋节已经过去，游子望月的忧思暂告一段落。但是，有关"乡愁何处安放"的时代课题却仍然待解。以更科学的态度推进城镇化，真正做到"让城市融入大自然，让居民望得见山、看得见水、记得住乡愁"显然是题中之义。

（载于2014年9月9日《光明日报》）

## 化解"邻避效应"要让信任先行

两年前垃圾焚烧发电厂建设引发居民质疑，如今获得99%群众支持，在项目原址重启并顺利投产。仙桃用两年时间组织19批群众共2100人次，前往外地考察；动员万名党员干部，开展多种形式的宣传，化解了"邻避效应"。（见5月2日《湖北日报》）

"项目很好，但不要建在我家后院。"从垃圾焚烧发电厂、城市污水处理厂，到高压变电站建设、PX项目选址，前些年，"邻避效应"引发的波澜接二连三。这里面既有专业知识匮乏、信息不对称、心存误解等原因，也与有关部门工作欠缺周全，不够细致、缺乏耐心有关——项目建设前期，"大干快上"，不让群众有发言机会；一旦质疑强烈，又"一闹就停"。

"一闹就停"容易，问题是停下来之后怎么办？把停工的项目当成烫手山芋不敢触碰，视作敏感问题敬而远之，当作政治风险弃之如敝屣、避之唯恐不及，则项目烂尾，投入付诸东流不说，垃圾围城、污水淤积等紧迫问题还是没有解决。仙桃跳出"一闹就停""一停了之"的被动，以真诚态度、用心沟通，打消群众顾虑，实现了项目重启并顺利投产，给破解此类难题提供了可供借鉴的解决思路。

过去，一些干部想不通，明明是于民有利的项目，为何总是"一建就闹"？也有人抱怨"现在的群众不如以前淳朴"。实际上，"邻避效应"是社会发展和环保意识觉醒的产物，城镇化、工业化发展到一定阶段，它必然会来。1980年到1987年，美国预定兴建的81座废弃物处理场，大多也遭到了强烈反对，欧洲一些国家也是这样。这提醒我们，"邻避效应"是经济发展起来后人们对安全、环保、健康更敏感的一种阶段性心理状态。适应它，并做好充分应对准备，才能及时化解它。

在项目上马之前，要注重民众参与，既然一个项目的出发点是利国为民，就应与百姓充分沟通"利"在哪里，化"替民做主"为大家的事情大家商量；保持足够耐心，留足细致做好群众工作的时间，化"大干快上"为酝酿成熟了再动手；提升工作能力，化高高在上的官样说教为眼观为实的群众考察，开拓群众的眼界、提高百姓的认识，形成最大公约数，等等。新的历史条件下，要求群众"有话好好说"，党员干部首先要做好与百姓真诚对话的准备——充分尊重群众意愿，杜绝长官意志，克制权力"不由分说"的傲慢。

"一闹就停""一停了之"，是一种消极懈怠的"鸵鸟心态"；停下来之后，认真总结经验教训、提高工作能力，最终让停摆的项目重启，利民惠民，是一种化害为利、值得肯定的互动方式。但这毕竟是一种代价高昂的互动。降低成本的方法在于，把围绕项目建设的互动提前、再提前，取得周边群众的理解和信任，把反对建设的"邻避效应"转化为支持建设的"迎臂效应"。在沟通中化解矛盾、达成共识，是推进治理体系和治理能力现代化的重要实践。

（载于 2018 年 5 月 3 日《湖北日报》）

## 城市里不妨多些"悦读亭"

据报道，日前，上海市徐汇区首批 6 座由公共电话亭改造成的"悦读亭"出现在街头。市民可以参与一些小型图书漂流活动，或是通过"悦读亭"内的书籍，了解周边的历史文化。据早前上海市政府发布的消息，徐汇区将有 263 座公共电话亭被改造成这种小而美的图书馆。

随着移动通信的普及，街头电话亭失去了往日辉煌。上海市徐汇区创造性地把电话亭改造成"悦读亭"，让它们变成星罗棋布的阅读空间、文化驿站，增强了城市的书香气，实在是一个极有品位的做法。与之形成强烈对比的是，近年来一些城市粗暴地拆除街头电话亭乃至书报亭，挤压市民的阅读空间，客观上造成书籍被"人为地赶出公共视线"。

拆除电话亭、报刊亭固然能找到不少理由，比如美化市容、拓宽道路；遵从市场规律，淘汰无用设施等。但是，城市之美既在高楼大厦的整齐划一，更在大街小巷的文化交织。别小看那一个个小小的亭子。每一座报刊亭都是一个亲近阅读的去处，都是一方文化交流的空间，都是一个城市文化和品位的展示窗口。

在国民阅读率不甚理想的情况下，更需要站在培育书香文化、促进全民阅读、提升公民文化素养的高度，呵护报刊亭、支持"悦读亭"，让它们成为城市文化的补给点，潜移默化地影响市民。在经济领域，政府应让市场起决定性作用，但在文化建设上，不应完全任凭市场左右。相反，需要注重提升政府的主动性。如果仅仅象征性地保留几处图书馆、文化馆，而把布点更为密集、灵活、便利的报刊亭等基层服务的毛细血管斩断，国民阅读率甚至会整体下滑。

进一步说，报刊亭也并非真的丧失了市场。在上海、武汉等很多城市的街头，报刊亭周围往往是老人小孩聚集的地方，是候车年轻人驻足的场所。书刊购买欲的下降，并未消减报刊亭作为一个公共文化设施存在的价值。前几年，某地媒体曾经做过一项"你是否同意拆除报刊亭"的调查，数千名网友发表了自己的看法,其中95%的网友反对拆除。为什么?因为"我平时买书报并不多,但我希望想看书时,在家门口就能方便地看到、买到"。

前些年,法国巴黎对所有报刊亭进行改造,新式报刊亭配备了暖气,更好地展现了书报,并为顾客提供饮品、纪念品,可以手机充电,甚至提供部分邮政服务。巴黎、柏林、伦敦等很多城市的管理者对报刊亭的热情,从100多年前延续至今,生生不息,这值得我们深思。

城市之美,美在文化,美在城市拐角处那一座座小小的报刊亭。

(载于2018年4月24日《光明日报》)

## 第十招 掐头续尾

清人无名氏在《杜诗言志》卷四中写道："夫诗之章法起句，必切本题，且由纲及目，由浅入深。"写诗要有一个起承转合的过程，由浅入深、由表及里，层层深入，继而抵达核心。写时评也是这样，布局行文要有起承转合，同时也需要注重认识上的由表及里、层层推进，找到最具有评说价值的观点。

20世纪末时评开始兴起，至今已经成为一种比较成熟、人们喜闻乐见的重要新闻体裁。每天，各大传统媒体、新媒体上会出现大量时评作品。这其中绝大多数都是根据当天时事进行的同题作文。既是同题作文，就有高下之分、优劣之别。那些公认的好文章，大多有一个共同特点——认识深刻、观点独到。从某种意义上说，一篇文章的认识是不是深刻，观点是不是独到，直接决定着文章的品质高低。怎么做到认识深刻、观点独到呢？这就需要掌握掐头续尾之法。

### （一）向认识深处层层推进

针对某个新闻事件、新闻现象写一篇时评，首先要有新闻由头，这是"起"；接着要切题，这是"承"；继而抵达预设的观点，这是"转"；最后做结，这是"合"。时评写作中，起承转合每个部分都很重要，但最重要的是"转"的部分。为什么？因为这个部分实质上是你要表达的核心观点所在，也是对事物的本质、对思想认识挖掘最深入的地方。前面的"起""承"，是为了抵达此处架桥铺路；

最后的"合"则是对此处的一种强化或呼应。

所以说，做好这个"转"事关文章写作的成败。怎么做好？一是确保这个"转"字真正转起来。"转"就是转折，文章写到这里，就需要拿出独到的观点来了，不能还在一个水平面上滑动。在一个水平面上来回滑动，局限在一个层面上，文章何来深度？所以要转进去，转到不同的层面上去。在这个转的过程中，我们往往会发现，除了预设的那一层认识，随着写作和思考的深入，还会有更深一层的认识出现。这个时候，千万不要自我束缚，继续推进一层；如果发现这一层的下面，还有一层，不要止步，继续深挖；如果再发现一层呢？继续挖掘，一挖到底。一般而言，一篇文章在观点的推进上，有两层意思就算合格了，有三层意思就是好文章了，如果有四层以上的意思，就可能是难得的佳作。

这个时候问题来了。时下的时评一般都是千字文，你按照层层深入的办法不断推进，得出了一二三四甚至更多层的认识，最后会发现它远远超过既定的文章篇幅。有的篇幅达到了1300字、1500字、2000字，甚至更长。怎么办？这就要做减法，要删。删哪里？重点是删除前面的部分。回过头仔细思考，你会发现文章的第一层意思实际上非常肤浅，读者基本上都知道，那就可以掐去了；接着看第二层意思，如果去掉之后并不妨碍下一层意思的表达，其实也可以删去，最后留下的是最精要、最具含金量的观点和认识。把文章精简到1000字左右，再对通篇进行起承转合上的衔接和理顺，一篇深度好文就完成了。这就是掐头续尾之法。

两篇文章都针对同一个选题，篇幅也都是千字左右，但"掐头续尾"之前的文章和之后的文章往往大不相同。后者的深刻程度远胜前者，思想容量得到了极大拓展，整个文章也会更加厚重，让人读来有启发、有思考、有收获。

## （二）把卖相最好的"菜心"摆上台

2017年6月，我接到一份某地举办活动的通知，三四页纸数千字，除了文末的开会时间、地点、联系方式有用之外，通篇几乎尽是指导思想、基本原则、会议精神等多而无当的表述。明明三四百字能够说清楚的事情，却偏要整出个长篇大论来。

恰恰那段时间，河南某市发生一起火灾，263个字的通报中，有165字都在介绍"各级领导重视"，而对公众更关心的事故原因和伤亡情况，却仅有"暂无人员伤亡，事件原因正在调查"寥寥14个字，惹来不少批评。

这两件事情让我陷入了思考，为什么该直截了当的非要注水拉长，该详细说明的却寥寥数语搪塞，为什么现在很多单位、很多人写公文当短不短、当长不长？于是我开始写这篇文章。在写作过程中，我首先用《庄子》的话切入，庄子有云："长者不为有余，短者不为不足。是故凫胫虽短，续之则忧；鹤胫虽长，断之则悲。"引出文章当长则长、当短则短的道理。

接着借用《明史》里朱元璋怒打"写注水奏折"的刑部主事茹太素的故事，说明没必要地拉长文章的害处。接着写好文风的重要性、短文章也能体现水平，最后强化观点。我把一篇1200字的文章送给《人民日报》的一位业界前辈看。

他提出了很好的修改意见。他的意见大概是：第一，你这篇文章主要意思是文章要短实新，但提倡短实新的文章很多了。观点能不能递进一层，深度挖掘下去，分析那些长文章到底长在哪里？一篇文章阐明一个道理就基本合格了，如果再递进一层，对内分析内在的原因，对外让大家认识有所提升，就是好文章了。

接着他还告诉我，写这类稿件有一个"土办法"，刚开始的时候，可以按照A、B、C、D由浅入深的层次去，等写到一定层次，比如第三层的时候，你可能发现篇幅太长了，这时候你再往第四层写，就会发现第一层意思其实众所周知，不用写或者可以一笔带过了。这一层脚手架拆掉时，你已经到第四层了。如果一上来就写第三第四层，会不大容易说清楚。就像我们种一棵菜，最后掐到那点菜心摆上台，卖相就很好……这实在是给我上了一课。

层层深入，以前我也尝试过，但一直没有找到十拿九稳的法门，他讲的拆掉第一层脚手架、掐掉表层菜叶式的"掐头续尾"的方法，精妙极了。

按照这个思路，我重新写成一篇文章《何必"把野鸭子的腿加长"》。在完成"起""承"部分的写作后，我继续写道：改进文风的大背景下，一些地方为什么还是"公文看不尽、会议开不完"，以致看文件的人头晕目眩、听会的人叫苦不迭？那些"把野鸭子的腿加长"的文章，又究竟长在哪里？表面上看是穿靴戴帽、铺陈罗列、言之无物的内容挤占了纸张，实际上是错误心态和作风充胀了体积。

有的人觉得文章越长、作报告时间越长就越有水平,所以写文章喜欢往长了写;有的领导认为讲长话就是对工作重视和认真的表现,给哪个部门讲的话长就是重视哪个部门,方方面面都要照顾到,所以短不下去;还有的同志认为讲大话、空话、套话、歌功颂德的话最保险,所以改的动力不足……这样的作风和心态不改变,耽误的是工作,影响的是效率,损害的是百姓利益。作风问题也是政治问题,必须一改到底。

接着进一步写道:短往往更能体现水平。东晋书法家王珣的《伯远帖》,虽只有寥寥五行、47个字,却成故宫镇馆之宝。毛主席起草、周总理题写的人民英雄纪念碑碑文,不过114个字,却气势磅礴,成为振奋民族之强音。1975年,邓小平同志负责起草四届人大一次会议的报告,一共只有5000字,"也很管用"。话不必多,说透就行;文不在繁,管用就成。

再进一步写道:提倡写短文、讲短话是当前改进文风的主要任务,但也要警惕一些地方"把仙鹤的腿截断"的情况。提倡"短实新"也不是说不管什么文章短的就一定比长的好。实事求是、言之有物是根本原则。有些文章即便很长读者也愿意读,因为事关重大、信息丰富,没有冗长沉闷之感;有的信息公众很关心,就应该详细交代,不能敷衍。可见,文章因时而著,是长是短要看实际需要。这个需要,取决于读者。

最后做结:文无定法,衡量某篇文章文风好坏,从技术上似乎没有一定的标准。可如果回到"服务读者"这一写作的根本目的上来,就能清楚地认识到,评判文风好坏最权威的专家不是别人,正是最广大的读者。文风好不好,群众说了算。反对一切言之无物的空谈,减省一切冗长无用的笔墨,有一说一,务求实效,文风改进的成效才会与群众的感受相匹配。

同样是一篇1200字左右的文章,删去了此前朱元璋怒打茹太素的故事,删去了好文风的重要性等表层论说,较深入地分析了文风不好的根源,并提出了"文章因时而著,是长是短要看实际需要"这一认识;最后更进一步阐明观点:"这个需要,取决于读者""文风好不好,群众说了算"。层层递进,层层深入。一下子就厚重起来了。文章见报后,社会反响很热烈,很多人热情转发。这篇文章讨论和修改的过程,给了我很大启发。

## （三）给层次的推进腾出空间

2018年1月9日，隆冬。云南一个头顶风霜上学的孩子的照片在网上引起广泛关注。照片中的孩子站在教室里，头发和眉毛已经被风霜染成雪白，脸蛋通红，穿着并不厚实的衣服，身后的同学看着他的"冰花"造型大笑。有网友表示，看着好心疼。

"冰花男孩"王福满走红后，各地的捐款涌向云南省鲁甸县。面对有网友质疑"社会捐赠30多万元，'冰花男孩'只得500元，无法保证把捐款全部用到孩子身上"，当地回应称，社会各界的捐款由情况类似的贫困孩子分享，以点带面，让这个区域的孩子们都得到实实在在的关爱。

这样的回应，没能平复舆论。这个时候，我有一个朴素的想法：这场社会捐助是因为"冰花男孩"王福满的扎心照片而起，但把所有捐款都汇聚到他一个人身上是不是就一定好呢？未必。

于是，这篇文章有了两层认识：第一层认识，冰花男孩"王福满扎心照片背后是苦寒的生活。孩子这么小，不应该承受这么多苦，社会应该给予他帮助，这体现的是社会爱心。第二层意思："冰花男孩"是当地千千万万需要关爱的山区孩子的一个代表，应该把社会爱心捐款用在更多孩子身上，以解他们的燃眉之急。

这两层认识已经可以写到1000字了，但够不够深刻？还不够。于是又挖掘到第三层：要图简便，把收到的数十万元捐款集中到"冰花男孩"一人身上，其个人乃至其家庭境遇可以得到显著改善，对外宣传也可以迅速找到题材，博得舆论好评。然而，当地把所得捐款用在了更多类似的孩子身上，"撒胡椒面"分散了视觉冲击力，却扩大了温暖覆盖面。更多孩子得到了保暖的手套、衣帽，更多教室有了温暖的火炉，冻伤手脚的学生会少很多，这比单单改善一个人的生活意义要大得多。

再递进一层：不把捐款集中于一人，也传递出一种清晰的导向。什么导向？解决贫困孩子的冻馁之苦，并不是谁的样子更让人心疼，谁就应该独得好处；也不能靠运气，不是谁运气好被媒体发现成了"网红"，谁就应声改变命运。通过一个人引发的触动促进整体性问题的解决，才是出路所在。令人肃然起敬的是"冰花男孩"父亲的态度。他对媒体说，照片走红后，不少人提出资助要求，但他希望孩子不要因此学会不劳而获，而是依靠读书，靠自己的努力改变命运。这是第四层了。

还能不能再递进一层？可以。第五层：解决"冰花男孩们"的问题不能单靠网民，政府要有更多作为。网友的质疑、媒体的诘问有其逻辑的合理性，当地还须在公开透明上做得更好，消除误解、争取理解。同时，也应深刻认识到，整体上解决"冰花男孩"们的困境，社会捐助只是一种补充，解决问题的主力还在政府有关部门。"再穷不能穷教育、再苦不能苦孩子"的理念，没有过时。这些年，各地的教育投入占比连年增长，但是不是都已到了极值呢？在"冰花男孩"们较多的艰苦地区，人力、物力向教育、孩子倾斜的力度是不是应该更大一些？上级有关部门的支持是不是可以更有力一些呢？

最后做结：对于"冰花男孩"，祝福、捐款都令人感到温暖，但更重要的是整体问题的解决，这是我们应始终保持的关注方向。

大大小小有五层认识了，文章超长了。回头再看第一层认识，"冰花男孩"王福满扎心照片背后是苦寒的生活，孩子这么小，不应该承受这么多苦，社会应该给予他帮助，这体现的是社会爱心。这一层已经有了比较清晰的共识，于是直接删掉。精简版的文章《把关爱"冰花男孩"扩展到更多孩子》在《光明日报》刊出后，反响不错，贵州当地一些政府机关的官方网站还在首页转发。

在运用掐头续尾之法的时候，要看到"掐头"的目的，是为了给后面的观点深入、层次推进腾出空间。"续尾"续的是闪闪发光的比黄金还珍贵的更深刻思想，续的是貂的尾巴，决不能是狗尾续貂。

## （四）文章的第一层意思往往可以删掉

还是2018年1月份，病毒性流感进入高发期。全国很多城市医院的儿科人满为患。一天，扬州大学附属医院儿科贴出通知："儿科医生长期超负荷工作，多名医生病倒，请家长就近选择其他医院就诊。"《楚天都市报》记者走访发现，江城武汉多家医院儿科医生也是超负荷加班累倒一片。

拿到选题，可以看到两层比较浅显的意思：第一层意思，孩子生病了，发烧咳嗽，家长着急上火，医院却歇业，医生却病了，这会令家长更加心焦；第二层意思：医生的确很辛苦，应该建立一种轮班制度，既让医生轮流休息，又保证孩子的病有人看，不至于贻误病情。

第一层意思写完后，进入第二层意思：医生的确很辛苦——因为患者太多，医生直到下午两点钟才得空儿扒两口饭；医生一出诊室就被围上，上趟洗手间都不得不先道歉；为了减少上厕所次数，嗓子发炎也不敢多喝水……如此高强度的工作之下，不论是扬州"多名儿科医生病倒"，还是江城"多家医院儿科医生累倒一片"，都不足为奇。

这个时候意识到，必须进入第三层意思：各地儿科医生都非常辛苦，根本原因是儿科医生紧缺——如果仅仅把"带病坚持工作"视为应有的崇高，把"累倒一大片"的现象当成敬业奉献的表现，很容易遮蔽问题的实质。医生带病坚守岗位确实值得点赞，然而一味地进行心灵鸡汤似的赞扬，也会影响对现实的清醒判断。"累倒一大片"的背后，既有医生主观上的敬业精神，更有客观上儿科医生短缺的严峻现实。

据中华医学会儿科分会统计，中国14岁以下的儿童数量超过2亿，儿科医师的数量却不足10万，平均每千名儿童只有0.5位儿科医师，与发达国家1.5/1000的儿科医生配比，相差数倍。更令人忧心的是，2010年至2014年我国儿科医生总量并未增长，反而减少了约0.3万人。如果再把这样的态势放在"全面二孩"即将带来的巨大就诊需求中去看待，儿科医生荒的破题之切，已经是燃眉之急。

儿科医生缺口这么大，该怎么办呢？进入第四层意思：社会应该对儿科医生这个职业予以应有的尊重——医生是救死扶伤的特殊职业，所谓"学不贯今古，识不通天人，才不近仙者，心不近佛者，不可作医误世"。儿科又被医家称作"哑科"，因为幼童不能言语，即使能言语亦往往词不达意，治疗不懂得配合，且又脏腑嫩弱，稍有不慎便会贻误病情，所以一般都认为治小儿病最难、最累。与最难、最累相对应的，却是待遇跟不上、发展前景不开阔，以及"金眼科、银外科，一钱不值小儿科"的自嘲，这并不合理。与此同时，儿科的医患矛盾也格外突出。日常诊疗中，因为孩子"打针没扎进"等问题就辱骂殴打医生护士的情况，时有发生。在制度上，让儿科医生的苦和累获得相匹配的体现和尊重，是破题的关键。

进入第五层意思（实际上是第四层的平行层）：应有效增加儿科医生的培养和供给——1998年学科调整之后，儿科专业停止招生，这切断了儿科医师的稳定来源，从根源上造成了今天儿科医生短缺的局面。所幸的是，2016年开始，教育部恢复了8所大学儿科专业的本科招生，且有扩大范围的计划。专家预测，目前全国儿科医生缺口达一二十万，仅湖北就欠缺2万至3万。从源头上加大加快儿科医生的专业化培养，对于缓解当前捉襟见肘的无奈，对于应对未来儿童就诊需求的增长都非常紧要。

最后强化主题：中华"儿科鼻祖"北宋名医钱乙，一生矢志于使"幼者无横夭之苦，老者无哭子之悲"。这又何尝不是儿科医生们的共同追求呢？儿科医生"累倒一大片"是种现实提醒，既提醒政府加大力度破解儿科医生荒，也提醒公众，不论多么心焦如焚，也要对包括儿科医生在内的广大医护人员多一些体谅，多一份尊重，多一点理解。

于是，出现同样的问题——文章写完后发现篇幅超长了。回头再看，第一层意思"孩子生病了，发烧咳嗽，家长着急上火，医院却歇了业，医生却病了，家长会更加心焦"，这比较显而易见，直接删除。第二层意思写医生的辛苦，也要进行精简，几句话带过。最后文章篇幅控制在1000字以内，但是文章的深度、厚度，超出了1000字之外。

这篇题为《儿科医生"累倒一片"是种提醒》的文章在《湖北日报》刊发后，很多医务人员跟帖留言，认为文章说出了他们的心里话。此文还被华中科技大学等一些知名高校和研究机构作为研究这一类问题的参考资料。

## （五）写作中应给孩子以更多温柔

2005年1月，临近年关，很多农民工开始艰难讨薪。一个刚过完14岁生日的四川女孩袁某，从河北冀州一处楼盘17楼纵身而下，一个尚未绽放的年轻生命就此陨灭，她留给人间最后的一句话是："我要帮父母讨薪！"

看到这样一则新闻我非常难过，才14岁呀，还有多少美好的人生风景在等着她，她却选择以如此惨烈的方式离开。我甚至想穿越到彼时彼境，拉住她的手，把她劝下来，和她一起去找到那些无良的老板，质问他们还有没有一点人性和良心；找到那些本该维护农民工权益的监管部门负责人，质问他还有没有一点责任心，是酒囊饭袋吗？可一切都不可能回去。这就是我文章的第一层意思：惋惜和愤慨。

接着写到第二意思：讨薪是大人们的事，讨薪路上不该有孩子的身影——袁某走上讨薪路应该说是个错误。而这个错误的根源正是拖欠工资的一方，是恶意欠薪的风气以及有关部门监管的乏力。袁某的父亲是个包工头，带着100多名农民工做事，年底拿不到工程款，天天有人上门催账，家庭的无奈与焦虑，能不对孩子产生影响？可以说，成人世界的种种不堪，总会或多或少映射到孩子身上，而这种映射说到底是一种社会之弊。

写到这里觉得还有话说，不吐不快，进入第三层意思：法律不应该缺位——一个法治社会，至少应做到让绝大多数劳动者都如约获得报酬。当下存在的欠薪现象，有违公义和法治。尤其是一些开发商，兜里明明揣着钱，或者能想到办法付款，偏偏要习惯性拖延、拖欠，说到底还是制度不够健全，依法维权的手不够硬。关于惩治恶意欠薪，《劳动法》有相关规定，2011年"恶意欠薪"被写入刑法修正案，各地劳动监察部门也有执法规范，应该说不是没有法律依据，而是在某些地方、某些时候，法律依据成了摆设，没能有效发挥作用。

袁某的父亲遭遇开发商拖欠工资，执法部门稍微较真一点，及时出面督促开发商履约付酬，问题不会解决不了。可现实往往并不按"常理"发展，一些基层政府部门和执法者履职做事常常只讲难易、得失，"不讲道理"。明明该依法保障的权益不去保障，明明该去执行的规定就是不去执行。末了，还摆出一副不耐烦的模样说"这样的事太多了，管不过来"。这是什么混账逻辑？该管的管不好，就应该下课。可这事，一般老百姓说了不算，农民工说了更不顶用。这才是问题的症结所在。

顺着感情的发展脉络，有了第四层意思：中央三令五申要求保障农民工权益，但一些地方一些官员就是充耳不闻，坐视农民工兄弟哀求无门，坐视极端事件发生。甚至淡定地放出一句"出了人命就好办了"。如此冷血之辈，有何资格坐享公共财政的供养？不过，的确是"出了人命就好办了"。据报道，袁某坠亡之后，被拖欠的工程款很快就发放到位了，100多名农民工终于讨回了他们应得的工资。只是，这浸透着一个花季少女鲜血的艰辛讨薪路，既令人悲愤，更应引起社会的深刻反思。

写到这里，发现了问题，层次之间出现了重复。第二三四层意思，实际上把第一层意思"惋惜和愤慨"分解了。第一层意思就显得多余了。于是删除第一层意思。这样文章的认识层次就顺了，文章的篇幅刚好到 1000 字。

最后一句话做结：讨薪路上，不该有未成年人的身影，但愿这种悲剧从此不再上演！文章写完了。这篇题为《讨薪路上，不该有孩子的身影》的文章在我的个人公众号"电影长老会"推出后，《羊城晚报》《淄博日报》等 30 余家媒体进行了转载，引起网民热议。

随着类似文章、呼声的增多，六年之后的 2011 年 1 月，也是一个临近年关的冬天。国家人力资源和社会保障部与发改委、监察部、财政部、住房城乡建设部等五部委联合下发通知，要求各地政府要先行垫付被拖欠的农民工工资；对不具备还款能力的项目，可采取资产变现等措施筹措资金解决被拖欠的农民工工资。

掐头续尾是一个非常重要，而又很少被人关注和提及的写作方法。它对于我们挖掘文章的深度，明晰写作的层次，提高文章的品质，极有帮助。"掐头续尾"意味着要先写再删。有的人很爱惜自己的文字，写出来了就不舍得删，这不行。前面的章节里我讲过"好评论是走出来的"。现在还要讲一句"好评论是删出来的"。删减的过程，就是一个深入思考的过程，有舍才有得。

有人问我，既然第一层意思总归是要删除的，能不能直接从第二层意思开始写。对于写作高手，这是可以的，有的名家大家甚至跳过第一、二层，直接从第三层开始写起。但是，初学者还是应该从第一层开始写起。如果一上来就写第二层乃至第三、第四层，往往会不大容易想清楚。轻功不够，又缺乏过渡，难免要掉进水里了。建议初学者还是先写再删，刚开始可以多写一些，写长一些，2000 字、3000 字都可以，顺着思路写出来之后，再行删节、精简。

诚如那位前辈所言：就像我们从地里拔出一棵卷心菜，一层层把老叶子都剥掉、掐掉，把最后掐到的那点菜心摆上台，卖相就很好。

**实战例文**

## 何必"把野鸭子的腿加长"

接到一份某地举办活动的通知,三四页纸数千字,除了文末的开会时间、地点、联系方式有用之外,通篇几乎尽是些多而无当的话语。明明三四百字能够说清楚的事情,却偏要整出个长篇大论来。

河南某市发生一起火灾,263个字的通报中,有165字都在介绍"各级领导重视",而对公众更关心的事故原因和伤亡情况,却仅有"暂无人员伤亡,事件原因正在调查"寥寥14个字,惹来舆论不少批评。

该直截了当的非要注水拉长,该详细说明的却寥寥数语搪塞,真是当短不短、当长不长。《庄子》有云:"长者不为有余,短者不为不足。是故凫胫虽短,续之则忧;鹤胫虽长,断之则悲。"大意是说,野鸭子的腿虽然很短,但给它接上一截它就要发愁;仙鹤的腿虽然很长,给它截去一段它就要悲伤。这道理同样适用于写文章。

改进文风的大背景下,一些地方为什么还是"公文看不尽、会议开不完",以致看文件的人头晕目眩、听会的人叫苦不迭?那些"把野鸭子的腿加长"的文章,又究竟长在哪里?表面上看是穿靴戴帽、铺陈罗列、言之无物的内容挤占了纸张,实际上是错误心态和作风充胀了体积。

有的人觉得文章越长、作报告时间越长就越有水平,所以写文章喜欢往长了写;有的领导认为讲长话就是对工作重视和认真的表现,给哪个部门讲的话长就是重视哪个部门,方方面面都要照顾到,所以短不下去;还有的同志认为讲大话、空话、套话、歌功颂德的话最保险,所以改的动力不足……这样的作风和心态不改变,耽误的是工作,影响的是效率,损害的是百姓利益。作风问题也是政治问题,必须一改到底。

短往往更能体现水平。东晋书法家王珣的《伯远帖》,虽只有寥寥五行,47个字,却成故宫镇馆之宝。毛主席起草、周总理题写的人民英雄纪念碑碑文,不过114个字,却气势磅礴,成为振奋民族之强音。1975年,邓小平同志负责起草四届人大一次会议的报告,一共只有5000字,"也很管用"。话不必多,说透就行；文不在繁，管用就成。

提倡写短文、讲短话是当前改进文风的主要任务，但也要警惕一些地方"把仙鹤的腿截断"的情况。提倡"短实新"也不是说不管什么文章短的就一定比长的好。实事求是、言之有物是根本原则。有些文章即便很长读者也愿意读，因为事关重大、信息丰富，没有冗长沉闷之感；有的信息公众很关心，就应该详细交代，不能敷衍。可见，文章因时而著，是长是短要看实际需要。这个需要，取决于读者。

文无定法，衡量某篇文章文风好坏，从技术上似乎没有一定的标准。可如果回到"服务读者"这一写作的根本逻辑起点上来，就能清楚地认识到，评判文风好坏最权威的专家不是别人，正是最广大的读者。文风好不好，群众说了算。反对一切言之无物的空谈，减省一切冗长无用的笔墨，有一说一，务求实效，文风改进的成效才会与群众的感受相匹配。

（载于2017年7月25日《人民日报》）

## 把关爱"冰花男孩"扩展到更多孩子

"冰花男孩"王福满走红后，各地的捐款涌向云南省鲁甸县。面对有网友质疑"社会捐赠30多万元，'冰花男孩'只得500元，无法保证把捐款全部用到孩子身上"，当地回应称，社会各界的捐款由情况类似的贫困孩子分享，以点带面，让这个区域的孩子们都得到实实在在的关爱。

把除了明确注明捐赠意愿之外的善款，统一分配给更多急需帮助的孩子，以解他们的御寒之急，单就思路和效果来说，当地的做法并没有问题，且有值得称道之处。"冰花男孩"不是一个孤立的存在，而是许多高寒贫困地区求学孩子的代表。昭通市有超过13万名建档立卡的贫困学生，"冰花男孩"所在的转山包小学，还有比他上学距离更远的孩子。

避难就易还是迎难而上？要图简便，把收到的数十万元捐款集中到"冰花男孩"一人身上，其个人乃至家庭境遇可以得到显著改善，对外宣传也可以迅速找到题材，博得舆论好评。然而，当地把所得捐款用在了更多类似的孩子身上，"撒胡椒面"分散了视觉冲击力，却扩大了温暖覆盖面。更多孩子得到了保暖的手套、衣帽，更多教室有了温暖的火炉，冻伤手脚的学生会少很多，这比单单改善一个人的生活意义要大得多。

不把捐款集中于一人，也传递出一种清晰的导向。解决贫困孩子的冻馁之苦，并不是谁的样子更让人心疼，谁就应该独得好处；也不能靠运气，不是谁运气好被媒体发现成了"网红"，谁就应声改变命运。通过一个人引发的触动促进整体性问题的解决，才是出路所在。令人肃然起敬的是"冰花男孩"父亲的态度。他对媒体说，照片走红后，不少人提出资助要求，但他希望孩子不要因此学会不劳而获，而是依靠读书，靠自己的努力改变命运。

网友的质疑、媒体的诘问有其逻辑的自洽性，当地还须在公开透明上做得更好，消除误解、争取理解。同时，也应深刻认识到，整体上解决"冰花男孩"们的困境，社会捐助只是一种补充，解决问题的主力还在政府有关部门。"再穷不能穷教育、再苦不能苦孩子"的理念，没有过时。这些年，各地的教育投入占比连年增长，但是不是都已到了极值呢？在"冰花男孩"们较多的艰苦地区，人力、物力向教育、孩子倾斜的力度是不是应该更大一些？上级有关部门的支持是不是可以更有力一些呢？

对于"冰花男孩"，祝福、捐款都令人感到温暖，但更重要的是整体问题的解决，这是我们应始终保持的关注方向。

（载于 2018 年 1 月 18 日《光明日报》）

## 老街改造别抹掉情感记忆

近期，安徽省安庆市大南门街面临改造，很多老店被要求限期搬离。当地媒体报道称，大南门炒米、鱼圆、牛肉包子等众多"味觉名片"命运未知，很多人问："老安庆"们的味觉记忆将何去何从？

一座有历史的城市，总有那么几处承载着城市味道、城市记忆的所在。也许它们看起来不够光鲜亮丽，却以其独特的市井气息，与繁华街区的车水马龙、与生活在城市里的人保持着某种默契。安庆的大南门街就是这样一条老街。老百姓随意穿个背心、穿双拖鞋，到此吃份炒米，或者来点鱼圆、牛肉包子，在嘈杂声中边吃边聊，"慢慢悠悠过生活"。如今，改旧造新、消除安全隐患，理由很充分，可对城市味道的呵护却不够。

安庆老百姓对"味觉记忆"可能消失的担忧，让笔者想到湖北武汉的吉庆街。熟悉武汉的人都知道，"过早户部巷，宵夜吉庆街"是最纯正的"汉味生活"。从前，吉庆街的老艺人总是在夜色中穿行。人们随意坐在街边吃大排档，听他们鼓捣琵琶、二胡、笛子、花鼓等传统乐器。前些年，当地决定对吉庆街进行"全方位改造"，改造完成后，面貌一新的街市却再也找不回当年的味道，人们只能失望地离开。实现了街道的整齐划一却丢掉了它的魂，这样的改造本质上是对城市文化记忆的打断。

何止安庆大南门街、武汉吉庆街，全国多少老街都被卷进了城市现代化建设的浪潮中，被改造拆除得找不回原来的味道。多少经营了十几年、几十年的老店，在改造中渐渐消失殆尽？还有多少老街正面临着新一轮的"拆拆拆"？它们能逃脱城市记忆、老街文化被无情打断的命运吗？这让笔者想到前些天看到的一则有关上海古羊路的文章，其标题是:《又一条美食街被拆？消失前再去找一次老上海的记忆》这样的话语勾起了多少人的伤感。

街道老了必然面临被改造的命运，但城市文化、城市味道未必不能保存和延续下来。仔细研究那些消失的地方特色美食、知名老店，会发现它们往往不是消失于"市场的选择"。对城市来说，不能只有看得见的光鲜、摸得着的利益、便于量化的经济增长指标，更需要市井的味道、城市的记忆、百姓的情感。

武汉作家池莉曾悲观地写道："我觉得吉庆街很可能一去不复返，中国所有的吉庆街都很可能一去不复返。"唯愿作家的悲观只是一种多愁善感，唯愿其他地方在老街改造之前，把民俗文化、城市味道的留存延续放在心上、写进方案里，改造前请出去，改造后请回来。我们相信，只要用心对待，老街还会充满人间烟火味，情感记忆还能得以延续。

（载于2017年8月24日《光明日报》）

## 虚伪的公开才会"收不了场"

当舆论对《存款保险条例（草案）》热议之时，鲜为人知的是，这项重要的金融改革之所以最终公开征求意见，是李克强总理力主坚持的。

媒体披露的细节是这样的：10月底的一次会议上，当得知改革方案没有对社会公开征求意见时，李克强立刻追问："为什么？"他得到的回答说，有人担心草案公开征求意见很可能导致"收不了场"；还有人说，公开之后对这项改革还能不能办成"心里也没底"。李总理当即表态："那可不行！我们做的是面向公众、涉及公众利益的工作，决不能跟老百姓玩这种猫捉老鼠的游戏！"

总理一言，点到了要害。信息公开是公众的期盼，也是本届政府的庄严承诺。但在现实操作中，还有一些人习惯性地看碟下菜。在出台政策和行政法规前，常常是捡容易获得民意支持、便于顺利通过的公开征求意见；对那些涉及多方利益，具有不确定性的，"心里没底"的方案就藏着掖着，在不公开的情况下突然宣布实施，不给公众讨论的机会。

在一些人眼里，这不仅没有任何问题，反而是一种"很保险"的做法，甚至被奉作"政治智慧"。《政府信息公开条例》明确规定，但凡涉及公民、法人或者其他组织切身利益的事项必须公开，行政法规、规章和规范性文件属公开的重点之列。罔顾法律法规规定，随意剥夺公众知情和参与公共事务管理的权利，不是违法违规是什么？不纠正怎么行？所谓的"政治智慧"更是荒唐。心里有底的就公开征求意见，心里没底的就不公开，这样的公开只不过是走形式而已，没有什么实质意义。与老百姓玩猫捉老鼠的游戏，企望糊弄过关的想法，到底是智慧还是想玩巧？

不要担心公开征求意见会导致"收不了场"。不论是中央还是地方政府制定政策、出台法规为的都是解决经济社会发展中的问题，维护民众的切身利益。按照规定，把方案公之于众，让各界充分讨论，吸取各方意见，本身就是聚合群众智慧，使政策与法规更趋完善的必要步骤。只要所为出自公心，于社会有益、于大多数百姓有利，民众自会理解和支持。比如2008年《燃油税改革方案》公开征求意见前很多人反对，认为"收税"这样的政策，肯定无法获得民意支持，"结果改革推进得非常顺利"。遮遮掩掩不公开，反而容易造成揣测、谣言甚至抵制，弄巧成拙。

退一步说，某项方案公开征求意见，即便通不过又怕什么呢？通不过说明争议大，说明方案还不能体现大多数人的意愿。这恰恰是一个修正和补救的机会。一次不行再修订、再公开征求意见，两次不行还可以有第三次、第四次。与其撇开民众突然实施遇到阻力,半途而废、折损公信、激起民怨,倒不如在方案出台之前多讨论、多修订几回。这样做不仅不会"收不了场",相反会在反复推敲中展现政府的开明态度以及对民意的尊重,能够让政府赢得更多支持。

"若怀满腔公道心,何事不可对人言?"现代社会信息是通透的,公权力的运行必须坚持公开透明原则,不可自作聪明、自欺欺人。一言以蔽之,满怀真诚地公开征求意见决然不会"收不了场";反之,虚伪的公开才常常会"收不了场"。

(载于2014年12月4日《湖北日报》)

## 对纳税大户不能无底线偏袒

从广东医生发文批评"鸿茅药酒"被内蒙古凉城县警察跨省逮捕,到央视记者调查山西三维集团的污染问题,被村干部阻挠,被环保局官员搪塞;再到江苏灌云县多家化工企业疯狂排污,媒体多次曝光也没用……把近些天发生的这些新闻事件联系起来看,会发现一个共性问题:在一些地方,政府部门对"纳税大户"的态度,依然暧昧。

企业是最具活力的经济组成单元,起支柱作用的"纳税大户"更是一个地方解决就业、搞活经济的重要抓手。地方政府爱护企业,用心服务企业,为企业营造优渥的发展环境,职责所在、理所应当。但是,这种爱护也须有礼有节有戒,把握好分寸,不能不讲原则、没有底线,否则就会变成一种不顾一切的偏袒,异化成一种"勾肩搭背"乃至"穿一条裤子"的非正常关系。

以往在一些地方的确存在这样的问题:一些领导干部一味冲着GDP增速、冲着财政资金增长看,把"纳税大户"当财神爷供奉。不仅在土地征用过程中鞍前马后,在政策扶持上不遗余力,而且习惯性地对企业拍胸脯,替企业"摆平"村民、"摆平"记者,"摆平"一切让老板们不高兴的人和事。导致本应承担监督职责的政府部门逐渐矮化,一些干部有意无意充当了"纳税大户"的"保护伞"。

阻挠记者采访,包庇企业排污,一旦企业声称遭抹黑,立马"缇骑四出"

跨省追捕。问题是，如此不讲原则甚至不顾法律地袒护这样的"纳税大户"，极有可能让老百姓深受其害、痛苦不堪。一些人眼里只有"纳税大户"，只有GDP，只有税收，对这样的行为、这样的思维、这样的政商关系，不有力刹住，如何了得？

在畸变的政商关系下，官员以"权"逐"利"，商人以"利"围"权"，二者形成合谋，折损的是法律尊严、政府威信、百姓利益。怎么破解？构建新型政商关系，确保政商交往既"亲"又"清"，既不能楚河汉界，不相往来，"清而不亲"；也不能勾肩搭背，"亲而不清"。

现在，很多产业和企业向中西部、向农村转移，各地尤须恪守法律和制度底线，有所为有所不为。一味奉迎，有求必应，实际上只是一种极不稳定的相互利用关系；相反，坚持原则、切实监督，才能实现优胜劣汰，促进企业实现持续发展。

（载于2018年4月20日《湖北日报》）

## 第十一招 "借蛋孵鸡"

与一所高校新闻系的学生交流,提到近期结合某部电影写的一篇时评,台下有学生很诧异:"时评不都是很严肃的话题吗?影评也算吗?"影评与时评当然有区别。前者注重对一部电影的导演、演员、镜头语言、拍摄技术、剧情、线索、环境、色彩、光线等进行分析和评说;后者则是对新近发生的新闻事件、新闻现象表达看法、进行评说,二者的评说对象并不完全相同。但也并非没有交集。

亚里士多德认为一切悲剧、喜剧、史诗和音乐艺术"总的说来都是摹仿"。电影、电视剧、电视节目、戏曲等等,这些艺术形式都是对生活与自然的"摹仿"。既然是"摹仿",也就意味着它虽然是艺术化了的生活,但依然不能脱离生活本身,它所表达的情感、反映的问题依然能够在现实生活中找到映射。

搞清楚了艺术和生活的关系,我们就会发现,有影响力的艺术作品,也可以是时评家管窥生活的一扇窗,也可以是时评写作选题的来源。特别是一些现实题材的影视作品本身就是对生活的艺术化反映,找到它与现实生活的密切关联,进行有针对性的评说,既是影评,往往也是时评。

某一个时期、某一个阶段有代表性的电影、电视剧、综艺节目等,往往是艺术加工后的生活,是借助生活之"鸡"下的艺术之"蛋"。时评写作与艺术创作不同,它需要切回到现实生活,从电影、电视剧、文化事件中找到现实的落点,进行评说。因此需要对艺术进行逆向还原,找到艺术与现实共通的"道理"。通俗讲,就是要借艺术之"蛋"孵时评之"鸡"。

## （一）时评可以"源于艺术而切入生活"

2013年秋，根据毕飞宇小说改编的同名电视剧《推拿》在央视热播，收视口碑俱佳。认真观看电视剧，我有了一些思考，一部关注盲人按摩师群体的作品，为什么能在众多的影视剧及观众挑剔的眼光中脱颖而出？

我先从文艺创作的关注对象选择切入：对文艺创作而言，首先要解决的问题是样本抓取，其次才是构思、逻辑以及手法、技巧。社会生活是纷繁复杂的，文艺作品创作者和摄影师一样，要在预设的相框内取景、选样本、做减法。有的作品选择的样本是宏观的，有的则是微观的；有的是典型的，有是则是非典型的；有的是鸿篇史诗，有的则是动人小调。文艺创作如果立足于现实生活而非刻意"与生活保持距离"，不妨去抓取非典型的社会生活样本。

因为电视剧拍摄用心、手法精湛，也是因为选题好——选取盲人这样一个非典型的社会生活样本进行表现，能够让人们对这个相对陌生的群体有更多了解。

接着，揭示艺术作品折射出的深刻思想：和《推拿》选取盲人按摩师这一社会样本一样，前些年轰动一时的电视剧《女人不再沉默》选取了遭遇性骚扰的女性，电视剧《失乐园》选取了艾滋病患者，这些都是社会生活的一个局部，而且都是非典型的局部样本。这样的作品既能给人应有的艺术熏陶，又常常能拓展人们对某个群体的认识，且有益于弥合社会群体间的沟壑，促进社会的融洽与和谐。

以《推拿》为例，这部作品移植了原著的特点：深刻、细腻、接近真实、隐秘的悲悯表达。该剧聚焦一个盲人推拿院，展现了盲人这一特殊群体不为人知的内心世界。沙复明的豁达友善、芒来的自卑脆弱、王泉的责任担当、张一光的聒噪不安、都红的美丽善良……一个个人物串起的琐碎故事，阐明了一个严肃的道理：理解盲人，而不是简单地同情他们；关爱盲人，而不是把他们看作社会的累赘。

继而跳出文艺作品本身，切入现实：需要正视的是，现实生活中，我们对盲人的需求知之甚少。很多人不了解盲道的用途，常常占用盲道停车、摆摊儿，一些城市的盲道在施工中被损毁，有的甚至直接通向危险区域；在公交车上、地铁里以及其他公共场合，我们常常忽略对盲人群体的关照，有时还挤占他们应得的社会资源；社会过分地强调"盲人要自食其力"，有意无意地把他们当成社会的累赘，凡此种种伤人不浅。盲人需要的不是廉价的同情，而是起码的尊重；不是得到煽情式的帮助，而是享有应得的社会资源，正常地生活在人群之中。

最后，申明时评要借此表达的核心观点：我国约有500多万盲人，是盲人最多的国家，而社会为他们做得还远远不够。从这个角度说，《推拿》又是一部具有"时评"色彩的现实主义作品，它抓取盲人这个非典型的社会生活样本，带领我们走进他们的生活和情感世界，激活人们内心深处的人道主义精神和悲悯情怀，为全社会做了一次深刻而细致的精神按摩。在这个喧嚣浮躁的文艺生态下，一部作品能够理性且温暖地诠释如此严肃的社会课题，实属难得。

这篇题为《〈推拿〉:走进盲人的情感世界》的文章在《光明日报》刊发后，被央视《文化正午》、豆瓣点评等作为剧评转播转载。同时，人民网、凤凰网等新闻网站又把它视为时评作品转发，两边的受众反响都比较好。实现艺术和现实的有效打通，顺畅切换，时评就能"源于艺术而切入生活"，既具有一定的文艺批评色彩，又有很强的现实针对性。

## （二）把镜头从历史拉回现实

2012年冬天，冯小刚新作《一九四二》热映。这部改编自刘震云调查体小说的电影，引起各方关注。一项调查显示，93.8%的网友表示，《一九四二》"非常优秀，超过心理期待"。有媒体报道说，这部电影让一些老人回忆起了逃荒时的悲惨往事。

看完这部电影，大家的心情都比较沉重，为那个时代的人，那个时代的中国感到沉重。电影作品有艺术加工的痕迹，但是这部以1942年河南大饥荒为历史背景创作的电影，却至少"从一个小切口诠释了当时的中国"。

首先，我从文艺作品反映的旧中国的面貌切入：70年前的中国，是一个怎样的中国？外寇入侵、国家危难、政府腐败、民不聊生，积贫积弱的国家再遇上一场大旱，河南境内300万人被活活饿死。受灾最严重的河南延津等地，出现了卖儿卖女、饿殍满地、易子而食的悲怆景象。《一九四二》让我们对70年前中国的沉重灾难有了更直观的感知。愈是感知深刻，愈是心结难平，在一个腐朽没落的国家，在一个食不果腹的年代，个体的生死显得多么卑微。

接着对比现实：现在的中国，是一个怎样的中国？屹立东方，世界第二大经济体，拥有13亿多人口的中国更加具有国际话语权。尽管这个国家依然存在这样那样的社会问题，有着这样那样的矛盾，社会公平正义与百姓民生建设还有待解决的困难，但是这是一个丰衣足食、百姓能够有尊严地活着的中国；这是一个健康向上、朝着中华民族伟大复兴梦想不断迈进的中国。

继而触发对如何把握现实的思考：战乱饥馑的年代离我们渐行渐远，但是重温祖辈们的悲惨遭遇，感知中华民族沉重的历史，我们能够得到深刻的启发。其一，感恩生活，珍惜当下。对个体来说，和自己的亲人一起有尊严地活着，是一种幸福。珍惜现在的生活，就是要多一点信心，以积极健康的心态，过好先辈们以血和泪的代价换来的生活。

其二，以史为鉴，奋发图强。一个忘记历史的民族是没有希望的民族。今天，我们通过电影、展览、口述、史料，感知屈辱的中国近代史，就愈发憧憬"中国梦"，愈加深刻地明白以史为鉴、奋发图强的迫切和必要。那些看完《一九四二》默默离开电影院的沉重面孔，让我们看到了人们对历史共同的反思，对未来共同的希望。

最后申明时评要表达的观点：习近平总书记日前在参观《复兴之路》展览时说，"现在，我们比历史上任何时期都更接近中华民族伟大复兴的目标，比历史上任何时期都更有信心、有能力实现这个目标。"这个目标，也正是我们的祖辈传递给我们的希望和憧憬。为此，我们务必要以史为鉴、团结一心、奋发自强，努力为国家的进步、民族的尊严而尽心竭力。

据中国记协网公示的《光明日报》申报中国新闻奖名专栏的推荐语，《温故〈一九四二〉，憧憬"中国梦"》是最早就"中国梦"进行评论的时评作品之一，社会反响好、读者评价高。

## （三）言在影评内，意在影评外

《生门》可能是近几年最好的纪录片之一了。2017年2月，我偶然在"爱奇艺"上看了一集就被它吸引了。纪录片全程拍摄于武汉大学中南医院，离我家也就公交车四站路。当然关键是它非常真实、尖锐地反映了当下"看病难看病贵"的问题。也因此，有网民发帖说："生活已经够苦了，真不能再看这么苦的片子。"据说在电影版的放映中，有女性观众因观影不适而选择退场。

写作过程中，我首先还原纪录片的一些扎心剧情：《生门》的确不是一部轻松的片子，它有太多扎心的地方。30多岁的夏锦菊恳求保留子宫，却因此心脏两次停止跳动，主刀医生左右为难；怀了双胞胎的陈小凤面临早产难产，家人不得不回村里挨家挨户借钱，皱巴巴的钞票令人心酸；孕妇方萌妊娠高血压，子宫腹水多，需要引产，她拿着打胎的药片，满眼泪水地望着丈夫，满是绝望和不舍……一个个生命降生的悲壮过程、一场场生死交替的凶险瞬间、一幕幕产房内外的喜乐悲欢，沉重得令人窒息、冷峻得令人战栗。

接着，揭示纪录片折射的世道人心、反映的现实问题：再接近真实的作品也有艺术剪裁的成分，理性的观众当然不会误以为《生门》就是分娩的一般状态——从平顺分娩与早产难产的比例看，生死挣扎、险象环生毕竟只占较小的一部分。《生门》选取的大都是有波折、有冲突、有剧情的场景，确实存在聚焦特殊病患、放大痛苦的情况，但这种聚焦、放大也是对局部真实的一种展现，传递出对很多现实问题的深刻思考。

《生门》展现了生命的可贵，以及面对生命时不同人的不同情绪。生死一线，竟有准家长嚼着口香糖冷漠以对，如此不负责任拷问着生命教育的成效。社会发展到今天，一些地方"不生个儿子就抬不起头"的旧观念还根深蒂固，在"全面二孩"的大背景下，如何根治观念之弊，是摆在眼前的迫切问题。一些家庭因交不起医药费而一筹莫展，只能冒着生命危险硬撑，比如陈小凤怀了双胞胎，她的丈夫不肯果断配合医生的救治方案，顿时"千人骂、万人恨"。但随着镜头进入他的生活，看到他的穷困无助，看到医生说需要钱的时候，他哭着求人借钱，很多观众理解了他的难处，在情绪上达成了一种和解。

最后，提出解决问题的深切期许：推开"生门"，我们看到的是现实沉重的一面。尽管它会让人感到不适，但治理者不应因此草草地退场，因为这正是一种直面问题、解决问题的犀利提醒。从《生门》录制到现在，时间已经过了两三年，涉及的问题有的已经有了很大改观，但因病致贫、因病返贫等情况依然时有发生，很多家庭的抗风险能力依然脆弱，一场大病就可能压垮一个家庭。这提醒我们，民生保障依然还有提升空间。现阶段，很多问题一时不能彻底解决，需要一步一步往前推。清醒地认识到两个"没有变"的基本国情，脚踏实地解决现实问题，才能尽快纾解看病之难、生活之苦。

《〈生门〉提醒我们民生保障还有提升空间》这篇文章应该是我近年来写得最沉重的一篇文章了。它援引了很多剧情，但这些"剧情"不是虚构的，它们本身都是实实在在的生活，是对真人真事的真实记录。这篇剧评其实就是时评，只不过它评说的对象是纪录片集中呈现出来的典型现实。

相对《生门》的沉重，《北京爱情故事》（以下简称《北爱》）则要轻松得多。2014年3月，《北爱》火爆各院线，创下单日过亿的票房纪录。看完电影之后，我认为《北爱》与其他都市爱情题材影片的最大不同在于，它充满时间纵深感的构思和表现方式。

于是，试着分析电影的时间纵深感：时间纵深感在文艺作品中，表现为以时间周期的移易，体现空间的深度、人物的沧桑、故事的厚重。比如《金婚》《金婚风雨情》就采用了编年体的结构形式，以一年年的时间变化，给观众营造一种时间纵深感。但是，《北爱》毕竟只是一部120分钟的电影，不可能像长篇电视剧那样，实现基于宏大历史背景下的情节展现和人物关照。

要用很短的镜头讲很长的故事，通常需要拉大叙述的时间或空间维度，这方面有一些比较成熟的范例，如电影《盗梦空间》《记忆碎片》等。但是《北爱》与上述影片又有不同，它让同一时间维度、同一空间维度下的不同故事情节实现了纵深感上的统一。具体而言，影片以碎片化的方式，讲述了老、中、壮、青、少五对情侣的爱情故事。这里面有朦胧唯美的校园爱恋、邂逅闪婚的同居恋人、婚后出轨的躁动男女、反思婚姻的中年夫妻、生死相依的老年伴侣，五个看似零碎的故事，有着诸多巧妙的暗合。

如片中小女孩拉的曲子是维瓦尔第《四季》中的《春》；另外三名女性角色的手机铃声分别是《夏》《秋》《冬》。导演成功地"通过《四季》来表现一个女人生命的过程"，通过五对情侣的故事叠加，表现一对情侣从相识、相恋、结婚、争吵到携手生死的不同阶段，从而串起了一个统领全片的严肃主题——人生就是一个关于爱的寓言，爱的旅程中你可能面临诱惑，可能迷失方向，但一定要学会反思、谅解和修补，一定要记得回家的路。

前面都在讲电影，最后还要回到现实：这部影片具有很强的现实针对性。此前民政部公布的一项统计显示，2008年全国办理离婚手续的夫妻共226.9万对，到2012年升至310.4万对。感情破裂、性格不合、第三者插足是离婚的主要原因。而这都与当代人"不善于修补婚姻"有很大关系。爱情和婚姻是人类最严肃的生活方式之一，对于它，我们既要有抵制世俗、功利和放纵的定力，又要有反思、保卫和修补的耐性。唯有如此，才能洗尽铅华、深刻隽永、生死相依。

这篇发表在《光明日报》的文章《有反思的爱情剧才能超越娱乐》，说是一篇影评也不为过，因为评论电影的部分居多，但它依然是一篇时评，为什么？核心观点仍在于对现实的反思。

## （四）时评写作重点不在娱乐性

2017年冬天，央视新开播的文博探索节目《国家宝藏》火了，刚播第一期，便得到了豆瓣9.3分的超高评价。该节目历时两年打磨，可圈可点之处不少。认真看完了第一期节目后，我认为这个节目最令我感动的是：它激发和释放了国宝重器的人文气息，让它们得以"开口说话"。

"折戟沉沙铁未销，自将磨洗认前朝"，每一件看似冰冷的文物都是对历史烟云的见证，都承载着许多鲜活的人和事。与文物展示有关的文艺创作，若能在普及文物知识、展示文物精湛工艺的基础上，用心往更深处挖掘，讲好文物背后的故事，就可能激发和释放出文物所蕴含的浓浓人文气息，让文物"活"起来。

我认为《国家宝藏》较好地做到了这一点。为什么这么说呢？第一期节目中，石鼓引出了故宫守护人的故事。抗战时期，为避免百万件国宝被日寇洗劫，梁家第一代故宫守护人梁廷炜辗转全国16年，将石鼓护送到南京。抗战胜利后，其子又将石鼓运回北京。如今，作为梁家第五代故宫守护人，梁金生继续守护着石鼓等文物。一件石鼓，五代国宝守护人，文物背后的故事多么鲜活。"谁其守之？惟吾队士。谁其护之？惟吾队士！"当几代国宝守护人一同宣读当年的《故宫守护队队歌》，谁能不为之心头一热呢？

## 第十一招 | "借蛋孵鸡"

接着分析启用"明星护宝人"这样一个设计的好处：让深受不同年龄层观众喜爱的艺人在节目中扮演角色，穿越时空对话，则是力图以戏说形式展现文物与历史人物的联系。轻松活泼的画风也丰富了观众体验，让《国家宝藏》较之传统的鉴宝节目多了一些趣味。当然，这类节目中的穿越、诙谐需要把握好度，避免过犹不及。从传播效果上看，严肃的国宝故事讲述也好，适当诙谐有趣的文物戏说也罢，都是为了让文物"说话"，释放其内在的人文气息、历史温度、情感色彩，更加贴近普通人，可谓殊途同归。

继而切入现实：不久前，美国总统特朗普访华，到故宫观看文物修复技艺展示和珍品文物展，并欣赏京剧表演，习近平主席说："中国的历史可以追溯到五千年前……文化没有断过流的，始终传承下来的只有中国……我们这些人也是原来的人，黑头发、黄皮肤，传承下来，我们叫龙的传人。"激荡于中华儿女心底的文化自信，源头是我们厚重的历史文化，是一件件文物串起的不曾断代的古老中华文明。

最后阐明观点：每一件国宝重器及其蕴含的精神财富，都属于全体国民。媒体也好，博物馆也好，都应努力创新表达方式，让文物以可亲可近的面貌进入公众视野，让公众共同欣赏，共同收获感动、快乐乃至自信、自豪。

这篇题为《让国宝重器"开口说话"》的文章刊发后，被十多家报纸转载，网上转载率也很高。

《在一笔一画中抚摸汉字的体温》是针对浙江卫视的节目《汉字风云会》发表的评论。

文章开篇就讲现实问题：是"哈密瓜"还是"哈蜜瓜"，是"打钩"还是"打勾"，是"皇天后土"还是"皇天厚土"……很多看起来很熟悉的字，写起来却犹豫了；很多自以为完全掌握的词，一下笔却脑中一片空白。如果说书写潦草、七扭八歪，使横平竖直的汉字失去了神韵，提笔忘字则是一种书写能力的退化，是年轻一代汉字优越感、文化自豪感不断降低，形成的某种可怕的文化断层。

接着论说汉字书写类电视节目的积极意义：所幸，面对一手"拿不上台面"的字，很多人内心还有几分羞愧；面对提笔忘字的现实，除了下意识地摸出手机搜一搜，人们还希望做点什么：或者关注汉字书写，扭转自己的窘迫；或者让孩子打好汉字基础，不致重蹈覆辙。从《中国成语大会》到《中国汉字听写大会》，从《见字如面》到《汉字风云会》，这些节目之所以受欢迎，一个很大的原因就是满足了公众找回和巩固汉字记忆的内在需求。

与其他汉字类节目不同，《汉字风云会》的选手以小学五年级左右的孩子为主，所涉内容大多是生活中的常用字词。这些并不冷僻的字词成年人也容易弄错，甚至闹出笑话，因此很有普及价值。节目聚焦低年龄萌娃、覆盖全家庭范围的收视群体，观众定位比较精准。不论生活节奏多快，父母都有责任多陪陪孩子。饭后，全家人围坐在一起收看节目，学习汉字，的确是个很温馨的预设场景。而"萌萌哒"的节目表现形式，也有助于带给观众轻松的收视体验，优化汉字听写带来的参与快感。

继而往现实深处剖析：当代诗人流沙河说过："每个汉字都是一条路，带领我们回到传统文化的故乡。"汉字是世界上迄今为止连续使用时间最长的文字，它不仅有书写传播的工具价值，而且承载了民族历史记忆，是中华文明最灿烂的瑰宝之一。普及汉字的正确写法，让人们在一笔一画中抚摸汉字的体温，在转折连接中呵护汉字的感情，"把汉字写得方方正正、坚定深沉，像敦煌、像长城、像鼎"，既是保证汉字书写规范的现实需求，也是捍卫汉字文化纯粹性的重大问题。

最后收回来：指望一档综艺节目承担起如此宏大的文化使命显然不现实。但是，"泰山不辞垒土，故能成其大；河海不择细流，故能成其深"，每一个微小的努力都应该得到尊重。电视综艺节目倘能从喧嚣浮华中抽身而出，在汉字文化传承等方面有所担当、有所触动，无疑是一件有意义的事。

电视综艺节目往往注重娱乐性，但时评写作的重点决不在其娱乐性上，而在其思想性、现实针对性上。这是时事评论和文艺评论的显著区别。

## （五）戏剧领域也蕴藏时评价值

除了电影、电视剧、综艺节目，戏曲等传统艺术其实也有做时评的空间。2017年2月，93岁的著名越剧表演艺术家、"范派"艺术创始人范瑞娟逝世，引发广泛关注。媒体报道，范瑞娟先生的家属和弟子遵从老人遗愿，低调处理后事，不举行追悼会或遗体告别会，不接受媒体采访。

## 第十一招 | "借蛋孵鸡"

以关注知识分子和传统文化见长的《光明日报》准备就此刊发一篇评论，编辑约我来写。写纪念人物的评论，必须客观公允、恰如其分，难度是很大的。七八年前，我曾在上海生活过，对越剧有一些关注。但这对于完成一篇悼念名家的评论是远远不够的。因此，我静下心来认真看了一些范瑞娟先生的演出片段，通过各种资料研究了她的生平，她的主要成就，她的人格风范，最后找到了一个写作的切入点——低调。

尽管范瑞娟先生生前叮嘱低调处理后事，家属和弟子也力求低调，但沪上各大媒体还是争相推出大篇幅报道，向海内外传递这一信息，网上旋即出现海量悼念博文和跟帖，"梨园痛失巨擘！""世间再无梁山伯！"一串串感叹号的背后，是社会对一位德艺双馨的艺术家一生的真诚礼赞。

为什么会这样呢？文章开始分析：越剧是我国的主要剧种之一，在国外被称为"中国歌剧"，是中国乃至世界文化的瑰宝。范瑞娟先生的一生与越剧密不可分。60多年出演100多出戏，她表演稳健大方、艺术造诣深厚，既能把焦仲卿、贾宝玉这类正直儒雅的古代书生演绎得温文尔雅，又能把文天祥、李秀成这样的忠臣良将塑造得铿锵刚韧，还能够把贺老六、扎西这样的近现代人物表现得生动可感。尤其是她演绎的"梁山伯"曾被周总理当成国粹带到日内瓦，产生轰动，连卓别林都"感动得落了泪"。

正是因为有范瑞娟、毕春芳等老一辈艺术家冒着危险，在十里洋场编排进步剧目，越剧才得以摆脱旧模式的桎梏；正是因为一大批艺术家，不断创新"弦下调"等表现手法，越剧才能有与时俱进的繁荣。按理说，一位成就卓越、又有开宗立派影响的艺术家，一颦一笑都很容易引起媒体关注，形成话题效应。但范瑞娟不仅不自我标榜，而且尽量小心翼翼地不引起媒体关注，甚至在辞世前还要求亲属和弟子"低调"。这种淡薄谦抑、专心于艺术本身的精神，尤为可贵。

接着紧紧围绕"低调"这一点来论说：越剧也好，其他艺术创作也罢，都应有一颗不为利欲惑、不为名利狂的淡薄之心。对一个文艺工作者来说，没有一种忘我的艺术追求境界，没有一颗超越浮华的匠人之心，又如何能够潜下心来创作经典？不炒作、不浮夸、不自我标榜，无论外面多么喧嚣浮华始终保持对艺术的赤子之心，正是很多老艺术家受世人敬仰的精神密码。这与时下一些艺人动辄耍宝卖萌、刻意制造话题，语不惊人死不休的炒作套路是截然不同的。

继而关照现实：在文化娱乐形式多元化的今天，越剧尽管表现不俗，却也和很多传统艺术一样，面临着观众流失、戏迷老龄化等诸多现实问题。越是在这个时候，越是需要更多潜心艺术、保持匠心和定力的文艺工作者。唯有一代代人接续对艺术的虔诚，不叫"世间再无梁山伯"，不让越剧经典变成"绝唱"，越剧艺术的魅力之光才能闪耀在喧嚣中，召唤着人们的脚步。百年越剧，名家辈出，给更多人以艺术的熏陶、美的享受，才是对"化蝶而去"的艺术家最好的纪念。

这篇题为《对"化蝶而去"的名家不能止于追忆》的文章发表后，在越剧圈乃至整个文艺界引起了一定的关注，不少"范派弟子"转发文章，很多文艺网站都在重点位置转发。特别是一些戏迷，在文章后面写了很长的留言，其情之真之切，令人感动。

悼念范瑞娟的文章余热未散，沪上媒体又传出消息——4月19日，与范瑞娟同为"越剧十姐妹"的96岁著名越剧表演艺术家、越剧"徐派"艺术创始人徐玉兰去世。至此，著名的"越剧十姐妹"中，已有9位与观众作别。《光明日报》编辑说，这一篇还是你来写吧。

同样的，我静下心来认真看了一些徐玉兰老师的演出片段，通过各种资料研究了她的生平，她的主要成就，最后找到了一个写作的切入点——她对艺术的虔诚和敬畏。

文章首先介绍"越剧十姐妹"的故事：1947年，尹桂芳、范瑞娟、徐玉兰等10位年轻演员为了打破旧式老板的控制，筹建剧场、自由演戏，举行《山河恋》联合义演。后来，这10位女演员都取得了不俗的成就，获得了"越剧十姐妹"的美名。从某种意义上说，"越剧十姐妹"引领了越剧改革的潮流，代表了越剧艺术的高峰。不久前，老艺术家范瑞娟离世，如今又走了徐玉兰，人们怎能不扼腕痛惜。

接着梳理徐玉兰老师对越剧艺术的虔诚、对观众的尊敬："越剧十姐妹"专攻角色不同，大多各自开宗立派，形成了自己的特色，但她们有一个鲜明的共同特点，那就是对艺术的虔诚和执着。以从艺70多年的徐玉兰为例，从《北地王》到《西厢记》，从《春香传》到《西园记》，都深受观众喜爱，尤其是她在越剧电影《红楼梦》中的表演，让"天上掉下个林妹妹"的唱段红遍大江南北，成为经典。尽管成就斐然，但终其一生，她始终把演戏、把观众看得重如泰山。

"越是红越是要虚心，越是要听观众的声音""戏比天大""做演员心里一定要有观众"——徐玉兰晚年常常对自己，也对学生们说。对此，她不仅言传，而且身教。1997年，徐玉兰出演《送凤冠》里的王玉林。戏里王玉林有跪戏，当时已76岁的徐玉兰既要不停下跪，又要唱念不停，台下的观众心疼不已，站起来喊"不要再跪了！不要再跪了！"可她仍一丝不苟地演完全场。"观众们是体谅我，但是我不能降低标准，做演员，心里一定要有观众"，老一辈艺术家对艺术的至真至诚、对观众的认真负责能不令人肃然起敬吗？

继而以老艺术家的戏德关照当下文艺界："戏比天大""心里有观众"，说到底是戏德。我国传统的戏德观强调"艺品"与"人品"的一致性，慎于做人，严于从艺，珍重艺术，不苟营下品，是起码的要求；一旦从艺，"冬练三九，夏练三伏"，刻苦一生，是必修的功课；尊师、敬友、爱徒，恭谦共事、协力合作是行事的应有风范；把戏台看作"圣地"，不容半点轻慢，是从业的基本准则。正是这些培育了中国传统戏曲艺术生生不息的内在精神，推动越剧乃至所有传统戏曲艺术不断向前发展。这样的精神难道不值得时下的明星艺人对照学习吗？

最后强化观点：目送大师远去的背影，更应继承其艺术的品性。不论时代怎样变化，不论艺术形式如何发展，把观众、把艺术看得比天大，认认真真演戏、踏踏实实做人，不浮躁、不卖弄、不耍滑，永远是从艺人到艺术家的不二法门。

这篇题为《向"戏比天大"的艺术品性致敬》的文章发表后，也引起了很高的关注度。一些沪上媒体人还很惊讶，一个湖北人写越剧大师竟也写得如此情真意切、恰如其分、专业透彻。这主要是因为功课做得比较充足，再加上找到了很好的写作切入点和写作角度。

艺术名家也好，鸿儒大贤也罢，其一生之成就往往是多维度的，一生的经历往往是跌宕起伏的，其德其艺其人也有很多方面值得去写，一篇千字文不可能把一切讲全。因此，选取非常显著的某一点作为切入点和核心观点，将其主要成就、人格风范等串联起来，表达悼念之切、敬仰之情，最后以其精神关照现实，如此文章就能主题鲜明、线索清晰、稳健通透，而且情真意切，具有针对性、可读性。这是我的一点粗浅感受。

## （六）一幅照片便可催生一篇好文章

戏剧领域的事情可以写评论，一些网上转得比较火的照片，一些重要的文艺评选活动等，也都可以"借蛋孵鸡"，拿来评说。

2017年8月，很多人的微信朋友圈被一张来自九寨沟地震灾区的照片刷屏了——尘土飞扬的路上，游客在撤离，一名身着迷彩服的战士矫健地反向奔向险区。有报道称，与"最美逆行"同框的本地客车司机也是几次折返，帮游客找东西，"尽力减少游客的损失"。

这虽是救灾过程中并不鲜见的场景，但我们的战士"明知有危险，偏向险中行"的决绝被定格下来后，仍很打动人。于是我顺着这种感动写道：灾难来临之时，迅速离开危险境地是人的本能。然而，在人们向远离灾难的方向奔逃的同时，总有一些人迅速开启"逆行模式"。他们是参加救援的官兵，是抢救伤者的医护人员，是第一时间报道灾情的记者，是每一个身负"逆行"职责，明知危险却必须"偏向险中行"的人。

不顾安危、冒险挺进，对"最美逆行人"的境界和精神，再怎么褒扬也不为过。把他们的举动放到其职业身份中去观察就会发现，"危难中的最美"并不陌生。它其实就是他们所代表的职业群体的正常精神状态和做事原则。正如照片中那位"最美逆行者"所言：逆行只是忠于职守。

继而由点拓展到面：因为职责在身，在历次抗洪抢险、地震救援、火灾扑救中，我们总能看到人民子弟兵出生入死、冲入险境的身影。因为职责在身，接到指令，医护人员、媒体记者总是第一时间赶往现场，没有什么犹豫。那个靠着灌木丛睡着了的医生，是千千万万医务工作者的缩影；那个在余震中一边跑一边拍摄影像的"拼命记者"，是千千万万新闻工作者的代表。如果用心去搜集、整理，每一次危难中，我们都能找到一个个"最美逆行"的画面。往宏大了说，这种美是崇高、伟岸；往细微了说，这种美是对职业的坚守和忠诚。

特殊时间背景下，一个对逆行者而言"再正常不过"的行动被公众聚焦，似乎很稀缺。实际上，这种忠诚和坚守本就是一种"常态"，只不过很多时候被人们忽视了。灾难发生后，普通人可以迅速逃离，但是对身处特殊岗位、肩负特殊职责的人，逆行而上就是必须为之。

最后关照社会现实，提出致敬英雄的正确方法：越是危险，越显忠诚。"最美逆行人"不是一个人，而是一个群体。在一些公共场所，国家有关部门为什么专门设置了"军人优先""记者优先""教师优先"等优待窗口？对其忠诚和坚守的尊敬是原因之一。令人遗憾的是，时下有一些人对此表现出不理解、不支持，甚至说怪话。危难过去后，莫忘"最美逆行人"。我们可以穷尽最美好的词汇赞美照片所定格的"最美逆行"，更要把致敬的目光投向他们背后的职业、群体，多一份朴实和真诚。

这篇题为《如何致敬"最美逆行"》的文章，从一个感动的点，拓展到面，再提出如何回应感动的主张，三个层次衔接妥帖、递进流畅，因此观点易于为读者所接受。

《多点"为小孩子写大文学"的情怀》这篇文章的评论对象是一场颁奖活动——2017年陈伯吹国际儿童文学奖揭晓。在随后的上海国际儿童书展上，一些儿童文学家和观众探讨当代儿童文学，已故儿童文学家陈伯吹先生"为小孩子写大文学"的情怀成为讨论的焦点。

借着这个机会，我着重阐述了儿童文学的社会价值：儿童文学是以儿童为主要读者的文学形式，在观察视角、思考方法、表达方式上需要有与儿童接受能力相匹配的"小"的特点，但绝不是"小文学"。相反，因为读者对象特殊，儿童文学还发挥着教育、启迪的大作用。周作人认为儿童文学"几乎就是小学语文教育的同义词"，就是看到了这种特殊文学样式对儿童人生观、世界观、价值观塑造的重要作用。

因爱说谎话，狼真来了，人们却不再相信，这进行的是拒绝欺骗、诚实求真的教育；小美人鱼即使变成泡沫也不肯伤害心爱的人，在淡淡忧伤中撒下了善的种子；灰姑娘的逆袭，揭示了无关出身、无关外在的"美的教育"……很难想象，如果没有国内外经典儿童文学作品的滋养，孩子们的世界会变得多么乏味；如果没有叶圣陶、冰心、陈伯吹等老一辈作家俯身为孩子们创作《稻草人》《再寄小读者》《一只想飞的猫》等儿童文学精品，我们的童年将会失去多少乐趣。

接着分析了儿童文学的"小"与"大"的辩证关系：从社会功能上看，儿童文学播下的是爱的种子，进行的是"真善美"的启蒙，是名副其实的"大文学"。目前中国0到12岁的儿童超过两亿，是一个非常巨大的读者市场。近些年，数字化的冲击波及出版市场，成年人阅读率不乐观，相反，儿童阅读率却相对稳定，儿童出版市场需求巨大。从读者群体上看，儿童文学也是当之无愧的"大文学"。

既是"大文学"，就需要创作者有大情怀、大担当，认识到自身肩负的责任，用心创作出更多儿童文学精品。令人忧心的是，时至今日还有一些作家骨子里瞧不上儿童文学，认为它"难登大雅之堂"。相反，也有一些人看到儿童文学市场可观，一味模仿、改写乃至抄袭国外作品赚快钱，还有的走迎合搞怪、低俗、暴力等不良取向的路数。孤高自诩与媚俗无底线，两个极端都需要反对和矫正。儿童文学的富矿正待更多有情怀的作者去发掘，童书畅销榜也不应该总被一两个人独揽，而应展现百花竞放、经典频出的繁荣。

最后强化观点："从儿童的角度出发，以儿童的耳朵去听，以儿童的眼睛去看，特别是以儿童的心灵去体会"。陈伯吹等老一辈儿童文学家，穷其一生"为小孩子写大文学"，省吃俭用设置奖项激励后辈作家创作儿童文学精品，这种深意应该被读懂，这种情怀应该被继承，这种精神应该被发扬。

这篇文章在《光明日报》刊发后，被很多文学刊物、网站转载，被一些机构列为公务员申论考试的热点范文。上海市嘉定区还把它作为现代文阅读理解的范文，全文录入上海市嘉定区2017学年第一学期九年级期终学业质量调研测试《语文》试卷中。

介绍了这么多针对不同领域进行评说的时评文章，读者会更直观意识到，时评写作选题的范围是非常宽泛的，文艺界就是一座时评选题的富矿。电影、电视剧、综艺节目、戏剧、照片、评奖活动等等，但凡新近发生的，产生社会影响的，对现实有关照意义和评说价值的艺术作品、文艺事件，都可以拿来评说。掌握了这种"借蛋孵鸡"的办法，我们就会在社会生活中看到很多被忽视的好选题，可以极大拓展时评写作的视野半径。

## 实战例文

### 温故《一九四二》，憧憬"中国梦"

冯小刚新作《一九四二》正在热映，这部改编自刘震云调查体小说的电影，引起各方关注。一项调查显示，有93.8%的网友表示，《一九四二》"非常优秀，超过心理期待"。有媒体报道说，这部电影让一些老人回忆起了逃荒时的悲惨往事。电影作品固然有艺术加工的痕迹，但是这部以1942年河南大饥荒为历史背景创作的电影，至少"从一个小切口诠释了当时的中国"。

70年前的中国，是一个怎样的中国？外寇入侵、国家危难、政府腐败、民不聊生，积贫积弱的国家再遇上一场大旱，河南境内300万人被活活饿死。受灾最严重的河南延津等地，出现了卖儿卖女、饿殍满地、易子而食的悲怆景象。《一九四二》让我们对70年前中国的沉重灾难有了更直观的感知。愈是感知深刻，愈是心结难平，在一个腐朽没落的国家，在一个食不果腹的年代，个体的生死显得多么卑微。

现在的中国，是一个怎样的中国？屹立东方，世界第二大经济体，拥有13亿人口的中国更加具有国际话语权。尽管这个国家依然存在这样那样的社会问题，有着这样那样的矛盾，社会公平正义与百姓民生建设还有待解决的困难，但是这是一个丰衣足食、百姓能够有尊严地活着的中国；这是一个健康向上、朝着中华民族伟大复兴梦想不断迈进的中国。

战乱饥馑的年代离我们渐行渐远，但是重温祖辈们的悲惨遭遇，感知中华民族沉重的历史，我们能够得到深刻的启发。其一，感恩生活，珍惜当下。对个体来说，和自己的亲人一起有尊严地活着，是一种幸福。珍惜现在的生活，就是要多一点信心，以积极健康的心态，过好先辈们以血和泪的代价换来的生活。

其二，以史为鉴，奋发图强。一个忘记历史的民族是没有希望的民族。今天，我们通过电影、展览、口述、史料，感知屈辱的中国近代史，就愈发憧憬"中国梦"，就愈加深刻地明白以史为鉴、奋发图强的迫切和必要。那些看完《一九四二》默默离开电影院的沉重面孔，让我们看到了人们对历史共同的反思，对未来共同的希望。

习近平总书记日前在参观《复兴之路》展览时说，"现在，我们比历史上任何时期都更接近中华民族伟大复兴的目标，比历史上任何时期都更有信心、有能力实现这个目标。"这个目标，也正是我们的祖辈传递给我们的希望和憧憬。为此，我们务必要以史为鉴、团结一心、奋发自强，努力为国家的进步、民族的尊严而尽心竭力。

（刊于2012年12月8日《光明日报》）

## 《生门》提醒我们，民生保障还有提升空间

针对近期热播的纪录片《生门》，有网民发帖说："生活已经够苦了，真不能再看这么苦的片子。"据说在电影版的放映中，有女性观众因观影不适而选择退场。

《生门》的确不是一部轻松的片子，它有太多扎心的地方。30多岁的夏锦菊恳求保留子宫，却因此心脏两次停止跳动，主刀医生左右为难；怀了双胞胎的陈小凤面临早产难产，家人不得不回村里挨家挨户借钱，皱巴巴的钞票令人心酸；孕妇方萌妊娠高血压，子宫腹水多，需要引产，她拿着打胎的药片，满眼泪水地望着丈夫，满是绝望和不舍……一个个生命降生的悲壮过程、一场场生死交替的凶险瞬间、一幕幕产房外的喜乐悲欢，沉重得令人窒息、冷峻得令人战栗。

再接近真实的作品也有艺术剪裁的成分，理性的观众当然不会误以为《生门》就是分娩的一般状态——从平顺分娩与早产难产的比例看，生死挣扎、险象环生毕竟只占较小的一部分。《生门》选取的大都是有波折、有冲突、有剧情的场景，确实存在聚焦特殊病患、放大痛苦的情况，但这种聚焦、放大也是对局部真实的一种展现，传递出对很多现实问题的深刻思考。

《生门》展现了生命的可贵，以及面对生命时不同人的不同情绪。生死一线，竟有准家长嚼着口香糖冷漠以对，如此不负责任拷问着生命教育的成效。社会发展到今天，一些地方"不生个儿子就抬不起头"的旧观念还根深蒂固，在"全面两孩"的大背景下，如何根治观念之弊，是摆在眼前的迫切问题。一些家庭因交不起医药费而一筹莫展，只能冒着生命危险硬撑，比如陈小凤怀了双胞胎，

她的丈夫不肯果断配合医生的救治方案，顿时"千人骂、万人恨"。但随着镜头进入他的生活，看到他的穷困无助，看到医生说需要钱的时候，他哭着求人借钱，很多观众理解了他的难处，在情绪上达成了一种和解。

推开"生门"，我们看到的是现实沉重的一面。尽管它会让我们感到不适，但我们不应因此草草地退场，因为这正是一种直面问题、解决问题的犀利提醒。从《生门》录制到现在，时间已经过了两三年，涉及的问题有的已经有了很大改观，但因病致贫、因病返贫等情况依然时有发生，很多家庭的抗风险能力依然脆弱，一场大病就可能压垮一个家庭。这提醒我们，民生保障依然还有提升空间。

现阶段，很多问题一时不能彻底解决，需要一步一步往前推。清醒地认识到两个"没有变"的基本国情，脚踏实地解决现实问题，才能尽快纾解看病之难、生活之苦。

（刊于2018年2月13日《光明日报》）

## 在一笔一画中抚摸汉字的体温

最近，浙江卫视《汉字风云会》在众多娱乐节目中脱颖而出，位列卫视综艺节目关注度排行前列，受到很多老师、家长和学生的关注。节目短视频《考你个字》在手机上活跃转发，掀起一股汉字书写热。

是"哈密瓜"还是"哈蜜瓜"，是"打钩"还是"打勾"，是"皇天后土"还是"皇天厚土"……很多看起来很熟悉的字，写起来却犹豫了；很多自以为完全掌握的词，一下笔却脑中一片空白。如果说书写潦草、七扭八歪，使横平竖直的汉字失去了神韵，提笔忘字则是一种书写能力的退化，是年轻一代汉字优越感、文化自豪感不断降低，形成的某种可怕的文化断层。

所幸，面对一手"拿不上台面"的字，很多人内心还有几分羞愧；面对提笔忘字的现实，除了下意识地摸出手机搜一搜，人们还希望做点什么：或者关注汉字书写，扭转自己的窘迫；或者让孩子打好汉字基础，不致重蹈覆辙。从《中国成语大会》到《中国汉字听写大会》，从《见字如面》到《汉字风云会》，这些节目之所以受欢迎，一个很大的原因就是满足了公众找回和巩固汉字记忆的内在需求。

与其他汉字类节目不同,《汉字风云会》的选手以小学五年级左右的孩子为主,所涉内容大多是生活中的常用字词。这些并不冷僻的字词成年人也容易弄错,甚至闹出笑话,因此很有普及价值。节目聚焦低年龄萌娃、覆盖全家庭范围的收视群体,观众定位比较精准。不论生活节奏多快,父母都有责任多陪陪孩子。饭后,全家人围坐在一起收看节目,学习汉字,的确是个很温馨的预设场景。而"萌萌哒"的节目表现形式,也有助于带给观众轻松的收视体验,优化汉字听写带来的参与快感。

当代诗人流沙河说过:"每个汉字都是一条路,带领我们回到传统文化的故乡。"汉字是世界上迄今为止连续使用时间最长的文字,它不仅有书写传播的工具价值,而且承载了民族历史记忆,是中华文明最灿烂的瑰宝之一。普及汉字的正确写法,让人们在一笔一画中抚摸汉字的体温,在转折连接中呵护汉字的感情,"把汉字写得方方正正、坚定深沉,像敦煌、像长城、像鼎",既是保证汉字书写规范的现实需求,也是捍卫汉字文化纯粹性的重大问题。

指望一档综艺节目承担起如此宏大的文化使命显然不现实。但是,"泰山不辞垒土,故能成其大;河海不择细流,故能成其深",每一个微小的努力都应该得到尊重。电视综艺节目倘能从喧嚣浮华中抽身而出,在汉字文化传承等方面有所担当、有所触动,无疑是一件有意义的事。

(刊于2017年8月6日《光明日报》)

## 如何致敬"最美逆行"

这些天,很多人的微信朋友圈被一张来自九寨沟地震灾区的照片刷屏了——尘土飞扬的路上,游客在撤离,一名身着迷彩服的战士矫健地反向奔向险区。有报道称,与"最美逆行"同框的本地客车司机也是几次折返,帮游客找东西,"尽力减少游客的损失"。

灾难来临之时,迅速离开危险境地是人的本能。然而,在人们向远离灾难的方向奔逃的同时,总有一些人迅速开启"逆行模式"。他们是参加救援的官兵,是抢救伤者的医护人员,是第一时间报道灾情的记者,是每一个身负"逆行"职责,明知危险却必须"偏向险中行"的人。

不顾安危、冒险挺进,对"最美逆行人"的境界和精神,再怎么褒扬也不为过。但是，把他们的举动放到其职业身份中去观察，就会发现，"危难中的最美"并不陌生。它其实就是他们所代表的职业、群体的正常精神状态和做事原则。正如照片中那位"最美逆行者"所言：逆行只是忠于职守。

因为职责在身，在历次抗洪抢险、地震救援、火灾扑救中，我们总能看到人民子弟兵出生入死、冲入险境的身影。因为职责在身，接到指令，医护人员、媒体记者总是第一时间赶往现场，没有什么犹豫。那个靠着灌木丛睡着了的医生，是千千万万医务工作者的缩影；那个在余震中一边跑一边拍摄影像的"拼命记者"，是千千万万新闻工作者的代表。如果用心去搜集、整理，每一次危难中，我们都能找到一个个"最美逆行"的画面。往宏大了说，这种美是崇高、伟岸；往细微了说，这种美是对职业的坚守和忠诚。

特殊时间背景下，一个对逆行者而言"再正常不过"的行动被公众聚焦，似乎很稀缺。实际上，这种忠诚和坚守本就是一种"常态"，只不过很多时候被人们忽视了。灾难发生后，普通人可以迅速逃离，但是对身处特殊岗位、肩负特殊职责的人，逆行而上就是必须为之。

越是危险，越显忠诚。"最美逆行人"不是一个人，而是一个群体。在一些公共场所，国家有关部门为什么专门设置了"军人优先""记者优先""教师优先"等优待窗口？对其忠诚和坚守的尊敬是原因之一。令人遗憾的是，时下有一些人对此表现出不理解、不支持，甚至说怪话。危难过去后，莫忘"最美逆行人"。我们可以穷尽最美好的词汇赞美照片所定格的"最美逆行"，更要把致敬的目光投向他们背后的职业、群体，多一份朴实和真诚。

（刊于 2017 年 8 月 22 日《光明日报》）

## 多点"为小孩子写大文学"的情怀

几天前，2017 年陈伯吹国际儿童文学奖揭晓。在随后的上海国际儿童书展上，一些儿童文学家和观众探讨当代儿童文学，已故儿童文学家陈伯吹先生"为小孩子写大文学"的情怀成为讨论的焦点。

儿童文学是以儿童为主要读者群的文学形式，在观察视角、思考方法、表达方式上需要有与儿童接受能力相匹配的"小"的特点，但绝不是"小文学"。相反，因为读者对象特殊，儿童文学还发挥着教育、启迪的大作用。周作人认为儿童文学"几乎就是小学语文教育的同义词",就是看到了这种特殊文学样式对儿童人生观、世界观、价值观塑造的重要作用。

爱说谎话,狼真来了,人们却不再相信,这进行的是拒绝欺骗、诚实求真的教育;小美人鱼即使变成泡沫也不肯伤害心爱的人,在淡淡忧伤中撒下了善的种子;灰姑娘的逆袭,揭示了无关出身、无关外在的"美的教育"……很难想象,如果没有国内外经典儿童文学作品的滋养,孩子们的世界会变得多么乏味;如果没有叶圣陶、冰心、陈伯吹等老一辈作家俯身为孩子们创作《稻草人》《再寄小读者》《一只想飞的猫》等儿童文学精品,我们的童年将会失掉多少乐趣。

从社会功能上看,儿童文学播下的是爱的种子,进行的是"真善美"的启蒙,是名副其实的"大文学"。目前中国0到12岁的儿童超过两亿,是一个非常巨大的读者市场。近些年,数字化的冲击波及出版市场,成年人阅读率不乐观,相反,儿童阅读率却相对稳定,儿童出版市场需求巨大。从读者群体上看,儿童文学也是当之无愧的"大文学"。

既是"大文学",就需要创作者有大情怀、大担当,认识到自身肩负的责任,用心创作出更多儿童文学精品。令人忧心的是,时至今日还有一些作家骨子里瞧不上儿童文学,认为它"难登大雅之堂"。相反,也有一些人看到儿童文学市场可观,一味模仿、改写乃至抄袭国外作品赚快钱,还有的走迎合搞怪、低俗、暴力等不良取向的路数。孤高自诩与媚俗无底线,两个极端都需要反对和矫正。儿童文学的富矿正待更多有情怀的作者去发掘,童书畅销榜也不应该总被一两个人独揽,而应展现百花竞放、经典频出的繁荣。

"从儿童的角度出发,以儿童的耳朵去听,以儿童的眼睛去看,特别是以儿童的心灵去体会"。陈伯吹等老一辈儿童文学家,穷其一生"为小孩子写大文学",省吃俭用设置奖项激励后辈作家创作儿童文学精品,这种深意应该被读懂,这种情怀应该被继承,这种精神应该被发扬。

(刊于2017年12月5日《光明日报》)

# 第十二招 杂而有专

北宋政治家王安石在《上仁宗皇帝言事书》中有句名言："人之才，成于专而毁于杂。"民间有俗语"路多了踩不死草"。强调的都是要集中力量，成为专才。然而，在新闻学教育中，我们又常常听到这样的说法："记者是杂家，什么都要学""新闻人要做杂家"。到底要专还是要杂呢？

以我愚见，新闻记者也好，评论写作者也好，首先还是要杂。博学多闻、见多识广才能在千姿百态的社会生活中准确把握选题、做出好新闻，才足以在评说经济、政治、文化、社会、生态文明等方方面面的新闻事件、新闻现象中游刃有余。但是，"杂"只是初级阶段，在"杂"的基础上实现"专"是更高境界。

当下的时评创作有一个普遍性的问题，就是浅尝辄止、浮于表面，这与一些写作者杂而不专有很大关系。因为"不专"所以只能在普遍道理上打转，所以说不深说不透。一些时评写作者给人一种包打天下的感觉，社会问题可以说两句，政治问题也能评一评，股市财经也讲得煞有介事，体育界的事也能说上一说……这个世界上有没有"万事通""百晓生"？也许有，但毕竟是极少数。初学者在广泛涉猎的基础上，应该选取两三个领域重点关注和创作，而不是万金油一般涂抹到哪儿都行。正是基于此，我主张时评写作杂而有专。

要做到杂而有专，关键在于对社会生活的某一个方面保持长期地、持续地关注，进行长期地、持续地研究、评说。这些年来，我涉猎的题材也比较广泛，但选题的领域却有重点。文化、社会、政治等领域最多，财经、体育、股市、国际等领域则很少触及。我对文化关注得比较多，但文化是个很宽泛的概念，再细分，我对传统文化关注又更多一些，传统文化还显宽泛，于是把目光再聚焦到文物保护上。因为密切、长期地关注，所以在这方面，积累了许多文章。

## （一）找准一个领域长期关注

2008年汶川地震后，四川博物馆收藏的10件"5·12"抗震救灾文物被全国权威文物专家评定为国家一级文物，其中包括时任国务院总理温家宝在"5·12"抗震救灾中使用过的话筒、抗震救灾英雄邱光华的《飞行日记》本、地震后第一只到达映秀的救援冲锋舟、抗震救灾英雄战士武文斌遗物、15名勇士空降茂县用过的降落伞等物品。

我觉得珍藏地震中的文物是很必要的，于是写道：汶川地震过去一年多，天灾的伤痕正在逐渐修复，然而灾难之后，举国团结、共克时艰的民族精神却值得我们永远保留。把总理救灾喊话的话筒珍藏起来，把救灾英雄的《飞行日记》本珍藏起来，把15名勇士空降茂县用过的降落伞等物品珍藏起来，就是把国人众志成城、团结抗灾的精神珍藏起来，就是对伟大民族精神的尊敬和崇尚。这些物品可以见证，不顾安危的总理、救灾的军人、援建的志愿者以及亿万从荷包里掏出善款的普通人，都是中华民族伟大民族精神的践行者、守护者。

继而分三个层次写了珍藏文物的价值：珍藏文物是对"5·12"举国救灾的一种纪念。几乎在人们闻知噩耗的同时，一种发端于个体的捐助，不约而同地迅速扩展，陡然凝聚为一种空前的善举。我们不会忘记那些在余震不断的重灾区无所畏惧、奋起救援的军人，不会忘记那些携带物资千里驱驰、"明知蜀道难偏向蜀中行"的企业家，不会忘记那些满头银发、拄着拐杖排在长长捐款队伍里的老阿婆……太多难以忘却的东西，成为我们为之骄傲和感动的不朽素材。

珍藏文物是对生命的一种崇高敬畏。地震让我们深切地感受到同胞蒙难的痛楚，感受到生命的脆弱和可贵。逝者已不复，生者需坚强。行走于匆匆人海，忙碌于纷纷俗事，人们从地震中惊醒，重新思考人生的价值。这些陈列在博物馆里的救灾文物，告诉我们：人性的高贵和生命的意义，在生活越是艰难的时候,越能显出其深刻性和超越性。对生命的敬畏,不只是善待自己,更要为他人为国家多奉献一些、多付出一些。

珍藏文物是启迪后人团结进取的一种财富。长久以来,不论我们民族的历史以怎样的脉络发展,团结进取总是每个时代不可或缺的重要主题。把汶川地震中的救灾物品珍藏起来,能够让我们的后人明白"一方有难八方支援""大丈夫以天下为念"的可贵,明白民族团结力量的强大,明白爱国主义精神的感召力,并让这些精神发扬光大。

最后切题:灾难在我们的心头留下了永远的痛,而那些灾难中的英雄事迹也同样烙印在我们心里。不管时光如何流逝,我们再回过头,再步入博物馆,再凝视这些物品,依然会产生无比的敬畏和由衷的自豪。

这篇题为《珍视抗震救灾文物的历史价值》的文章,是我十多年前的创作,我投稿给《光明日报》,一位资深编辑专门给我打来电话,提出了很好的修改意见,最后刊发在《光明日报》的二版头条上,在网上引起很大反响。我感到,关注文物保护是一件非常有意义的事情,从此我对古文物、古建筑保持密切关注,一直持续了十多年。

2011年9月6日,时任国务院总理温家宝与国务院参事对话古村落保护时称,部分地方搞强拆,把农民赶上楼,丢掉的不仅是古村落,连现代农村风光都没了;大批真物质遗产被拆毁,然后又花很多钱建许多假东西;城市设计不从地区特点出发等问题"要引起我们高度重视"。

为了卖地搞开发,把真文物拆掉,又花很多钱建假文物,这一现象触发了我的关注。觉得有话如鲠在喉,不说不行。

所以我写道:货真价实的物质遗产,承载着历史与文化的厚度,岂是翻新重建的"假遗产"所能代替的?陈旧黯淡的古董值钱,崭新光鲜的复制品价贱,类似的道理小学生都懂,一些城市管理者难道会不明白?既然明白,又为什么非要在巨型机械的轰隆声中,把古遗产、古村落推倒、铲平,继而在某个地方重建起仿制的建筑,以此自我标榜甚至洋洋自得?个中答案其实并不深奥。一些官员急着出政绩,一些商人急着谋利益,双方互相捧场,肆无忌惮地强拆、强征,全然没有对民心民意的起码尊重,全然没有对历史文化遗产的丝毫敬畏。这样心态下的"拆真建假""推陈出新",本质上是不折不扣的政绩工程、腐败工程和胡搞工程。

接着直陈拆真建假的危害：不久前，黑龙江省的"将军府"搬家事件引起了社会的关注。该省齐齐哈尔市政府拟将10年前迁出市区的文物"将军府"，再花巨资搬迁回来。此次迁回需要花费上亿元，意在争创历史文化名城。好端端的一处古建筑，"哪里需要就搬到哪里去"，反复地搬迁耗费了数以亿计的资金不说，还严重破坏了文物的原貌，令人无法接受。评上历史文化名城，能获得表彰赢得政绩加分，进而实现升官梦。于是不惜劳民伤财、不惜折腾文物，这样的做法暴露了一些地方狭隘的政绩观和自私的政绩欲，实在是不可取。

继而剖析一些人乐于拆除文物重建的原因：天下熙熙皆为利来，天下攘攘皆为利往。牟取暴利也是一些人乐于拆除、重建文物的原因。此前的南京市级文物"张治中公馆"也曾遭屋主违法拆毁，之后屋主将重建后的房屋以6400万元高价挂牌出售，价格涨了一倍。经过拆建，一些人得以谋取利益，这种现象在"拆真建假"过程中相当普遍。特别是一些重要地段文物的"开发"过程，常常揪扯着腐败的魅影。把原来的物质遗产拆掉，实际上是想腾出更多的地块用于商业开发。一些开发商在地方政府的庇护下，肆无忌惮、乐此不疲地征地、开发、重建，一处处崭新的"古建筑"在商业楼盘的簇拥下拔地而起，一些开发商和官员都乐得合不拢嘴，唯有老百姓望楼兴叹，唯有一些文物保护者仰面扼腕叹息。可悲的是，这些微弱的"杂音"根本无法引起当事者的反思。

除政绩欲望和利益驱使外，一些地方不切实际地拆除原有古建筑或者不切实际地拆除古村落把村民"赶上楼"，实际上是对新农村建设、城镇化发展等政策的误读。有些地方认为"崭新的古建筑"比年久失修的文物更美观，有些地方以为成片集中的楼房比古朴的村落更符合新农村建设的要求，有些地方缺乏对历史文化遗产的必要认识和重视，有些地方一味地试图照搬大中城市的模样。这些不符合客观规律的解读与操作，少不了"胡搞"的嫌疑。一个地方应该有一个地方文化传承的物质载体，一个地方应该有一个地方原味的建筑特色。倘若举国都以"北上广"为建设蓝本，那么博大多彩的中国，将变得"千城一面"，一些地方的优势也会由此消亡，这不是作茧自缚吗？

最后提出郑重提醒：面对不美观的古文物，面对不宏伟的古村落，面对拆除重建的冲动，我们的管理者理应坚持科学合理的态度，站在对历史和未来负责的角度，保护好我们的物质遗产，绝不能因一时的利欲熏心、头脑发热而轻率拆建，以免给后人留下难以挽回的遗憾。这篇题为《文物经不起拆真建假的折腾》的文章刊发在《法制日报》上。见报后我把它贴在新浪博客上，《中国文化报》的编辑还专门来信希望授权转载刊登。

现代文明发展到今天，人们的文物保护意识却还没跟上，有的地方居然还存在这么多大手一挥拆毁文物的乱象，而有识之士对此无可奈何，民众的关注又不够。这坚定了我长期关注此类问题的决心。

## （二）以记录历史的责任感写评论

2015年6月，媒体记者在河北省抚宁、卢龙、迁西等长城沿线县市走访时了解到，一些荒郊野外的古长城生存状况堪忧。风雨侵蚀、人为破坏、缺乏维护管理，一些地区文化价值较高的明代长城文字砖被偷盗、拆解、贩卖的现象屡见不鲜。

众所周知，万里长城是我国乃至全世界的重要历史文化遗产，是当之无愧的世界奇迹和瑰宝。在古代，它既是农耕民族的防御前线，也是向游牧民族发动反击的前进基地，有很强的实用价值。长城文字砖被偷盗、拆解、贩卖的现象，令我陷入了深深的思考：如果任凭这样的事情发生，长城会不会像鲁迅先生笔下的雷峰塔一样倒掉？

带着这种深沉的担忧，我在写作中首先介绍了长城的历史价值：万里长城已经成为中华民族的骄傲与象征，其旅游价值、认识价值、教育价值、历史研究价值、建筑技术研究价值、文化价值等也无可比拟。然而万里长城正在遭遇破坏和消亡，保护的不力，一些人的随意拆毁，很可能犯下不可挽回的历史错误，国家有关部门，各界有识之士岂能不拍案而起？

接着提出切实保护长城的一些主张：与一般文物不同，长城体量巨大、延展深远，横贯辽宁、内蒙古、宁夏、河北、北京、天津、吉林等几乎整个中国北方大地，在保护上有它客观上的困难。但在科学技术发达、经济发展迅猛的当下，只要用心去做，这些困难完全有可能克服。既然能够把八达岭、嘉峪关保护好，同样也可以把其他地段保护好。况且，万里长城之所以雄伟，是因为它整体的跨度和厚重，对它的保护应该是系统性的。这就要求政府在财政投入、地区协作上有更显著作为。

长城保护是个庞大工程，指望少数看护员只怕不行。能不能组建一个专职的保护机构，协调沿线省份进行统一管理？能不能对万里长城的维护进行周密的专家论证，找到最好的保护办法进行系统性修复？是不是可以在各地招募志愿者，发动民众参与长城的保护？可不可以运用数字监控、远程管理等现代手段，对整个长城沿线进行集中管理……这些都是有关部门、地方应该思考的问题。

　　长城是祖先留给我们的瑰宝，我们绝不能坐视其自生自灭，断送在我们这代人手里，这样的历史罪过谁也担不起。尤其要注意一个令人痛心的现象：长城沿线的一些民众居然随意拆毁长城城砖。拆毁长城上的文字砖以四五十元钱一块变卖，拆毁墙体用于建房修院子，如此毁坏祖先遗产，何其自私与愚昧？出现这样的乱象，有关部门、地方难道没有责任吗，还能坐得住吗？

　　继而借助鲁迅先生的文章表达担忧：鲁迅先生在《再论雷峰塔的倒掉》一文中说，雷峰塔砖的挖去，不过是极近的一条小小的例。龙门的石佛，大半肢体不全，图书馆中的书籍，插图须谨防撕去，凡公物或无主的东西，倘难于移动，能够完全的即很不多。但其毁坏的原因，则非如革除者的志在扫除，也非如寇盗的志在掠夺或单是破坏，仅因目前极小的自利，也肯对于完整的大物暗暗地加一个创伤。人数既多，创伤自然极大，而倒败之后，却难于知道加害的究竟是谁。

　　诚如斯言，极小的自利不加以约束，就可能摧垮整个有形和无形的大厦。最新的统计是，8000余里明长城墙体只有8.2%保存状况较为良好，而74.1%的保存状况较差，甚至只剩下了地面的基础部分。世界古遗迹基金会公布的全球100处最濒危遗址名单，万里长城榜上有名。

　　最后再次袒露心头深沉的忧思：可以预见，如果有关部门、地方政府再不采取有效措施，严格落实《长城保护条例》，再不切实加强保护长城的宣传教育，杜绝沿线百姓拆毁城砖的现象，万里长城的命运只怕会和昔时的雷峰塔一样，总有一天会倒掉，最终荡然无存。倘真的一语成谶，则后世子孙就只能在《论万里长城的倒掉》《再论万里长城的倒掉》等文章中掩卷哀叹了，就像我们哀叹莫高窟的富丽一般。

　　我把这篇带着深切文物保护忧思、题为《论万里长城的即将倒掉》的文章放在了新浪李思辉专栏里，阅读率很高。《光明日报》一位资深编辑看到后，觉得很好，有刊发价值。根据她的建议，在原文基础上进行一些修改后，以《谁来关注长城的命运》刊发在《光明日报》上。

从这篇文章开始，我对包括长城在内的文物保护开始了持续的关注。一年后的2016年7月25日，媒体报道，河北怀来大营盘一段明长城近日被一名男子恶意破坏，目前该男子已投案自首，并被处以行政拘留10日、罚款500元的处罚。从网上流传的视频中可以看到，这段长城本就残破不堪，在男子的恶意破坏下，垛墙石在短短几秒内就被扒掉了两块，让人心疼。

顺着这种心疼我写道：看视频时，刹那的心疼来得很强烈，锥心之痛。但更应该追问：万里长城是不是我们必须保护的文物古迹，谁负责去保护它，怎么去保护？长城的巡查、保护和修复，的确是一个不小的工程，但经济发展到今天，只要真心去做，这个能力还是有的。不少地方复制仿古街、建人造假古迹都"不差钱"，开发力度惊人，"资金不足"恐怕不能成为古长城缺乏保护的理由。

接着剖析一些地方保护不力的原因：长城穿山越岭，有的远离城市，被称为"野长城"。因为远离省会、不在大城市周围，不能迅速产生经济效益，很难带来立竿见影的政绩，所以听之任之，让它自生自灭，所以对它弃若敝屣，甚至把它当成地方的累赘。说起长城保护拍着胸脯说重视，可真到投入的时候，又顾左右而言他。凡此种种，说到底还是一个急功近利的政绩观问题。

立功当立百世功，计利当计千秋利，求名当求万世名。功成不必在我，只要对地方长远发展有利，对子孙后代有利，就应把它当成大事去抓。心存公心、大道公行，真正重视、措施得力，就能够让人为破坏的现象杜绝，让残破飘摇的长城重焕生机，把人类的伟大奇迹保存下来，这就是百世之功。

继而强调保护古长城的迫切性：古长城延绵跌宕，横跨北方，还需建立跨地域的统一协调机制。比如，能不能参照长江水利委员会的架构，组建一个长城管理委员会，全面统筹协调全国的长城保护开发工作？能不能把长城保护作为评价地方政绩的重要指标，督促各地守土尽责？保护长城是中国乃至人类文物保护的一件大事，是对世界负责、对子孙负责。历史会证明，那些保存下去的古长城会越发珍贵，如果疏忽大意任其毁去，未来花多大代价都难以弥补。

最后切题：长城受到人为破坏，令人愤慨、心疼。而这种愤慨和心疼应该引发人们的深刻反思，形成坚决保护的共识，倒逼有关方面切实担负起保护之责，这是更重要的。这篇题为《保护长城不能止于刹那的心疼》的文章刊在《光明日报》二版头条位置。

这些年来，但凡涉及长城保护的新闻，都被我列为重点选题对象。随着时间的推移，长城保护的状况在变化，是越来越有成效，还是越来越糟糕？持续观察五年、十年、三十年，也许读者可以从时评作品中按图索骥，找到变化的脉络。

### （三）不断提升对所关注领域的认识水平

2011年12月，媒体报道，在新疆策勒县达玛沟区域的沙漠里，埋藏着许多宝贝。早在20世纪初，这里就是西方探险者眼中的圣地。如今这里的文物被盗现象依然严重。而当地文体局官员表示："县文体局一年的工作经费仅5000元，根本无力支付看护人员的工资。"此消息一出，让我感到不可思议，我们在文物保护上有多少欠账啊！

莲花底座残片、佛像手指、花鸟图案碎片……被随地丢弃在策勒县沙漠中的文物碎片，控诉着盗掘者的恶行。我们看到的是，疯狂的盗掘者旁若无人地驾着越野车、举着海事卫星电话、领着挖掘机进入遗址区，盗取国家珍宝、损毁历史文物，这怎能不叫人愤慨、心痛？面对文物大量被盗的事实，当地官员罗列出诸如管理人员少、资金严重匮乏、大漠环境制约等理由来推脱责任，但这些不足以让人们信服和接受，不能够掩盖其失职的事实。

于是，我写道：试想，对一个相当于30万个足球场大的遗址区，一个埋藏着难以计数的佛像、壁画、古籍等珍贵文物的区域，只派四五名管理员看护，每年工作经费只拨5000元，这合理吗？难道当地政府不知道遗址区文物的价值？显然不是。此前当地公开展览过该区域出土的一副千手观音壁画，当时就有日本参观团意欲以1亿元人民币购买。至于说财政承受力有限就更是荒唐。数据显示，2010年该县文化体育与传媒支出为861万元。说白了，缺钱并非文物保护不力的真实原因。文物保护意识薄弱才是问题的本质。

继而由点及面：更令人担忧的是，这种文物保护意识淡漠当下十分"流行"。在一些地方和一些官员眼里，花在文物保护上的钱摸不着、看不见，不如盖个大楼、建个标志性建筑、搞场大型庆典来得"实在";一些官员视文物保护的投入为"无底洞",能不给就尽量不给,能少给就尽量少给;在一些地方,文物成了政绩的道具,哪里需要搬到哪里去,谈到保护文物的时候非常激动,做起来却一动也不动;在另一些地方,遗址区甚至成了盗掘者的财富搬运场。与之相伴随的是,全国每年定性的文物犯罪案件就高达数千起,且发案率呈上升趋势。

最后表达对文物保护的深切期许:折戟沉沙铁未销,自将磨洗认前朝。早在晚唐时期,诗人杜牧就说到了文物承载的历史和文化研究价值,今天的人们怎么还能如此无视文物保护?文物是民族文化的重要载体,是民族历史的重要见证。文物遭到疯狂地盗掘和破坏,造成的损失难以估量。

文物不可复制,珍宝难以复得。地方政府要本着对历史和将来负责的态度,不寻理由不找借口,切切实实把当地的文物保护工作抓好。国家有关部门也应该加大文物保护的宣传教育和监督检查力度,不断规范文物管理的程序和行为。

这篇文章的题目也很直接:《一年五千元文物保护费,太少!》在《光明日报》刊登时标题还加了大大的感叹号!足见编辑和作者一样,都恨不得大声疾呼。

偌大的文物保护区间,一年才投入5000元钱,一些地方如此轻视文物保护,说到底还是一个政绩观的问题。2016年春天,习近平总书记对文物保护工作做出重要指示强调,保护文物功在当代、利在千秋,各级党委和政府要增强对历史文物的敬畏之心,树立保护文物也是政绩的科学理念。这让我有了围绕保护文物政绩观做文章的契机。

我首先阐明文物的重大价值:文物是历史和文化的现实载体,具有承载灿烂文明、传承历史文化、维系民族精神的不朽价值。一提到西安,人们就会想到兵马俑;一提到北京,人们就会想到故宫、长城;一提到武汉,人们就会想到黄鹤楼、古琴台……中华民族拥有厚重的历史文化,众多文物和文化遗址分布于各地,几乎每一座城市都建有博物馆,都有溯源上千年的文物示人。

文物和文化遗址奠定的是一座城市的文化基调,彰显的是一个地方的文明厚度。正因为如此,近年来各级地方政府都加强了对文物的保护。但也要看到，仍有一些地方认为文物保护花费巨大，不容易出成绩，"不能算政绩"，文物保护的财力、物力、人力投入不足。

接着，强调文物保护的极端重要性：第三次全国文物普查结果显示，我国已登记不可移动文物 76 万多处，其中 17.77% 的保存状况较差，约 4.4 万处文物已经消失。文物是历史的沉淀，一旦毁灭再难复得。"增强对历史文物的敬畏之心""树立保护文物也是政绩的科学理念"，对于少数地区文物保护中存在的思想认识问题和发展观上的错误导向，这也是一种警示。

继而，提出"文物保护是不朽的政绩"的观点：文物保护功在当代、利在千秋，是不朽的政绩。文物保护补偿机制、干部考核评价制度等配套机制也应快步跟上。国务院日前下发《关于进一步加强文物工作的指导意见》，明确提出"将文物保护纳入官员考核指标，并将终身追责"，各地应据此完善细则、坚决执行。让文物保护也像环境评价一样，具有一票否决之效力。

最后强化主题：保护好文物，需要各地党委政府的持续高度重视，需要文物保护工作者的专业素养、认真精神，同时也离不开公众的积极参与、密切监督。各方面相互补位、共同努力，才能逐步扭转一些人的错误认识，让中华文明根系永存、枝繁叶茂。

这篇题为《保护文物是不朽的政绩》的文章在《光明日报》刊出后，被《共产党员》等多家报刊转载，在网上传播较广。中央领导同志说要"树立保护文物也是政绩的科学理念"，我在立论、写作和标题上为什么要加上"不朽"二字，强调"保护文物是不朽的政绩"呢？因为在我看来，经济发展快一点、慢一点，总量多一点、少一点，排名靠前一点、靠后一点，都不大紧要，快慢、多少、前后本身就是动态的，一朝落后了，再追上就行了。但是，历史文物是不可复得、不可重生的。一旦疏于管理，任其被偷盗、被损坏，往往再无回天之术。个中遗憾可能伴随几代人，甚至几百年。因此，我认为做强经济的功劳是一时的,保护文物的政绩是不朽的。应该说,这是我对文物保护意义，认识上的一个提升。

### （四）表扬中有问题感，批评中有建设性

大家知道，湖北有座仙山——武当山。武当山上有许多珍贵古建筑、古

文物。在南水北调等大型工程中，武当山为了保护文物甚至将一些道家宫殿整体抬升，保护力度不可谓不大。但是，文物保护空间巨大，在文物保护上再怎么重视也不为过。媒体报道，2017年9月15日起施行的《十堰市武当山古建筑群保护条例》规定，武当山古建筑群的一砖一瓦都将受到法规保护，游客有损害武当山古建筑文物安全的行为，最高可处以50万元罚款；在武当山古建筑群保护范围内，不得进行工程建设或者爆破、钻探、挖掘等作业。

针对文物保护问题，我的绝大多数文章都是批判性的，但遇到保护工作做得好的，措施得力的，也应该肯定和表扬。于是我写道：武当山是道家名山，素有"亘古无双胜境，天下第一仙山"的美誉。武当山古建筑群1994年就入选了《世界文化遗产名录》，是国家重点文物保护单位，是国之珍宝。近些年，湖北省及十堰市出台了一系列措施，禁垦、禁牧、禁伐、禁建。此次十堰市专门出台保护条例，不仅对游客的不文明行为加以更严格约束，而且进一步明确了不得在保护范围内开展有关施工作业，规定更严格、处罚更严厉。

肯定了之后还要申明自己的观点：古建筑保护就应该严格有力。这包括两个方面，其一，对游客行为必须严格约束和规范，避免乱刻乱画破坏文物，防止使用烟火造成古建筑焚毁等。我们常说文物是无价之宝，对无价之宝就该有强有力的保护措施。

其二，围绕古建筑的开发，地方政府须保持应有的审慎。因为历史渊源、文化地位，武当山一向是资本关注的焦点。武当山的养生、旅游、文化、武术等资源，哪一样都很容易迅速变现，如果不限制开发，一夜之间就会有很多项目拔地而起。但从对古建筑、对世界遗产、对未来负责的角度看，过度开发实际上就是破坏，变味的发展实际上就是损毁。相反，审慎才是保护，不发展才是发展，无为而治才是长远之治。

继而坚持问题导向，切入现实问题：文物保护的重要性大家都懂，但总有一些地方按捺不住"开发"的冲动。有的地方以"要发展要吃饭"为由，把好端端的古建筑搞得丧失了历史风貌。第三次全国文物普查显示，我国已登记不可移动文物共76万多处，其中17.77%保存状况较差，约4.4万处文物已经消失。保护文物不容易出成绩，是"潜绩"，文物的破坏或消失却显而易见，一旦产生破坏性后果，就再也无法弥补。

最后揭示武当山做法的普遍启示：禁垦、禁牧、禁伐、禁建，近年来武当山看似"无为",实则有为。特别是,因为南水北调中线工程建设,武当山遇真宫被就地"飞升"15米,这项保护工作耗资超过两亿元。对此,有人说不值。到底值不值?有关部门以不计代价保护的决心做了回应:文物保护不能用金钱衡量。由此而论,武当山对损害古建筑文物安全的游客处以最高50万元的罚款也好,要求不得在保护范围内开展施工作业也罢,处罚只是手段,确保古建筑不受损害才是目的。古建筑保护,就应该严上加严。

这篇文章的基调是对武当山做法的肯定,但请注意,时评与新闻报道有别,不能写成单纯的表扬稿。也就是说,即便是肯定、表扬,其目的也决不能止于肯定和表扬本身,而是借此表达写作者的好恶,揭示普遍道理,提出观点主张。写作的时候,肯定和表扬应适可而止,把更多笔墨放在更进一步地关照现实、表明主张上。这篇有关武当山的文章标题是《古建筑保护应该严上加严》,为什么不用表扬式的标题呢?因为那太浅显。时评的立论、写作不能停留在表层,标题命制最好也不要。这篇文章在《光明日报》刊发后,传播较广,次日还被《人民日报》(海外版)全文转载。

"表扬中有问题感,批评中有建设性",这是我在时评写作实践中坚持的一个重要原则。

## (五)十年一剑胜过临阵磨枪

从2008年开始至今十多年,我一直在关注文物保护问题。这十多年,批评了很多地方,有的还很尖锐,给一些人带来了很强的刺痛。值得庆幸的是,随着关注这一问题的报道、评论越来越多,热情呼吁的专家学者越来越多,方方面面共同努力下,目前文物保护工作有了不小的进步。政府对文物保护越来越重视。民间的文物保护意识也在增强,但是也有一些问题——一些人有参与文物保护的热情,方法却不对头。

2018年5月中旬,媒体报道,一些文物爱好者在陕西咸阳唐崇陵进行"走陵"活动。他们搜寻了多件陵墓石刻残件,并将这些残件搬到陵区监控摄像头下。他们表示,这是为了更好地保护唐崇陵内的文物。当地文物旅游局工作人员回应,搬运石刻行为未经任何官方渠道批准。很多媒体、大量网民批评这些人是别有用心,是打着"情怀"口号赚钱。

## 第十二招 | 杂而有专

对此应该怎么看？在我看来，这些参与"走陵"的人，尽管做得不专业，比较草率，但他们有文物保护的意识，有参与的热情。做法不科学可以提醒、改正，但是文物保护的意识、参与保护的热情却需要珍惜和呵护。为什么？因为公民文物保护意识的觉醒正是我们呼吁、盼望了上十年的宝贵财富。对此，我们要科学引导、用心培育，不能像对待炮制政绩肆意拆毁文物的官员，乃至偷盗文物的犯罪分子那样，横眉冷指，怒目敌对。否则，难免会挫伤这些文物保护觉醒者们的积极性，甚至对整个社会文物保护意识的次第觉醒造成阻滞。

写作过程中，我首先对他们的草率行为表明了反对态度：未经景区允许，未经文物保护部门批准，私自挪动文物确有不妥。一旦对珍贵文物造成损坏还涉嫌违法，需要承担相应的责任。民间文物爱好者，必须在合法合规的前提下活动，不能任性而为。

接着笔锋一转，提示公众看到他们的草率背后的善意：与此同时也要看到，此次唐崇陵"走陵"活动中，文物爱好者把散落在野外的文物残件收集到一起，而且放在了摄像头下，本身并没有毁坏或侵占文物的主观恶意。只是，他们所谓的"保护"欠缺科学性，以致事与愿违，反受批评。

近年来，包括"走陵"活动参与者在内的民间文物爱好者在增多，一些人不仅对博物馆里的文物感兴趣，对散落在野外的文物也很上心，有的还形成了自发参与文物探访和保护的圈子，这些都是文物保护意识不断增强的表现。以往相当长一段时期，社会的文物保护意识整体不强，一些地方为了短期利益拆毁古建筑、古文物的事情时有发生。而在民间，很多人也只看重直观经济收益，对于散落在野外不易迅速变现的"老物件"缺乏热情。因此，近年来，媒体和专家一直都在呼吁公众增强文物保护意识。

继而，从面上分析民间参与文物保护的重要性：现在，文物爱好者在增多，文物保护意识在增强，一些人愿意花钱组团去探访陵园、亲近文物，很多人愿做文物保护宣传的志愿者，这些不正是我们希望看到的吗？文物是先人的遗留，是传世的遗产，是全民的共同财富，保护文物既是政府的事，也是广大民众的事，需要民间力量的参与。相关数据显示，我国文物资源丰富且分布广泛，全国重点文物保护管理机构从业人员不足4万人，却要看护近4300处国家级文物单位；全国文物从业者仅14万余人，与之相对应的不可移动文物和可移动文物数分别是 76 万余处和 10815 万件（套）……政府部门人力有限，保护文物有赖民间支持。

最后，抵达呵护民间文物保护热情的核心观点：以我国五千年文明的时间跨度，文物分布广泛的空间维度看，现在关心文物的人不是多了，而是少了。在文物保护领域，公众还有广泛的参与空间。相对于英国、法国等发达国家的文物爱好者，我们的文物爱好者的"爱"还显得比较粗线条，不够规范，欠缺专业性。对此，相关政府部门应加强引导和规范。

文物本身就应该与人发生联系，既然民间有参与文物保护的热情，政府不妨提供平台，引导他们在专业指导下亲近文物、参与文物保护。不专业的、可能损坏文物的行为理当规范，但民间对文物保护的热情则需要呵护。从漠不关心，到盲目关心，再到学会以正确的方式去关心，这是一个文物保护观念不断成熟的过程。这篇题为《民间文物保护热情需要呵护》的文章刊于《光明日报》。

为什么强调过程意识？为什么要从相对宏观的层面去看待，从出发点的善意、恶意去评说？因为很多事情只有跳出了当时当地、一时一事的局限，才能看清它的发展脉络和内在本质，避免局限于"片面的真实"，陷入断章取义的认识陷阱。

这也是我为什么要把"杂而有专"单列为一个写作的基本方法与诸位交流的原因——只有以经年累月持续地、专注地观察、研究、跟进，才能逐渐深入进去，写出更有见地、相对更专业，更契合发展规律、改革趋势的文章。"十年磨一剑"与"临阵再磨枪"，效果全然不同。

## 实战例文

### 谁来关注长城的命运

风雨侵蚀、人为破坏、缺乏维护管理，一些文化价值较高的明代长城文字砖被偷盗、拆解、贩卖的现象屡见不鲜。近期，媒体记者在长城沿线走访时了解到，一些荒居野外的古长城生存状况堪忧。

众所周知，万里长城是重要的世界历史文化遗产，是当之无愧的世界奇迹和瑰宝。在古代，它既是农耕民族的防御前线，也是其向游牧民族发动反击的前进基地，有很强的实用价值。

今天，万里长城已经成为中华民族的骄傲与象征，其旅游价值、教育价值、历史研究价值、建筑技术研究价值、文化价值等也无可比拟。然而万里长城正在面临着破坏，保护措施不到位，一些人的随意拆毁，很可能犯下不可挽回的历史错误。对此，政府有关部门应当引起足够的重视。

与一般文物不同，长城体量巨大、延展深远，横贯辽宁、内蒙古、宁夏、河北、北京、天津、吉林等中国北方大地，在保护上确有困难。但在科学技术发达、经济发展可观的当下，只要竭诚用心，这些困难完全能够克服，八达岭、嘉峪关即是例证。况且，万里长城之所以雄伟，是因为它整体的跨度和厚重，对它的保护应该是系统性的。政府在财政投入、地区协作上理当有更显著的作为。

长城保护是个庞大工程，指望零散的看护员肯定不行。能不能对长城的维护进行周密的专家论证，找到最好的保护办法进行系统性修复？是否可以运用数字监控、远程管理等现代手段，对整个长城沿线进行全方位管理？这些都是相关政府部门需要思考的问题。

长城是祖先留给我们的瑰宝，我们绝不能坐视其自生自灭。鲁迅先生在《再论雷峰塔的倒掉》一文中说道，"雷峰塔砖的挖去，不过是极近的一条小小的例。……仅因目前极小的自利，也肯对于完整的大物暗暗地加一个创伤。""人数既多，创伤自然极大，而倒败之后，却难于知道加害的究竟是谁"。诚如斯言，"极小的自利"不加以约束，就可能摧垮整个有形和无形的大厦。最新的统计是，8000余里明长城墙体只有8.2%保存状况较为良好，而74.1%的保存状况较差，甚至只剩下地面的基础部分。在世界古遗迹基金会公布的全球100处最濒危遗址名单中，万里长城榜上有名。

可以预见，如果有关部门再不采取有效措施，严格落实《长城保护条例》，再不切实加强保护长城的宣传教育，杜绝各种对长城的人为破坏，万里长城的命运将不堪设想。倘真如此，追责也已经晚了。

(刊于2015年7月16日《光明日报》)

## 一年五千元文物保护费，太少！

据报道，在新疆策勒县达玛沟区域的沙漠里，埋藏着许多宝贝。早在20世纪初，这里就是西方探险者眼中的圣地。如今这里的文物被盗现象依然严重。而当地文体局官员表示："县文体局一年的工作经费仅5000元，根本无力支付看护人员的工资。"此消息一出，让人大跌眼镜。

莲花底座残片、佛像手指、花鸟图案碎片……被随地丢弃在策勒县沙漠中的文物碎片，控诉着盗掘者的恶行。我们看到的是，疯狂的盗掘者旁若无人地驾着越野车、举着海事卫星电话、领着挖掘机进入遗址区，盗取国家珍宝、损毁历史文物，这怎能不叫人愤慨、心痛和遗憾？面对文物大量被盗的事实，当地官员罗列出诸如管理人员少、资金严重匮乏、大漠环境制约等理由来推脱责任，但这些不足以让人们信服和接受，不能够掩盖其失职的事实。

试想，对一个相当于30万个足球场大的遗址区，一个埋藏着难以计数的佛像、壁画、古籍等珍贵文物的区域，只派四五名管理员看护，每年工作经费只拨5000元，这合理吗？难道当地政府不知道遗址区文物的价值？显然不是。此前当地公开展览过该区域出土的一副千手观音壁画，当时就有日本参观团意欲以1亿元人民币购买。至于说财政承受力有限就更是荒唐。数据显示，2010年该县文化体育与传媒支出为861万元。说白了，缺钱并非文物保护不力的真实原因。文物保护意识薄弱才是问题的本质。

更令人担忧的是，这种文物保护淡漠意识当下十分"流行"。在一些地方和一些官员眼里，花在文物保护上的钱摸不着、看不见，不如盖个大楼、建个标志性建筑、搞场大型庆典来得"实在"；一些官员视文物保护的投入为"无底洞"，能不给就尽量不给，能少给就尽量少给；在一些地方，文物成了政绩的道具，哪里需要搬到哪里去，谈到保护文物的时候非常激动，做起来却一动也不动；在另一些地方，遗址区甚至成了盗掘者的财富搬运场。与之相伴随的是，全国每年定性的文物犯罪案件就高达数千起，且发案率呈上升趋势。

"折戟沉沙铁未销，自将磨洗认前朝。"早在晚唐时期，诗人杜牧就说到了文物承载的历史和文化研究价值，今天的人们怎么还能如此无视文物保护？文物是民族文化的重要载体，是民族历史的重要见证。文物遭到疯狂地盗掘和破坏，造成的损失难以估量。

文物不可复制，珍宝难以复得。地方政府要本着对历史和将来负责的态度，不寻理由不找借口，切切实实把当地的文物保护工作抓好。国家有关部门也应该加大文物保护的宣传教育和监督检查力度，不断规范文物管理的程序和行为。

（载于2011年12月26日《光明日报》）

## 保护文物是不朽的政绩

习近平总书记日前对文物工作作出重要指示强调，保护文物功在当代、利在千秋，各级党委和政府要增强对历史文物的敬畏之心，树立保护文物也是政绩的科学理念。

文物是历史和文化的现实载体，具有承载灿烂文明、传承历史文化、维系民族精神的不朽价值。一提到西安，人们就会想到兵马俑；一提到北京，人们就会想到故宫、长城；一提到武汉，人们就会想到黄鹤楼、古琴台……中华民族拥有厚重的历史文化，众多文物和文化遗址分布于各地，几乎每一座城市都建有博物馆，都有溯源上千年的文物示人。

文物和文化遗址奠定的是一座城市的文化基调，彰显的是一个地方的文明厚度。正因为如此，近年来各级地方政府都加强了对文物的保护。但也要看到，仍有一些地方认为文物保护花费巨大，不容易出成绩，"不能算政绩"，文物保护的财力、物力、人力投入不足。

第三次全国文物普查结果显示，我国已登记不可移动文物76万多处，其中17.77%的保存状况较差，约4.4万处文物已经消失。文物是历史的沉淀，一旦毁灭再难复得。"增强对历史文物的敬畏之心""树立保护文物也是政绩的科学理念"，对于少数地区文物保护中存在的思想认识问题和发展观上的错误导向，这也是一种警示。

文物保护功在当代、利在千秋，是不朽的政绩。文物保护补偿机制、干部考核评价制度等配套机制也应快步跟上。国务院日前下发《关于进一步加强文物工作的指导意见》，明确提出"将文物保护纳入官员考核指标，并将终身追责"，各地应据此完善细则、坚决执行。让文物保护也像环境评价一样，具有一票否决之效力。

"历史是人民的历史,文物是全民的文物。"保护好文物,需要各地党委政府的持续高度重视,需要文物保护工作者的专业素养、认真精神,同时也离不开公众的积极参与、密切监督。各方面相互补位、共同努力,才能逐步扭转一些人的错误认识,让中华文明根系永存、枝繁叶茂。

(刊于2016年4月18日《光明日报》)

## 古建筑保护应该严上加严

据媒体报道,9月15日起施行的《十堰市武当山古建筑群保护条例》规定,武当山古建筑群的一砖一瓦都将受到法规保护,游客有损害武当山古建筑文物安全的行为,最高可处以50万元罚款;在武当山古建筑群保护范围内,不得进行工程建设或者爆破、钻探、挖掘等作业。

武当山是道家名山,素有"亘古无双胜境,天下第一仙山"的美誉。武当山古建筑群1994年就入选了《世界文化遗产名录》,是国家重点文物保护单位,是国之珍宝。近些年,湖北省及十堰市出台了一系列措施,禁垦、禁牧、禁伐、禁建。此次十堰市专门出台保护条例,不仅对游客的不文明行为加以更严格约束,而且进一步明确了不得在保护范围内开展有关施工作业,规定更严格、处罚更严厉。

古建筑保护就应该严格有力。这包括两个方面,其一,对游客行为必须严格约束和规范,避免乱刻乱画破坏文物,防止使用烟火造成古建筑焚毁等。我们常说文物是无价之宝,对无价之宝就该有强有力的保护措施。

其二,围绕古建筑的开发,地方政府须保持应有的审慎。因为历史渊源、文化地位,武当山一向是资本关注的焦点。武当山的养生、旅游、文化、武术等资源,哪一样都很容易迅速变现,如果不限制开发,一夜之间就会有很多项目拔地而起。但从对古建筑、对世界遗产、对未来负责的角度看,过度开发实际上就是破坏,变味的发展实际上就是损毁。相反,审慎才是保护,不发展才是发展,无为而治才是长远之治。

文物保护的重要性大家都懂,但总有一些地方按捺不住"开发"的冲动。有的地方以"要发展要吃饭"为由,把好端端的古建筑搞得丧失了历史风貌。第三次全国文物普查显示,我国已登记不可移动文物共76万多处,其中 17.77% 保存状况较差，约 4.4 万处文物已经消失。保护文物不容易出成绩，是"潜绩"，文物的破坏或消失却显而易见，一旦产生破坏性后果，就再也无法弥补。

禁垦、禁牧、禁伐、禁建，近年来武当山看似"无为"，实则有为。特别是，因为南水北调中线工程建设，武当山遇真宫被就地"飞升"15 米，这项保护工作耗资超过两亿元。对此，有人说不值。到底值不值？有关部门以不计代价保护的决心做了回应：文物保护不能用金钱衡量。由此而论，武当山对损害古建筑文物安全的游客处以最高 50 万元的罚款也好，要求不得在保护范围内开展施工作业也罢，处罚只是手段，确保古建筑不受损害才是目的。古建筑保护，就应该严上加严。

（刊于 2017 年 9 月 19 日《光明日报》）

## 民间文物保护热情需要呵护

据报道，近日，一些文物爱好者在陕西咸阳唐崇陵进行"走陵"活动。他们搜寻了多件陵墓石刻残件，并将这些残件搬到陵区监控摄像头下。他们表示，这是为了更好地保护唐崇陵内的文物。当地文物旅游局工作人员回应，搬运石刻行为未经任何官方渠道批准。也有人批评他们是别有用心，是打着"情怀"口号赚钱。

未经景区允许，未经文物保护部门批准，私自挪动文物确有不妥。一旦对珍贵文物造成损坏还涉嫌违法，需要承担相应的责任。民间文物爱好者，必须在合法合规的前提下活动，不能任性而为。

与此同时也要看到，此次唐崇陵"走陵"活动中，文物爱好者把散落在野外的文物残件收集到一起，而且放在了摄像头下，本身并没有毁坏或侵占文物的主观恶意。只是，他们所谓的"保护"欠缺科学性，以致事与愿违，反受批评。

近年来，包括"走陵"活动参与者在内的民间文物爱好者在增多，一些人不仅对博物馆里的文物感兴趣，对散落在野外的文物也很上心，有的还形成了自发参与文物探访和保护的圈子，这些都是文物保护意识不断增强的表现。以往相当长一段时期，社会的文物保护意识整体不强，一些地方为了短期利益拆毁古建筑、古文物的事情时有发生。而在民间，很多人也只看重直观经济收益，对于散落在野外不易迅速变现的"老物件"缺乏热情。因此，近年来，媒体和专家一直都在呼吁公众增强文物保护意识。

现在，文物爱好者在增多，文物保护意识在增强，一些人愿意花钱组团去探访陵园、亲近文物，很多人愿做文物保护宣传的志愿者，这些不正是我们希望看到的吗？文物是先人的遗留，是传世的遗产，是全民的共同财富，保护文物既是政府的事，也是广大民众的事，需要民间力量的参与。相关数据显示，我国文物资源丰富且分布广泛，全国重点文物保护管理机构从业人员不足4万人，却要看护近4300处国家级文物单位；全国文物从业者仅14万余人，与之相对应的不可移动文物和可移动文物数分别是76万余处和10815万件（套）……政府部门人力有限，保护文物有赖民间支持。

以我国五千年文明的时间跨度，文物分布广泛的空间维度看，现在关心文物的人不是多了，而是少了。在文物保护领域，公众还有广泛的参与空间。相对于英国、法国等发达国家的文物爱好者，我们的文物爱好者的"爱"还显得比较粗线条，不够规范，缺乏专业性。对此，相关政府部门应加强引导和规范。文物本身就应该与人发生联系，既然民间有参与文物保护的热情，政府不妨提供平台，引导他们在专业指导下亲近文物、参与文物保护。不专业的、可能损坏文物的行为理当规范，但民间对文物保护的热情则需要呵护。从漠不关心，到盲目关心，再到学会以正确的方式去关心，这是一个文物保护观念不断成熟的过程。

（刊于2018年5月21日《光明日报》）

## 第十三招 且评且吟

且评且吟之法存在很大争议，因为绝大多数论者都强调"时评写作必须以思想和观点取胜"，我却主张在此基础上，注重时评作品的"形式美"。

多年前我在报社从事夜班编辑工作，发现报社校对组的同事们，每人捧着一份报纸小样抑扬顿挫地诵读。这就是"读校"，是发现文章纰漏的一个重要方法。暗中跟着他们学，我也养成了一个习惯：每一篇文章写好后，非要诵读它几遍不可。诵读过程中，经常发现有的遣词用句看起来不错，读起来却磕磕巴巴，显得枯燥、生涩、突兀、不流畅，缺乏语言文字上的美感。为什么不能再雕琢一番，让它读起来更流畅、更具美感呢？

评论不同于一般新闻体裁。严格意义上讲，消息、通讯等新闻体裁只允许客观记录事实，不能直接表达情感、发表见解、体现立场。即便有也是"小心而隐晦的"。新闻评论是最便于体现作者主观感受的新闻体裁。不妨充分利用这种体裁上的优势，带着情感、带着文采去写作。

时下，一些文章在行文上严肃有余而活力不足。有的新闻化倾向严重，挤干了文采，索然寡味。而带着文采去评说新近发生的新闻事实、新闻现象，更能彰显时事评论的价值。因此我主张时评写作应该尽量做到易读、有文采。遣词用句、布局谋篇应尽量注重文学艺术上的美感，把文章写成精致的作品。这不是说要一味追求形式美，而是在承认内容和思想为王的前提下，尽量把文字运用得更灵动一些，让它自然流畅，让人愿意品读，乃至可供吟诵，宛如"天上的流云，江河中的流水"。

## （一）时评的形式美也很重要

当下时评的同质化问题突出。很多时评作品，从标题制作到布局谋篇、起承转合雷同现象严重。经过近几十年的发展，时事评论已臻于成熟，但也陷入了程式化写作的怪圈。遥想当年《中国青年报》等媒体开时评版之先河，让读者耳目一新，趋之若鹜。现今，大家都在这么做，作者都这么写，操作路数都差不多。以致对读者而言，"看哪家媒体的评论都差不多，看与不看都差不多。"读者的不爱看、阅读率的走低，有传播方式变革的原因，也与时评写作的千篇一面有很大关系。

单从时评作品创作上讲，眼下之时评有诸多亟待改革之处。重复的立意立论、循旧的写作手法、程式化的布局谋篇都有待改良。理论化倾向太甚，过于艰深晦涩，缺乏阅读美感，也需努力克除。

几年前，《人民日报》评论版专门开辟了一个栏目"悦读"。每天选用一两则哲理故事式的小言论，或者清新明快的短评，既是对版面的调剂，更是对时评创作手法和语言风格多样化的一种探索。

时事评论应该具备时效性，但它毕竟有别于新闻报道本身——它并不具备传递超出新闻报道之外的新闻信息的功能。因此完全按照新闻报道"客观、理性"的语言风格去创作时评，往往不能引起读者的阅读欲望，从而影响观点传播的广度。因此，我认为，时事评论应该在一定程度上体现其另一文体渊源——杂文的特点。时评兴起之前，杂文创作业已成熟。媒体的变革，促使杂文与新闻联姻，演变成了时事评论。近年来时事评论越来越新闻化、理论化，其杂文性、文艺性被严重排斥，以致逐渐丧失。这其实是一大损失。

今天，传统媒体面临着转型突围之现实。时事评论作为一种重要的新闻体裁，应该在这场突围中有出色的表现。革除"沉闷化"的痼疾、同质化的积弊，实现语言风格上的改良正当其时。当然，时事评论的核心是意见的表达、观点的输出。见解独到、立论新颖，"见人所未见、发人所未发"，这是第一位的。我主张的语言风格改良，建立在这一前提之下。

内容为王，形式附之。当内容的创新已经成为共识，形式的创新就显得非常重要。时下，时事评论观点创新已愈发不易。新闻事实的重复出现，促使观点或常识也在不断重复。这也是包括熊培云(《思想国》作者)在内的许多时评家的困惑所在。在这样的背景下,以"且评且吟"的写作追求、创作笔法,进行时评语言风格上创新,顺应受众的审美需求,实现传播力的提升,对于时评写作者而言,非常必要。

## (二)时评的语言风格可以多样化

我认为,时事评论风格应该是多样化的。就像时评的观点(立论)应该鼓励争鸣,不能要求绝对整齐划一。我并不看好那种过于严肃的纯理性分析式评论。那样的评论有超群的见地还好,否则就难免给人味同嚼蜡的乏味感。我比较看好以下三种语言风格:

**其一,明快型**。这种语言风格简短明快,犹如战将纵马杀敌,雷霆万钧、铿锵有力、直捣黄龙。它与杂文风格有更多的共通性和接近性。我也进行了一些尝试。比如在《高速公路收费不是薅羊毛》这篇文章里,我写道:

> 高速公路当初到底贷了多少款,现在已经还了多少,还剩多少,预计什么时候能还完,具体的账目明细在哪里,这些应该向公众讲清楚,不能像过去那样"永远都是一个谜"。你去问,他说有,你要看,他就是拿不出来。还有,以往一些路桥企业坐拥超过金融、房产行业的超高利润率,分享超高薪资福利,挪用甚至侵占动辄数十亿的资金,这样的现象不杜绝,会让老百姓认为高速收费是明火执仗的"抢钱逻辑",不可避免地推高不满情绪。
>
> 那些按照过去的约定已经到期,现在还要延长收费、长期收费的高速公路,就必须给出个令人信服和接受的理由来,让公众在公开透明的环境下,明明白白地掏钱,舒心享受更优质的服务,而不是稀里糊涂地被薅羊毛、无可奈何地"留下买路钱"。(载于《湖北日报》)

在《寺院免票给商业化当头棒喝》一文中,我写道:

> 寺院文化无法与商业社会保持必要的距离,主要是囿于一些人的狭隘利益算计。比如,一些唯利是图的商家,把寺院当成了发财致富的工具;一些

地方政府部门，把寺院经济当作优质的政绩资源。更遗憾的是，现实语境中，上述二者显然比旁人更具备决策话语权——他们常常把自己的合谋狂欢建立在对公众利益的侵害之上。

滚滚红尘涌到山门，一道围墙如何保寺院清净？麓山寺等29家寺院的联合免票行动就是一种"抵制"。寺院中事，全凭僧人自决，地方政府及商业资本不要过度干预。名山古刹属于公共资源，开发当听民众意见，不能妄为。这些常识，须真正成为共识。抵制商业化，寺院免票具有象征意义，愿此举提供镜鉴，全社会一同抵制商业化对寺院、大学、文学等精神家园的侵蚀。（载于《光明日报》）

**其二，温情型**。这种语言风格温情动人，怀揣真情、自然流露，不遮掩不回避，具有极强的感染力。它在风格上注重情感的起点和落点，与散文、抒情诗等有诸多相似之处。比如，在《以善良的光照亮更多心灵》一文中我写道：

"小雨，你看到了吗？你的老朋友在新北川等你。"最近，在汶川地震中失去双腿的小伙子郑海洋，通过各种渠道寻找湖北女孩小雨。十年前的汶川地震中，正在读高一的郑海洋被埋在水泥板夹缝中长达22个小时。后来，这个被称为"小雨"的志愿者吴丝雨来到受灾地区，帮助郑海洋进行复健，这一过程也让他重拾了生活信心。如今，郑海洋有了自己的事业，希望找到失去联系的小雨，当面说一声"谢谢"，并想请她回震区看看。

"志愿者小雨，你在哪里？""汶川地震中的'夹缝男孩'在找你"……成百上千的人都被这段故事深深打动，热情地转发信息，以盼尽早找到她。为什么人们如此热心关注？为什么期待他们能再次相聚？一个很重要的原因是，一场天灾把人们的心紧紧连在了一起，那份真诚的关心、衷心的祝福、朴素的爱护，不仅留在了当年的汶川，而且要继续传递下去。人们都希望汶川明天会更好，也希望从地震中走出来的汶川人会更好，更希望播下的爱的种子能够在那片坚实土地上茁壮成长。（载于《人民日报》）

再比如，在《胡雪莹：及时行孝的生动样本》中，我写道：

子欲养而亲不待,这种时代的悲怆难道真的无法破解吗?胡雪莹给出了最鲜活的答案。为了照顾父亲,她辞去了在大城市的工作;为了帮父亲圆梦,她以柔弱的身躯背着父亲爬上长城。她狠下血本、不顾一切,甚至做好了"背尸回家"的最坏打算,"无论如何也不让父亲留遗憾"。万里长城上,斜阳掩映下,老父亲孩童般的笑容,与她幼年从父亲手上接过新衣裳时,一样的得意、幸福和满足。胡雪莹,终于圆了父亲的一个梦,完成了一次孝悌之义的表达,也为这个秋寒渐浓的季节平添了几许温情的味道。

更为重要的是,胡雪莹的故事还引发了一连串社会反应:当她扶着行动不便的老父亲到天安门时,媒体把镜头对准了她;当她艰难地背着父亲登上长城时,游客把敬意投向了她;当她挽着父亲搭上返鄂的班机时,她的故事已经疯传网络,成为网友们争相传颂的行孝善举,继而成为人们反思自我、叩问心灵的一个难得契机:人们正借此思考和讨论"当代年轻人该如何行孝"这一深邃课题。(载于《湖北日报》)

**其三,古典型**。这种语言风格骈骊华美、典雅脱俗。热情奔放,又精致如玉。讲究的是语言的精雕细琢,注重遣辞造句的美学效果,为梁启超先生早年创作所惯用。梁启超先生的许多代表性文章(如《少年中国说》)就属此类。此类评论因事而发,引经据典,骈骊工整、文采华美,有汉赋余韵,"笔锋常带感情",堪称古今文章之上乘。不同的人因性格气质不一,语言和文风倾向各有不同。梁氏的古典风格是我最为推崇和热爱的。我在这方面也有一些尝试。比如拙作《重拳护湖不能变花拳绣腿》的片段:

东湖其大,百城艳羡;磨山其幽,令名播焉。看不够江河行地,数不完日月经天。辞赋家笔下的武汉,襟江带湖,坐享百湖拱绕之美,好不美煞世人。可是,世间之事,悖论甚多。美与丑又往往如影随形。政府承诺"重拳保护湖泊"余音未了,相关部门却顶风违法继续填湖。一面是铿锵有力的治湖宣言,一面是湖泊被填的愤怒无奈,纠结之间,湖水却在钢筋水泥之包围中逐渐式微……湖泊保护终归需要有健全的制度设计、自我割肉的决心、真刀真枪的实干兜底。治理的拳头再硬些,才能砸碎明知故犯的嚣张,根治阳奉阴违的

侥幸。(载于《湖北日报》)

再比如,在纪念五四青年节的文章《水击三千以青春之名》中,我写道:

时光的长河川流不息,纵观170多年的中国近现代史,就是一部青年叱咤云天的激情奋斗史。驱除鞑虏、推翻帝制,昔青年,谋求挽狂澜于既倒、解燃眉于倒悬;抗日救亡,更换新天,新青年,乃为四万万同胞之人格而战;今青年,投身改革、创业创新,实为担当历史使命,扛鼎国家梦想、民族复兴。"纵有千古,横有八荒,前途似海,来日方长。"100多年前,梁启超先生对青年的寄语,亦是时代之写照。全面深化改革释放的广阔空间,让年轻人有梦想、有奋斗、有更多人生出彩的机会;正呼唤当代青年勇立潮头、担当大任;30多年前的火热改革激情再现,"大众创业、万众创新"的历史大潮,赋予青年弄潮时代的无限可能。

"青年如初春,如朝日,如百卉之萌芽,如利刃之新发。"青春,意味着无限的可能!亲爱的青年朋友,让我们跨过历史的长河,面向奔腾的未来,趁着青春的激情,投身大众创业的主力军;借着青春的锐气,涤荡暮气、革旧布新;珍惜青春年华,会当击水三千里,注解新时代的"五四精神",为下一个100年,留下青春的范本。(载于《湖北日报》)

不论是明快型、温情型、古典型,还是别的什么风格类型,一个共同的要求是行文流畅,有文采,文本有美感。时评是思想作品,要有流传价值,不是纯粹的应景文章,不能粗糙地把文字进行组合了事。

## (三)逻辑严密又灵动唯美才是上乘之作

业内有观点认为时评写作必须稳健严肃,以逻辑辨析取胜,遇到温情式、灵动感强的评论作品,就嗤之为"写诗",这实际上没有道理。如果既能做到逻辑严密,又能把文章写得灵动唯美,岂不是更好?特别是一些重大主题的言论写作,不妨饱含真挚的情感、运用灵动的笔调写评论,且评且吟。

2014年12月12日,举世瞩目的南水北调中线工程正式通水。为了和读者一起见证这一世纪工程,《湖北日报》自10月20日起连续推出"汉水北上"特别报道,引起巨大反响。特别报道中,一组短评作品令人印象深刻,读者反响强烈、专家高度肯定。

这组短评共计十四篇,均由报社领导定题、修改,我现场执笔,后方主编精心润色,属集体创作。在撰写这组短评作品过程中,我深刻感受到,大型工程报道的评论写作,有时就是需要饱含真挚的情感、运用灵动的笔调、弘扬向上的精神,像写诗一样写评论。

南水北调中线工程源起湖北丹江口,凝聚了水源地人民无私奉献的精神。移民背井离乡的不易、地方为保水质减产减收的牺牲、工程建设者的流血流汗经历等等,感人至深,值得重点报道。基于此,我们于10月20日、21日、22日,连续推出《标注国家能力新刻度》《向记忆致敬》《让礼赞穿透地平线》等三篇短评,随后,又陆续撰写十一篇评论。这组评论作品既是《湖北日报》"汉水北上"特刊的一个重要组成部分,又各成体系独立成篇,读者评价较高。

这十四篇评论的一个显著特点就是饱含深情,具有很强的感染力。突出了一个"情"字。

比如,在撰写《向记忆致敬》一文前,我们进行了大量采访。当时丹江口水库水位上涨到160.08米,很多移民自发赶到江边拍照、远眺昔日家的方位。这个细节让我们感受到移民对故土的浓烈思念与不舍。于是,我们在这篇评论的结尾写道:"往昔不能忘,乡愁不能丢。可敬的移民父老、可亲的库区儿女,想家的时候,回来看一看。站在坝区高处,凭栏远望,浩渺江波之下,家的方向依然明了、爱的坐标依然清晰。"一下子就拉近了报道与移民的情感距离,接通了读者与被报道对象的情感维系。

时评写作有时应该温情一些,在风格上注重情感的起点和落点,这与散文、抒情诗等有诸多相似之处。比如,在同样是写移民的评论《中国不会忘记》中,我们写道:"在那个难舍的清晨,你们收好了谋生的渔网,扒倒了四世的祖屋,作别了先人的坟茔,抓取了故乡的泥土,话别乡亲,最深情地回望、挥手,挥手、回望……十堰移民,勋章刻在碧水蓝天间,奉献写在锦绣大地上。中国不会忘记!"抓住了移民别离故土的细节,运用特写手法,在抒情式表达中激发人们的情感共鸣,受到读者欢迎。评论是新闻的一种特殊体裁,可以适当抒情。尤其在报道移民奉献这样的温情题材时,应该善于抒情。彼时彼刻,一句熨帖的抒情，一声打动人心的言语，胜过一切看似高深的逻辑辨析。

也要突出一个"灵"字。"灵"者，灵动明快也。写评论尤其是几百字的短评，不妨运用灵动明快的笔调表达思想主旨。这样做，不仅能在有限的篇幅内更好表达观点，也能在灵动轻盈中让作品变得精致起来，给人"美"的阅读感受。

比如在评论《向记忆致敬》中，我们写道："土坯房，承载着孩童时的美好；小山村，定格落日炊烟的温柔；古镇老街，诉说着昔日的繁华风景；老大坝、老渠首，见证了几代人的梦想传承，见证了那些建设者的流血、牺牲……"。在这里，阳春白雪地表达，是不是要远胜过那些刻意地拔高呢？评论写作不能总是追求写作的"高大上"，温柔一点、灵动一些，更能吸引读者，获得认同。

再比如，在评论《凝望水底的温柔》中，我们写道："何处望均州？满眼风光水悠悠。站在雄伟的丹江口坝顶上，放眼江天碧波。既顾盼水面的雄浑壮阔，也把水下风物凝神触摸。均州古城，武当山下，繁华重镇。静静躺在漫天碧波里，不见一丝踪影。真可谓，水没故乡影不在，潮打空城寂寞回。""每一座古城都是一湾深情故事，每一次叩问都是一次史海钩沉。千百年来，古城均州流传着无以计数的历史传奇。风流才子、文人雅士汇聚此城，吟诗作词，谈古论今。孔子在这里听'沧浪'、屈子在这里访渔翁，还有陈世美，不幸留下薄情寡义名声……"。句与句之间，像写诗一样押韵、流畅，是不是更加具可读性呢？好的新闻评论，是思想独到与形式美学的完美结合，两者均不可或缺，更不能厚此薄彼，否则，文章不鲜活、不生动，难以吸引大众。

文章为读者而作，要让人看得下去。不必端架子，故作高深晦涩，让人像看歌词、读诗歌一样轻松阅读下去，在这种阅读畅快中感受到浓郁的情感，接受你的观点，不是很好吗？

时评写作还要扣住一个"神"字。这里的"神"，指的是文章的灵魂，即向上的精神。写好时评，关键在于要写出时评的精神、气势和神韵，也就是我们经常所说的精气神。

这种精气神或体现于批评鞭挞，或体现于热情讴歌，它传递出的价值观一定是积极向上的。换言之，每一篇评论最终都会集中展现出其价值取向。但这种表现不能是呆板僵化的，不能泛泛而谈、凌空高蹈乃至上纲上线。它应该可感知、打动人，有说服力。在南水北调这组评论写作中，我们就特别注重这一点。

比如在"汉水北调"特刊开篇言论《标注国家能力新刻度》一文中，我们写道："遥想 31 年前，丹江口水库水位达到 160.07 米历史高度。惊慌，恐惧，牵狗赶猪，连夜疏散。那是对漫坝溃堤的本能惧惮，对命悬一线的惴惴不安。昨日 14 时，丹江口水位达到 160.21 米，历史最高纪录正被不断刷新。库区周边的人们却没有丝毫担心。人们不仅愈发安宁、淡定，而且对每一次水位的新高，都满怀喜悦和兴奋。历史是最好的证明。今天，超历史水位，丹江口大坝巍然矗立，坚如磐石，展现着一个国家运筹江河的能力、经纬天地的自信……"跨时空的生动对比，让人对国家能力的巨大提升感受强烈，读者自然信服。

比如在评论《让礼赞穿透地平线》中，我们这样写那些常年在地下管道中分流污水的工人："他们平凡、低调、谦恭，既无拿破仑的英名，也没有他那些显要的功绩。可是'把他们的品德解析一番，连亚历山大大帝也将不敢小觑'。蝙蝠突飞、蚊蝇肆虐挡不住他们完成任务的决心；外界遗忘、寂寞艰辛，无碍他们一丝不苟的认真……"艺术地截取建设者劳作的片段，把他们吃苦耐劳的精神面貌展现人前，歌颂了敬业的精神。

再比如在评论《彩练当空舞，山河分外娇》中，我们写道："库区的桥，不仅是交通四方的物质载体，接通情感的心灵慰藉，更是抵达梦想的坚实阶梯。这个梦想就是'确保一江清水北去'。为了这，十堰人修百年崎岖之路，造万人往来之桥，把水一般的澄澈情感，融进了现实的桥、心灵的桥、梦想的桥。彩练当空舞，山河分外娇！"展现了水源区百姓"牺牲小我成全大家"的品格，弘扬了无私奉献的价值观。

总体来看，这十四篇评论虽分别对应国家能力、移民、渔民、建设者、文物保护、水源区路桥建设等不同方面，但在主题上不外乎"奉献""牺牲"。它之所以能较好地回避阅读的重复感、表达的乏力感、审美的疲劳感，一个很重要的原因就在于它选取的角度各有侧重，而且这种侧重总是建立在真挚的情感、灵动的笔调、向上的精神基础之上，包罗万象，深刻隽永。中宣部新闻局的新闻阅评，还对这组灵动的评论进行了分析和表扬。

文无定法，现在的传播形势正倒逼着我们尽可能把文章写得活色生香。必要的时候"像写诗一样写言论"既是一种创新，也是一种"识时务"。

## （四）不能因为讲求时效就忽略对文本的雕琢

时事评论是一种新闻体裁，但并不排斥对修辞手法的合理运用；时事评论有较强的时效性，但不能因为讲求时效就忽略对文本的雕琢。

一篇评论文章应该就是一件精致的作品。除了内容的创作外，语言风格的把握、文本文采的兼顾、段落之间的结构美、词句之间的韵律美，乃至遣词用字的精准等等，都是值得注意的问题。一篇成型的时事评论，应该是惜字如金的，它不累赘、有韵味，登在报纸上能给人思想的启发和美的享受；收录到各种选集里，能够历经岁月变迁而清雅如新。这样的文章，既对得起当下，也无愧于未来。可以促今人思考，亦可供后世品读。这是我的写作追求。

厘清了这些，再探讨时事评论语言风格的问题，就会更加直观。时下的时评语言风格确实需要改良，把文章写得"行云流水"，且评且吟，非常必要。纯粹的新闻体、生涩的类理论化风格可能要慎用；粗糙的文字表达、粗糙的语句呈现，乃至一些无趣的文件腔，一些主谓宾定状补搭配错乱的随意，恐怕都是亟须改良的方面。

时事评论语言风格的改良，在服从内容需要的前提下，还应有一些必要的遵循。一方面当以受众的阅读兴趣为导向，要么简短有力、通俗具体；要么蘸满温情、引发共鸣；要么古典华美、令人回味。或者以其他更能打动人的语言风格，去拓宽作者与读者之间的情感交互渠道。另一方面也当向新媒体学习，从网络语言中，汲取发端自坊间的美学养分。以此改良时评的语言风格，实现时评更大程度上的读者认同。

简而言之，在观点精到、论说严密的前提下，把文章写得流畅自然，乃至文采卓然，形成精致的作品，让人认同其观点，可以拿来做范文吟诵，这就是我所谓的"且评且吟"之法。

## （五）看准了再说，后发胜人

第一招　"疑神疑鬼"

第二招　动之以情

第三招　"两面三刀"

第四招　一针见血

第五招　"没大没小"

第六招　"土里土气"

第七招　亦庄亦谐

第八招　以古鉴今

第九招　"洋为中用"

第十招　掐头续尾

第十一招　"借蛋孵鸡"

第十二招　杂而有专

第十三招　且评且吟

写完这些已是厚厚一沓稿纸了。

刚写完，又发生了"小凤雅事件"。河南太康县3岁女童王凤雅不幸患上癌症，家人通过网络募捐平台向社会求助。小凤雅去世后，有人质疑其父母把募得的15万元善款用在儿子治兔唇上，放任女儿的病不断恶化，涉嫌诈捐。

一名来自江南的新闻院系学生写了一篇文章，鞭辟小凤雅家人的重男轻女，不负责任，没有良心，承其高看，请我"指正"。不料，次日新闻就出现了反转：当地有关部门证实募捐数额为3.8万元，多用在女儿身上，儿子治兔唇是其他基金会的捐助。5月25日，小凤雅的爷爷将剩余的1301元善款交到了太康县慈善会，有质疑者公开道歉。舆论又倒向了批评媒体和网民的"语言暴力"。

可没过几天，《中国青年报》的一篇调查报道，又证实小凤雅的爷爷承认救助孩子时有保留：那是他"绝对不能动"的家底——他还有个19岁的小儿子，现在还没有结婚。"对于一个时日不久的孙女和还没结婚的儿子，他选择了后者。最近，他蹲在自己家门口抽着烟，声音平静地向记者讲述当时做出的这个决定。"于是，已经反转过一次的舆论再一次调转了头。

这位同学问我："李老师，时事评论以新闻事实、新闻现象为基础，可一些新闻事实不时发生反转，乃至再反转，写作者到底该采信谁的话呢？写作中怎么才不至于把方向弄偏呢？"这实在是一个很重要的问题。如果时评写作依赖的新闻事实、新闻现象都是假的、错的、不全面的，那时评再怎么写也很难写对。靶子都是错的，哪怕观点再独到、论述再严密、文采再好，也没有意义。这其实又引出了一个重要的写作方法——后发胜人。

武侠小说里常说"天下武功、唯快不破"。时评写作也强调时效性，追求先声夺人、先入为主。但是，对于一些存在疑点，看不准，或者争议较大，有可能反转的新闻事件，我们恰恰需要耐心等一等，看准了再说。

时评家、《宁波日报》原评论部主任张弓先生有一个名专栏"张弓慢评"，主张不过分抢时效，而是看准了、想好了再评说。对此，我深以为然。时下有少数人过于依赖新闻报道，一遇到热点事件，就迫不及待地冲上去评论一通。新闻反转之后，明知自己评错了，却又继续跟着新闻抛出与之前的文章截然相反的观点，似乎之前的话从来没说过一样。这样的写作者，尤其需要有点"慢评精神"。

除了"后发胜人"，在应邀为一些高校和企事业单位讲座时，我还和听众交流过"指桑骂槐"（类比、迂回的写法）、"节外生枝"（捕捉新闻报道中不易发现的、闪光的枝节做文章）、"以逸待劳"（对某一新闻事件进行长期观察和思考，储备素材，等待新闻事件的发生，一击而中）等方法。作为一本时评写作的入门参考书，本书不可能把一切都讲全。

况且，学会写时评最根本的方法还是"写"。只有多写才能有所思有所悟，不断进步、成熟。因此，有关时评写作的方法、技巧问题，就与读者朋友们交流到这里，就此打住。

祝愿每一位写作者都能写出好文章，都能在写作中收获快乐。

## 实战例文

### 高速公路收费不是薅羊毛

备受关注的《收费公路管理条例》昨天结束征求民意。新条例中，"高速公路不设收费期限"的规定，引发巨大争议。专家解释说，"羊毛出在羊身上"。

客观地说，高速公路修建和养护成本巨大，"谁使用谁交费"也有其合理性。如果像有关部门和专家所说，目前全国高速公路每年亏损多达上千亿之巨，一旦停止收费，路桥企业将无法运转，公共财政也无力承担，那么长期收费也是可以理解的。只是，高速公路收费的性质应该厘清，逻辑需要理顺。

在北方，一些牧民把羊身上的毛薅得光秃秃，卖了贴补家用。高速公路收费不是薅羊毛，不是路桥企业怎么薅羊毛的问题，恰恰相反，它是个老百姓如何花钱享有公共服务的问题。其本质是民众对公共服务的购买。因此，高速公路的收费需要更多地尊重民众意见、在意百姓情绪、回应社会关切，以最大诚意消除公众疑虑，寻得最大公约数。这就要求有关部门和企业真正做到政务、财务公开。

比如，一条高速公路当初到底贷了多少款，现在已经还了多少，还剩多少，预计什么时候能还完，具体的账目明细在哪里，这些应该向公众讲清楚，不能像过去那样"永远都是一个谜"。你去问，他说有，你要看，他就是拿不出来。还有，以往一些路桥企业坐拥超过金融、房产行业的超高利润率，分享超高薪资福利，挪用甚至侵占动辄数十亿的资金，这样的现象不杜绝，会让老百姓认为高速公路收费是明火执仗的"抢钱逻辑"，不可避免地推高不满情绪。

我国拥有世界上里程最长的高速公路，全国高速公路一年收费在4000亿元以上，其中一些收费不仅合理性存疑、资金去向成谜，给消费者造成经济负担，而且对整个经济社会都造成了不可忽视的影响。交通是国民经济的血脉，是经济贸易的重要载体。横杆设阻提高的是物流成本、阻挡的是经济流速，因此高速公路的收费一定要慎重，决不能无休无止、想收就收。

新的收费条例虽然取消了高速公路的收费年限设置，但并不是说所有高速公路都可以无理由地长期收费下去，更不是认可一些已经还完贷款的路段继续收费。"长期收费"是有前提的，那就是贷款还没还完，一旦还完了就断不能再继续收费了。说到底，强调的是实事求是、区别对待。更进一步说，那些按照过去的约定已经到期，现在还要延长收费、长期收费的高速公路，就必须给出个令人信服和接受的理由来，让公众在公开透明的环境下，明明白白地掏钱，舒心享受更优质的服务，而不是稀里糊涂地被薅羊毛、无可奈何地"留下买路钱"。

（刊于2015年8月21日《湖北日报》）

## 重拳护湖不能变花拳绣腿

东湖其大，百城艳羡；磨山其幽，令名播焉。看不够江河行地，数不完日月经天。辞赋家笔下的武汉，襟江带湖，坐享百湖拱绕之美，好不美煞世人。

可是，世间之事，悖论甚多。美与丑往往又如影随行。近年来，盲目开发的冲动不断蚕食湖之美，整个武汉中心城区留存湖泊的数量已由新中国成立之初的上百个，锐减至目前的40个。湖泊面积折损大半，"百湖之市"岌岌可危。最近的案例是，武汉市湖泊管理局曝光今年以来查处的20起违法填湖事件，其中仍有两家填湖单位逾期未改，岿然不动。

尽管武汉建章立制，专门成立湖泊保护机构，做了许多努力，但公开报道的事实是，填湖乱象至今"逆势坚挺"，湖泊面积每年都在缩减，沙湖万亩湖面萎缩严重。一些湖泊已经从武汉地图上消失，还有一些已经湖不成湖，民众痛心不已。政府承诺"重拳保护湖泊"余音未了，相关部门却顶风违法继续填湖。一面是铿锵有力的治湖宣言，一面是湖泊被填的愤怒无奈，纠结之间，湖水却在钢筋水泥之包围中逐渐式微，这其间并非没有问题可循，我们采访调查发现三个方面的问题亟待破解。

首先，违规填湖成本过低。既是以举众之共识下定决心保护湖泊，则理当施重典、出重拳，以威慑遏止填湖行为。可现行的《武汉市湖泊保护条例》对填湖单位的处罚上限仅仅为5万元（不论面积大小）。而开发商若填湖得逞，每亩却可获益数十万。"100%的利润就能让资本践踏人间任何法律"，如此之低的违规成本，怎能挡得住一辆辆半夜填湖的渣土车？

去年实施的《湖北省湖泊保护条例》把填湖的处罚上限提高到50万元，这固然是一大进步，但从宏观视角来看，仅仅罚款还是不够。倘若能建立一种制度，但凡违规填湖之企业一概拉入黑名单，不允许其在武汉圈地开发，对已经取得的不合法收益则全数罚没，显然会更具威慑力。

其次，湖长制执行有欠缺。中心城区数十名湖长均由各区分管领导担任，形式有了，可责任难落实。以致当初在湖长制启动时的设计，乃至在湖泊大会上达成的责任状，一定程度上失灵。湖长制推行至今，许多湖泊未能很好保全，却从未有一名湖长被问责。正如湖泊管理局一些干部所言，湖长的权责并不明晰，即便想追责也无从下手。可参考的思路是，学习芝加哥的社区自治模式，鼓励社会力量参与湖泊管理，邀请公益组织、社区、百姓共管。

再者，处罚机制尚不科学。一个鲜为人知的怪象是，有关部门对违规填湖企业的罚没所得，竟不归湖泊管理部门统一上交市财政充作湖泊保护之用，而是分别交由各区县财政统筹。在现实操作过程中，一些填湖盖楼的单位又往往就是区属企业（比如某新区管委会企业总部大楼就带头填湖）。如此罚款形同左右口袋互换而已，有何惩戒效果可言？

填湖乃自毁家园、贻害子孙之恶举，近十年来，武汉治理湖泊问题的诚意令人感佩，但这还不够，湖泊保护终归需要有健全的制度设计、自我割肉的决心、真刀真枪的实干兜底。治理的拳头再硬些，才能砸碎明知故犯的嚣张，根治阳奉阴违的侥幸。

（刊于2013年6月21日《湖北日报》）

## 水击三千以青春之名

今天是五四青年节。有很多人在忙着"致青春"，怀旧固然暖心，对当下的年轻一代而言，青春不是用来回忆的，而是用来奋斗的，一代人有一代人的青春，一代人有一代人的使命，唯有奋斗与担当，才能无愧青春之名。

时光的长河川流不息，纵观170多年的中国近现代史，就是一部青年叱咤云天的激情奋斗史。驱除鞑虏、推翻帝制，昔青年，谋求挽狂澜于既倒、解燃眉于倒悬；抗日救亡，更换新天，新青年，乃为四万万同胞之人格而战；今青年，投身改革、创业创新，实为担当历史使命，扛鼎国家梦想、民族复兴。

"纵有千古，横有八荒，前途似海，来日方长。" 100多年前，梁启超先生对青年的寄语，亦是时代之写照。全面深化改革释放的广阔空间，让年轻人有梦想、有奋斗、有更多人生出彩的机会；层峦叠嶂、水流湍急的"历史三峡"，正呼唤当代青年勇立潮头、担当大任；30多年前的火热改革激情再现，"大众创业、万众创新"的历史大潮，赋予青年弄潮时代的无限可能。青桐计划、创客工程等扶持政策在招手，鼓励创业、宽容失败的导向与氛围在形成，亿万青春正竞相释放发展的潜能……今日青年，只要有梦，勇于追梦，勤奋筑梦，青春必将无比绚烂、梦想必会一一成真！

"青春气贯长虹，勇锐盖过怯弱，进取压倒苟安。如此锐气，二十后生有之，六旬男子则更多见。年岁有加，并非垂老；理想丢弃，方堕暮年。岁月悠悠，衰微只及肌肤；热忱抛却，颓唐必至灵魂。" 70多年前，美国作家塞缪尔·厄尔曼一篇400多字的散文《青春》，打动了无数人的心灵。青春不是年华，而是心境，青春不是年轻人的专利，它更属于每个为梦想而奋斗的人。多元时代，梦想可以自由航行，但必须带上"指南针"：守住青春本真、站稳信念脚跟。物质上的攀比计较，利益上的精于算计，都不是青春的本色；自私自利、事不关己，梦想就会偏离核心价值观的准绳。历史证明：任何一抹不朽的青春，都注定要与时代同频共振。今天，我们庆祝青年节、重温"五四精神"，就是要从历史的浪涛中，看到一代代中国青年心怀天下、开创未来的激情与赤诚。

青年梦，就是家国梦，就是中国梦，就是我们这个民族的未来之梦。今天的年轻人追求时尚，热爱电子消费品，谁敢说他们中不会涌现出更多的小米、更多的雷军；今天的年轻人钟情网上购物，谁敢说他们中不会涌现更多的李彦宏和马云；今天的年轻人喜欢追星喜欢看电影，谁敢说未来中国的文化产业不会成为世界潮流的引领？不论你有怎样的爱好与梦想，选择怎样的职业和发展路径，且把个人的梦想与国家的梦想交集起来，循着这人生的坐标和象限，努力追寻。

"青年如初春，如朝日，如百卉之萌芽，如利刃之新发。"青春，意味着无限的可能！亲爱的青年朋友，让我们跨过历史的长河，面向奔腾的未来，趁着青春的激情，投身大众创业的主力军；借着青春的锐气，涤荡暮气、革旧布新；珍惜青春年华，会当击水三千里，注解新时代的"五四精神"，为下一个100年，留下青春的范本。

（刊于2015年5月4日《湖北日报》）

## 以善良的光照亮更多心灵

"小雨，你看到了吗？你的老朋友在新北川等你。"最近，在汶川地震中失去双腿的小伙子郑海洋，通过各种渠道寻找湖北女孩小雨。十年前的汶川地震中，正在北川中学读高一的郑海洋被埋在水泥板夹缝中长达22个小时。后来，这个被称为"小雨"的志愿者吴丝雨来到受灾地区，帮助郑海洋进行复健，这一过程也让他重拾了生活信心。如今，郑海洋有了自己的事业，希望找到失去联系的小雨，当面说一声"谢谢"，并想请她回新北川看看。

"她是我灰暗世界里的一束光。"郑海洋如此评价吴丝雨。这句话饱含了一位灾后重生青年的深切情感。人们看到了他被救出时摆出的"成功"手势，却很少知道被截肢后的灰心与叛逆，更不了解有个叫小雨的志愿者用实际行动让他对生活有了新向往。十年过去了，用心寻找当年的志愿者小雨，是一种善良真诚、知恩感恩，也是为了让那束光折射得更远。

"志愿者小雨，你在哪里？""汶川地震中的'夹缝男孩'在找你"……成百上千的人都被这段故事深深打动，热情地转发信息，以盼尽早找到她。为什么人们如此热心关注？为什么期待他们能再次相聚于新北川？一个很重要的原因是，一场天灾把人们的心紧紧连在了一起，那份真诚的关心、衷心的祝福、朴素的爱护，不仅留在了当年的汶川，而且要继续传递下去。人们都希望汶川明天会更好，也希望从地震中走出来的汶川人会更好，更希望播下的爱的种子能够在那片坚实土地上茁壮成长。

其实，包括郑海洋在内的千千万万汶川人，在废墟上重建家园、创造新生活，又何尝不是给社会带来向上力量的"一束光"？从他们身上，我们看到了生命直面苦难的坚强、奋发不息的力量。同样，一朝帮助、十年不忘，是人与人之间弥足宝贵的情感互动；被他人感动又循着这种感动去创造新生活，去帮助更多的人，正是这个社会所需要的源源不断的正能量。

人间有真情，人间有真爱，每一个爱的期许、每一次爱的寻找，都是美好的希望。把善良的火炉越烧越旺，让爱的光芒越照越广，向善向美向上也就形成了我们心灵、我们时代最美的主旋律。

（刊于2018年5月14日《人民日报》）

# 后 记

大年初三,我去了一个叫火麦溪的村子,给去年结识的几位山民拜年。

火麦溪在哪儿?三峡工程以北80公里,湖北省长阳土家族自治县,与秭归县交界处,大巴山脉包裹着的一片小山坳,海拔1000多米,全村20多户人家。这个地方世世代代不通路,村民出入要翻好几个山头,有的地方得坐在地上往下溜。一个叫郑学群的山民带领13户人家凿山修路,修了20年,终于在2018年修好通车了。

今年大年初三,我带着妻子从武汉出发上山给"愚公"们拜年。和很多大城市一样,武汉禁放烟花多年,没有鞭炮声,似乎少了许多年味儿。至于"火树银花合,星桥铁锁开"的绚烂场景,自然也是很难看到的。我在长阳贺家坪镇悄悄买了两管烟花。乡村允许放鞭炮,我想这正好,一是给小村添加点热闹气氛,二是给妻子一个惊喜。

上山走访了不少村民,也爬上山顶看了村里的核桃林,天逐渐黑下来。临走时,我悄悄拜托郑学群他们帮忙点燃烟花,自己则去屋里喊妻子出来看。谁知道,他们半天都没找到引信。还是我帮他们找到的。五颜六色的烟花"啾啾"地冲上天际,四散开来,黑黢黢的山村之夜顿时明亮了起来。妻子很高兴,村里的小孩更兴奋,一边看一边叫,蹦蹦跳跳。

两管烟花放完了,郑学群的妻子杜大姐走过来,认真地对我说:"李老师,谢谢你,这还是我们火麦溪第一次放烟花,真是好感动!"说话间,她眼角就有些湿润了。我和妻子顿时面面相觑,不知道怎么回事,也不知道说什么好。

山里起了雾,下山不容易。村民们执意相送下山,帮忙指路。路上,郑学群解释说,烟花是好看,但火麦溪的乡亲们还放不起,哪怕是卖生猪或者打工攒了点钱,也没人放过,不是不喜欢,是舍不得。"今天的烟花真好看,我还是六七年前在黄石市打工时,看到有人放过。"听了这话,一种莫名的伤

## 后记

感顿时涌上心头。是啊，城里的年轻人怎么能想到，中国还有这么贫瘠、荒凉的闭塞山乡，有很多连100多块钱一管的烟花都放不起的小山村，还有很多一辈子没见过"烟花漫天"场景的乡亲。

改革开放40多年，我们的国家发生了巨大变化，物质越来越丰富，很多年轻人的生活越来越精致，吃穿住用常常讲究品牌，除了物质上的丰富，也在追求格调、品位、浪漫。可我们不能忽视，在很多偏远地区，尤其是连片特困山区，还有很多"被平均的人"，他们有的还住在漏雨漏风的土坯房里，有的上学得翻山越岭走几个钟头，有的一辈子也没走出过大山，他们的日子正慢慢好起来，但依旧很苦。

璀璨的烟花，对很多年轻人来说，不过是一种增加烂漫的作料，一种弥补年味儿的花样，但对一些偏远山区百姓来说，这还是一种奢侈，一种巴望。我们也许不大可能因为看到这些，就降低自己的生活品质，但我们应该看到别样的生活，看到社会不一样的面貌，并且为之努力做一些力所能及的事情。比如，通过撰写报道和评论，唤起社会的关注和关心，支持和见证当地百姓改变贫穷命运。

到基层调研得越多，我越发深刻地意识到，相对于偏远地区、困难群众的苦，所谓的"中产焦虑""佛系心态""丧文化"等等，的确显得有些矫情。到基层调研得越多，我越发深刻地认识到，真正的见地来自对生活的了解感知，真正的好作品不是坐在家里想出来，而是走出来的。这就是我为什么坚持经常到一线采访调研的原因。《时评写作十三招》既是我写作感悟的总结，也是深入基层采访调研的心得。

这本书的顺利出版，得益于湖北日报社浓厚业务氛围的熏陶，得益于很多领导和朋友的支持鼓励，也得益于武汉大学、华中科技大学、武昌首义学院等高校的讲座邀约——本书是在大学讲座讲义基础上整理出来的。本书的修订是我在北京大学学习期间完成的，受到了林毅夫、张维迎、姚洋、薛兆丰等先生授课的启发，沾了未名湖的灵气。

周洪宇、胡汉昌、邓峰、强月新、赵振宇、张泽勇、刘文嘉等师友还专门对本书做了荐读。人民日报出版社对本书的出版给予了大力支持，本书责任编辑万方正同志为本书编校做了大量细致的工作。本书所列作品也倾注了《人民日报》《光明日报》《求是》杂志及《湖北日报》一些编辑的心血。家人更是给予了我充分的爱和理解。在此一并表示感谢。

  囿于偏居江城一隅,学识浅陋,本书难免有错讹之处,欢迎各界朋友不吝赐教,以期受教提高、再版订正。

李思辉

2019年7月28日于武汉东湖畔